高等职业教育经济管理类专业系列教材

审计原理与实务
——项目导向 任务驱动
（第 2 版）

主　编　印永龙　代　蕾
副主编　乔久华　吴　萍　王艳秋
参　编　（按姓氏笔画排序）
　　　　王　旭　王茂盛　祁美云
　　　　陈　曦　袁始烨
主　审　吴玉林

东南大学出版社
·南京·

内 容 提 要

本书打破传统的章节模式，统筹兼顾学生的认知规律、审计工作过程和课程培养目标，共安排12个项目。每个项目设计典型任务、案例导入，体现了项目导向、任务驱动、案例教学的课程改革理念。

本书在编写过程中坚持以培养学生现代审计技术应用能力为主线，从面向一线审计人才的实用性目标出发，充分借鉴并吸取了近年来国内外审计理论和实践的最新研究成果，在内容上较好地体现了"新、实、精"的特点，并力求具有较强的科学性、适用性和实用性。

本书既可作为高职高专院校审计专业学生学用一致的教材，也可供会计和其他经济管理类相关专业人员阅读参考。

图书在版编目（CIP）数据

审计原理与实务 / 印永龙, 代蕾主编. — 2版. —
南京：东南大学出版社, 2014.8（2022.7 重印）
 ISBN 978-7-5641-5108-9

Ⅰ. ①审… Ⅱ. ①印… ②代… Ⅲ. ①审计学—高等职业教育—教材 Ⅳ. ①F239.0

中国版本图书馆 CIP 数据核字（2014）第 184302 号

东南大学出版社出版发行
（南京四牌楼2号 邮编210096）
出版人：江建中
江苏省新华书店经销 苏州市古得堡数码印刷有限公司印刷
开本：787mm×1092mm 1/16 印张：13.25 字数：338千字
2014年8月第2版 2022年7月第3次印刷
印数：7 001—7 500 册 定价：29.00 元
（凡因印装质量问题，可直接与营销部联系。电话：025-83791830）

高等职业教育经济管理类专业教材编委会

主　任　宁宣熙

副主任　（按姓氏笔画排序）

　　　　　王传松　王树进　王维平　印永龙

　　　　　迟镜莹　都国雄　钱廷仙　詹勇虎

秘书长　张绍来

委　员　（按姓氏笔画排序）

丁宗红	王水华	邓　晶	华　毅	刘大纶	刘金章
刘树密	刘葆金	祁洪祥	阮德荣	孙全治	孙　红
孙国忠	严世英	杜学森	杨晓明	杨海清	杨湘洪
李从如	吴玉林	邱训荣	沈　彤	张　军	张　震
张建军	张晓莺	张维强	张景顺	周忠兴	单大明
居长志	金锡万	洪　霄	费　俭	顾全根	徐汉文
徐光华	徐安喜	郭　村	常大任	梁建民	敬丽华
蒋兰芝	缪启军	潘　丰	潘绍来		

出版说明

"高等职业教育经济管理类专业教材编委会"自2003年3月成立以来,每年召开一次研讨会。针对当前高等职业教育的现状、问题以及课程改革、教材编写、实验实训环境建设等相关议题进行研讨,并成功出版了《高等职业教育经济管理类专业教材》近60种,其中33种被"华东地区大学出版社工作研究会"评为优秀教材和江苏省精品教材。可以看出,完全从学校的教学需要出发,坚持走精品教材之路,紧紧抓住职业教育的特点,这样的教材是深受读者欢迎的。我们计划在"十二五"期间,对原有品种反复修订,淘汰一批不好的教材,保留一批精品教材,继续开发新的专业教材,争取出版一批高质量的和具有职业教育特色的教材,并申报教育部"十二五"规划教材。

"高等职业教育经济管理类专业建设协作网"是一个自愿的、民间的、服务型的、非营利性的组织,其目的是在各高等职业技术院校之间建立一个横向交流、协作的平台,开展专业建设、教师培训、教材编写、实验与实习基地的协作等方面的服务,以推进高等职业教育经济管理专业的教学水平的提高。

"高等职业教育经济管理类专业建设协作网"首批会员单位名单:

南京正德职业技术学院	南京工业职业技术学院
南京钟山职业技术学院	南京金肯职业技术学院
江苏经贸职业技术学院	南通纺织职业技术学院
南京应天职业技术学院	镇江市高等专科学校
无锡商业职业技术学院	常州轻工职业技术学院
南京化工职业技术学院	常州信息职业技术学院
常州建东职业技术学院	常州纺织服装职业技术学院
常州工程职业技术学院	南京铁道职业技术学院
南京交通职业技术学院	无锡南洋职业技术学院
江阴职业技术学院	南京信息职业技术学院
扬州职业大学	黄河水利职业技术学院
天津滨海职业学院	江苏农林职业技术学院
安徽新华职业技术学院	黑龙江农业经济职业学院
山东纺织职业技术学院	东南大学经济管理学院
浙江机电职业技术学院	广东番禺职业技术学院
南京商骏创业网络专修学院	苏州经贸职业技术学校
东南大学出版社	江苏海事职业技术学院

高等职业教育经济管理类专业教材编委会
2014年8月

序

高等职业教育是整个高等教育体系中的一个重要组成部分。近几年来,我国高等职业教育进入了高速发展时期,其中经济管理类专业学生占有相当大的比例。面对当前难以预测的技术人才市场变化的严峻形势,造就大批具有技能且适应企业当前需要的生产和管理第一线岗位的合格人才,是人才市场与时代的需要。

为培养出适应社会需求的毕业生,高等职业教育再也不能模仿、步趋本科教育的方式。要探索适合高等职业教育特点的教育方式,就要真正贯彻高等职业教育的要求,即"基础理论适度够用、加强实践环节、突出职业技能教育的方针"。为此,有计划、有组织地进行高等职业教育经济管理类专业的课程改革和教材建设工作已成为当务之急。

本次教材编写的特点是:面向高等职业教育系统的实际情况,按需施教,讲究实效;既保持理论体系的系统性和方法的科学性,更注重教材的实用性和针对性;理论部分为实用而设、为实用而教;强调以实例为引导、以实训为手段、以实际技能为目标;深入浅出,简明扼要。为了做好教材编写工作,还要求各教材编写组组织具有高等职业教育经验的老师参加教材编写的研讨,集思广益,博采众长。

经过多方的努力,高等职业教育经济管理类专业教材已正式出版发行。这是在几十所高等职业院校积极参与下,上百位具有高等职业教育教学经验的老师共同努力高效率工作的结果。

值此出版之际,我们谨向所有支持过本套教材出版的各校领导、教务部门同志和广大编写教师表示诚挚的谢意。

本次教材建设,只是我们在高等职业教育经济管理类专业教材建设上走出的第一步。我们将继续努力,跟踪教材的使用效果,不断发现新的问题;同时也希望广大教师和读者不吝赐教和批评指正。目前我们已根据新的形势变化与发展要求对教材陆续进行了修订,期望它能在几番磨炼中,成为一套真正适用于高等职业教育的优秀教材。

宁宣熙
2014 年 8 月

再版前言

审计在经济活动中主要发挥着经济监督、经济评价、经济鉴证等职能作用。作为审计职能的承担者——审计人员，必须具备较广泛的财经知识、法律知识和审计专业知识，并掌握审计特定的监督、评价、鉴证业务技能和方法。审计学是一门实践性很强的学科，它涉及诸多因素，包括法制环境、决策和管理水平、审计技术方法、审计人员自身素质等。就人才培养模式而言，高职高专审计教育培养的审计人才，相对于本科教育培养的审计人才，应具有更明显的"应用型"特征，以适应中国审计环境的变化和市场监管体系力度的不断增强。审计专业应把着力培养既懂政策理论又懂审计实务的专门审计人才作为首要任务，这不仅是审计事业发展的客观需要，也是做好审计工作、充分发挥职能作用的迫切要求。

"审计原理与实务"这门课程正是作为审计体系学科中一门实践性很强的专业必修课程来设置的。其目的在于帮助学生在重点学习和掌握审计原理的同时，联系企业生产经营业务活动中和资金循环流程中所出现的各种错弊形态进行剖析，并对典型的造假案例进行甄别，重点培养学生审计实务方面的分析能力、操作能力和处理问题的能力，从而不断拓宽学生在审计领域的知识面，提高学生在审计专业方面的整体素质。

本书主要有以下几个特点：

（1）教材体系上，打破传统的章节模式，统筹兼顾学生的认知规律、审计工作过程和课程培养目标，共安排12个项目，每个项目都设计典型任务；每个项目正文前有引导案例，体现了项目导向、任务驱动、案例教学的课程改革理念。

（2）内容选取上，以最新的中国注册会计师执业准则与企业会计准则为指导，参考2013年初级审计师"审计理论与实务"和注册会计师"审计"的考试大纲，搭建现代风险导向审计模式下，以注册会计师通用目的编制基础的财务报表审计为核心的学习平台。

（3）内容安排上，注重借鉴国际审计惯例，根据企业财务收支审计以经营业务活动中资金循环为主要内容的特点，对每个循环流程展开审计剖析，有助于学生在掌握审计知识要点的同时，学会实务操作，以构建初级审计职业能力。

此外，每个项目均设有学习目标、引导案例、学习任务、项目小结、能力训练，每个学习任务中根据具体情况设计了任务分析、知识准备、任务检查，力求以教、学、做一体化的教学组织方法，提升教学效果。

本书由南京钟山职业技术学院经济与管理学院印永龙和代蕾任主编，乔久华（江苏富华会计师事务所）、吴萍（钟山职业技术学院）、王艳秋（钟山职业技术学院）任副主编。本书共分12个任务项目，参加编写人员分工是：印永龙编写项目1、2;吴萍(钟山职业技术学院)、祁美云、王旭(镇江高等专科学校)编写项目3、11;吴萍、王茂盛(南京正德职业技术学院)编写项目4;代蕾编写项目5;袁始烨(钟山职业技术学院)编写项目6、7、8;王艳秋(钟山职业技术学院)编写项目9、10;乔久华(江苏富华会计师事务所)、陈曦(广东顺德职业技术学院)编写项目12。书稿最后由印永龙总纂定稿,吴玉林主审。

  本书在编写过程中吸收和借鉴了国内外同行专家、学者的一些研究成果和文献资料,并得到了钟山职业技术学院领导和教务处的大力支持和指导,在此致以诚挚的感谢!

  由于编者水平有限,书中不足之处在所难免,欢迎同行专家和广大读者提出宝贵意见。

  作者联系方式:yyl641015@sina.com

编 者

2014年5月26日

目　　录

项目1　认知审计 ·· (1)
　　任务1.1　了解审计的产生与发展 ·· (2)
　　任务1.2　熟知审计对象、职能和作用 ·· (5)
　　任务1.3　明确审计的分类及特征 ·· (7)
　　任务1.4　了解审计的机构和人员 ·· (10)
　　[能力训练] ·· (14)

项目2　熟知审计证据、审计标准和审计准则 ·· (15)
　　任务2.1　熟知审计证据 ··· (16)
　　任务2.2　了解并遵循审计标准 ·· (21)
　　任务2.3　了解并遵循审计准则 ·· (25)
　　[能力训练] ·· (29)

项目3　熟悉审计程序和审计方法 ·· (31)
　　任务3.1　熟悉审计程序 ··· (32)
　　任务3.2　熟悉审计方法 ··· (37)
　　[能力训练] ·· (41)

项目4　内部控制与风险导向审计 ·· (42)
　　任务4.1　认知内部控制 ··· (43)
　　任务4.2　熟知风险导向审计 ··· (51)
　　[能力训练] ·· (55)

项目5　销售与收款循环审计 ··· (59)
　　任务5.1　认知销售与收款循环审计 ··· (60)
　　任务5.2　销售与收款循环的控制测试 ··· (64)
　　任务5.3　主营业务收入审计 ··· (66)
　　任务5.4　应收账款审计 ··· (69)
　　[能力训练] ·· (77)

项目6　采购与付款循环审计 ··· (80)
　　任务6.1　认知采购与付款循环审计 ··· (80)
　　任务6.2　采购与付款循环的控制测试 ··· (83)
　　任务6.3　应付账款审计 ··· (86)
　　任务6.4　固定资产审计 ··· (87)
　　[能力训练] ·· (92)

项目7　生产与存货循环审计 ··· (94)
　　任务7.1　认知生产与存货循环审计 ··· (94)
　　任务7.2　生产与存货循环的控制测试 ··· (97)
　　任务7.3　存货审计 ··· (102)
　　[能力训练] ·· (107)

项目 8　人力资源与工薪循环审计 ……………………………………………………… (110)
　　任务 8.1　认知人力资源与工薪循环审计 ………………………………………… (110)
　　任务 8.2　人力资源与工薪循环的控制测试 ……………………………………… (113)
　　任务 8.3　应付职工薪酬审计 ……………………………………………………… (115)
　　［能力训练］………………………………………………………………………… (118)

项目 9　筹资与投资循环审计 …………………………………………………………… (121)
　　任务 9.1　认知筹资与投资循环审计 ……………………………………………… (122)
　　任务 9.2　筹资与投资循环的控制测试 …………………………………………… (124)
　　任务 9.3　借款审计 ………………………………………………………………… (127)
　　任务 9.4　所有者权益审计 ………………………………………………………… (131)
　　任务 9.5　长期股权投资审计 ……………………………………………………… (137)
　　［能力训练］………………………………………………………………………… (139)

项目 10　货币资金审计 ………………………………………………………………… (141)
　　任务 10.1　认知货币资金审计 …………………………………………………… (141)
　　任务 10.2　货币资金的控制测试 ………………………………………………… (142)
　　任务 10.3　库存现金审计 ………………………………………………………… (144)
　　任务 10.4　银行存款审计 ………………………………………………………… (148)
　　［能力训练］………………………………………………………………………… (152)

项目 11　编制审计工作底稿和出具审计报告 ………………………………………… (156)
　　任务 11.1　编制审计工作底稿 …………………………………………………… (157)
　　任务 11.2　出具审计报告 ………………………………………………………… (163)
　　［能力训练］………………………………………………………………………… (179)

项目 12　其他鉴证业务代理 …………………………………………………………… (183)
　　任务 12.1　代理验资业务并出具报告 …………………………………………… (184)
　　任务 12.2　代理资产评估业务 …………………………………………………… (190)
　　任务 12.3　税务代理 ……………………………………………………………… (195)
　　任务 12.4　代理记账 ……………………………………………………………… (197)
　　［能力训练］………………………………………………………………………… (200)

参考文献 ………………………………………………………………………………… (201)

项目 1　认知审计

【学习目标】

- 知识目标
  (1) 了解审计的起源与发展。
  (2) 了解审计对象、职能和作用。
  (3) 了解审计的种类和特征。
  (4) 了解审计的机构及人员。
- 能力目标
  (1) 能鉴别经济生活中三种类型的审计组织及其人员。
  (2) 能以审计入门者的角色解读审计。

【引导案例】

　　FPL是美国佛罗里达电力和照明公司（Florida Power and Light Company）的简称，是佛罗里达州最大、全美第四大电力公司。在经历了近70年的发展后，FPL成为规模庞大和信誉良好的大型企业。公司成立初期主要得益于垄断的巨大优势，在没有强有力的竞争对手的情况下，公司发展顺利，构建了发电、输电等完整的电力经营系统，建立了一套严格的质量控制程序，公司一直是全美管理最好的电力公司之一。1992年通过的全美能源政策法案，规定各类电力公司都享有平等、开放的进入输电网的权利，即电力公司可以跨州经营。针对电力管制放松和竞争加剧，FPL公司采取加大投资强度的扩张战略，以提高电力运营效率，降低成本，改善服务，增强竞争优势，扩大用户群和增加盈利。1990—1994年，公司在电力基础设施方面投资了58亿美元，融资来源包括：发行长期债券37亿美元，增发新股19亿美元，内部留存收益2亿美元。但由于1989年以来开始加大投资并且竞争加剧，FPL的利润率、总资产收益率、净资产收益率等财务指标均有不同程度的下降。为了应对日益变化的竞争环境，保证公司长远发展目标，1994年5月初，FPL公司考虑在其季报（美国上市公司通常以季度为单位发布经营业绩和红利政策）中削减30%的现金红利，此举可以使公司减少1.5亿美元的现金支出。具体操作方式为：现金红利由目前每股0.62美元调低至0.42美元，以后三年内回购1 000万股的普通股计划和承诺每年不低于5%的现金红利增长率。尽管如此，由于超过50%以上的投资者为个人投资者，因此，大幅度的现金红利削减不可避免地导致公司股票价格大幅度下跌，当天公司股价下跌了14%，反映了股票市场对FPL公司前景很不乐观的预期。不仅如此，此举也伤害了投资者，影响了公司的投资基础和公司与这些投资者的战略关系,不久,公司就被股东们以不真实的信息误导财务状况而告上法庭。

根据上述资料,分析:

(1) 股东为什么状告 FPL 公司?(提示:从两者在经济权利和责任的关系上加以分析)

(2) 1994 年分红方案公布后,注册会计师是如何审计的?审计财务报告的作用是什么?

任务 1.1　了解审计的产生与发展

【任务分析】

要认知审计,首先要了解审计的产生与发展。审计是人类社会经济发展的客观产物,受托经济责任关系的出现导致了审计的产生和发展,审计的产生和发展经历了三个重要阶段:一是官厅审计的产生和发展阶段;二是注册会计师审计的产生和发展阶段;三是内部审计的产生和发展阶段。其次要了解审计关系的构成:审计人、被审计人和审计委托人。在这三个方面的审计关系中,审计人对被审计人是审计关系,对审计委托人是证实关系;被审计人对审计人是接受审计的关系,对审计委托人是承担经济责任的关系;审计委托人对审计人是委托或授权的关系,对被审计人是赋予经济责任的关系。

【知识准备】

1.1.1　审计产生的基础

审计是人类社会经济发展的客观产物。当市场经济发展到一定程度,经营贸易规模必然不断扩大,经济利益群体中各种权利与责任的关系也进一步确定。诸如财产所有者与经营者的关系、经营者与管理者的关系以及经营权中的管理权与支配权的关系,这些关系彼此作用,产生了一种受托经济责任关系。当今社会广泛出现的股份有限公司、集团公司、母子公司等生产经营模式,正是这种以权利与责任分离的受托经济责任关系为主要特征的组织形式。以股份公司为例,股东对公司的财产拥有所有权,但不直接参与企业生产经营管理,而是委托经理行使管理的职能;而公司经理人员对受托的经济责任要以会计报表的形式定期向股东报告公司的经营情况和财务成果。然而,这些会计信息资料是否真实、正确?能否证实管理人员履行了受托的经济责任?这就要求精通会计实务的独立的第三方对公司的经济实绩进行甄别,通过公正的审查、评价,鉴证会计信息资料的真实性,表明该经济组织的经济行为与既定权利、责任标准是否一致的程度。于是,审计便应运而生。由此可见,市场经济的发展,明确了财产所有权和经营权的分离,随之产生新的经济责任关系,导致了审计的产生和发展,并形成了一套保证会计信息传递可靠性的科学体系,为市场经济的有序进行发挥着日趋重要的作用。

1) 官厅审计的产生和发展

从中外审计产生和发展的历史中可以看出,官厅(皇室)审计是审计产生的最初形式(之后发展为现在的政府审计)。这种审计是最高统治者为了保障财粮税赋的征收和公款公物的使用,依靠官府专设的人员或机构查证代理官员上报的账目资料是否正确的一项经济活动,以确定他们履行财务责任的情况并以此作为奖惩的依据。

我国的官厅审计经历了一个漫长的发展过程,大致分为六个阶段:西周雏形萌芽阶段;秦汉时期确立阶段;隋唐至宋日臻完善阶段;元、明、清停滞不前阶段;中华民国时期不断演进阶段;新中国成立至今处于振兴发展阶段。

西周时期,朝廷设宰夫对各地的年终、月终、旬终财计报告就地稽核,发现问题可以越级向朝廷报告。秦汉时期的御史大夫不仅行使政治、军事的监察大权,还负责监督、控制经济和财政收支活动。隋朝设置比部,专管国家财计监督,审计职权通达全国财经各个领域。宋朝时期,朝廷将当时专事审计职能的"诸军诸司专勾司"更名为"审计院",是我国"审计"一词的起源。元、明、清各朝,基本上取消比部,而将审计职能交由户部或都察院行使,其审计能力大为削弱,审计由此停滞不前。民国时期设置了"审计处"(1912)、"中央审计处"(1914)、"审计院"(1920)等,使审计在这一时期不断演进。新中国成立以后,特别是改革开放以来,审计事业全面发展:1983年9月,我国政府审计的最高机关——中华人民共和国审计署的成立,确立了政府审计的地位。接着国务院陆续颁布了《中华人民共和国审计条例》(1988.11,以下简称《审计条例》)、《关于社会审计工作的规定》(1989.7)、《中华人民共和国审计法》(1995.1,以下简称《审计法》)、《内部审计条例》(2003.3)等。这些法规制度的建立健全,对确立具有中国特色的社会主义审计监督体系起到了积极的保障作用,也促使审计工作进入不断完善法制化建设的重要时期。

2) 注册会计师审计的产生和发展

注册会计师审计又称为民间审计,其产生虽然晚于官厅审计,但发展非常迅速。注册会计师产生的"催化剂"是著名的英国"南海公司破产案"。当时南海公司以虚假财务信息骗取了投资人的投资,使他们蒙受了巨大的经济损失。为了保护投资者的利益,英国议会开始聘请会计师对公司财务报表进行定期审计。1853年,在苏格兰的爱丁堡创立了世界上第一个注册会计师的专业团体,之后各国纷纷效仿。

我国注册会计师制度起源于1918年,第一家会计师事务所名为"正则会计师事务所"。1980年,财政部颁布了《关于成立会计顾问处的暂行规定》,恢复和重建了中断多年的会计师制度。随着改革开放的深入,多种经济成分并存和股票、证券交易业务的迅猛发展,注册会计师审计也得到了空前发展。1986年,国务院颁布了《中华人民共和国注册会计师条例》,通过全国统一考试吸纳大量优秀人才补充审计队伍,同时,大批会计师事务所的建立,标志着注册会计师审计已经走向成熟。

3) 内部审计的产生和发展

现代内部审计产生于20世纪40年代,与市场竞争和企业规模大型化有关。市场经济的快速发展使企业面临日趋激烈的竞争,企业内部规模扩大,管理层次不断增多,此时企业管理者需要随时对本企业的财产、会计记录和经营情况进行审查、评价和建议。这些从事本企业内部该项工作的职能人员就被称为"内部审计人员",其组成机构则被称为"内部审计机构"。

我国为了完善审计监督体系,加强部门、单位内部的经济监督和管理,于1984年在部门、单位内部成立了审计机构,实行内部审计监督。1985年国家审计署发布了《关于内部审计工作的若干规定》,2003年又颁布了《内部审计条例》。市场经济的蓬勃发展,为内部审计提供了一个广阔的舞台,使之在发挥审计监督、检查功能时,进一步拓展审计在经营、管理、绩效等内部经济活动中的服务咨询功能,从而优化了审计环境。

1.1.2 审计关系的构成

从审计的产生和发展得知,审计是对经营者进行审查,对所有者作出报告的一种审查鉴证活动。因此,1989年中国审计学会对审计的定义为:审计是由专职机构和人员依法对被审计单位的财政、财务收支及其有关活动的真实性、合法性和效益性进行审查,评价经济责任,用以维护财经法纪、提高经济效益、促进宏观调控的独立性经济监督活动。该定义同时也揭示了任何一个审计项目的成立和进行,都必须由三个方面的关系人构成,即审计人、被审计人和审计委托人,如图1.1所示。

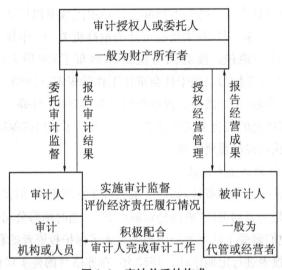

图1.1 审计关系的构成

审计人是审计的主体,指审计的执行者,既包括自然人,也包括专设的审计机构。审计人居于被审计人和审计委托人之外的第三者地位,与他们均无经济责任和经济利益方面的关系;在组织上和领导关系上也不受另外两种关系人的管辖,独立行使审计监督权,向委托人就被审计人的责任性质与状况做出客观公正的评价。

被审计人是审计的客体,它与审计委托人之间存在着一定的经济利益和承担某种特定经济责任的关系。行使管理职能是被审计人的特征。审计委托人基于监督被审计人履行经济责任的需要,而委托并授权审计人对被审计人进行审计。

审计委托人要求被审计人对他负有经济责任,并从审计人那里获得对被审计人的评价、确认和证明经济责任履行情况的报告。审计委托人有时很难确定,我国现阶段的审计委托人一般指各级主管部门、各级专业管理监督机关、股东等。

总之,在这三个方面的审计关系中,审计人对被审计人是审计关系,对审计委托人是证实关系;被审计人对审计人是接受审计的关系,对审计委托人是承担经济责任的关系;审计委托人对审计人是委托或授权的关系,对被审计人是赋予经济责任的关系。

【任务检查】

(1) 简述我国官厅审计发展六个阶段的内容。

(2) 简述注册会计师审计产生的标志。

(3) 简述审计关系的构成。

任务1.2 熟知审计对象、职能和作用

【任务分析】

审计对象,就是审计所要监督的客体和内容。我国审计的对象,概括地说,是指被审计的财政财务收支及有关经济活动。审计界公认的审计职能主要有监督、评价和鉴证三大项。审计的作用,归纳起来主要是防护作用和促进作用。

【知识准备】

1.2.1 审计的对象

审计对象,就是审计所要监督的客体和内容,它随着市场经济的发展而变化。自现代审计问世以来,审计外延不断扩大,其监督内容也从原有的财务收支查错防弊,向财务报表所反映的生产经营管理活动各个方面扩展。所以,在不同的国家、不同的历史时期和不同的经济发展情况下,审计的对象也不完全相同。

由于经济活动,离不开反映它的会计资料,如凭证、账簿、报表等;也离不开其他经济资料,如计划、预算、合同等。所以,我国审计的对象一般表述为:"通过被审单位的会计信息和其他经济资料所反映的财政财务收支及有关经济活动。"具体可以从被审单位的范围和审计内容两个方面来理解。

1) 被审单位的范围

被审单位的范围,在《中华人民共和国宪法》(以下简称我国《宪法》)和《审计条例》中都有明确规定,主要指国务院各部门、地方各级人民政府和财政金融机构;全民所有制企事业单位和基本建设单位;中国人民解放军;人民团体以及有国家资产的中外合资经营企业、中外合作经营企业、全民所有制与其他所有制联营企业等。在接受委托的条件下,未指定的集体所有制企业、外资企业等,也可列为被审单位。

2) 审计的内容

(1) 被审单位的财政财务收支活动,具体包括:财政预算的执行情况和决算结果,信贷计划、财务收支计划的执行情况及其结果,预算外资金的收支及国有资产管理情况,与财政财务收支有关的各项经济活动及其经济效益,严重侵占国家资产、严重损失浪费等损害国家

经济利益的行为等。

（2）被审单位的有关经济活动,主要有以下两个方面：一是构成审计对象的经济活动,必须是与被审计单位经营管理和财产物资有关的经济活动,凡不与被审计单位经营管理和财产物资有关的经济活动,不是被审计单位的经济活动。二是指具有一定载体的经济活动,即是通过会计、统计和业务核算记录等记载反映的经济活动。也就是说,凡是客观存在于被审计单位,无论是已经发生,正在进行,还是将要发生或遗漏、隐匿的经济活动,都是审计的对象。

明确审计的范围和内容,有助于按照审计的职能,指导审计工作实践,有效地发挥审计的监督作用。

1.2.2 审计的职能

审计的职能,是指审计客观上所固有的内在功能。它不以人们的主观意志为转移,是适应社会经济发展需要所具备的能力。早期的审计,主要是通过审查会计资料,考核经营者履行经济责任的可信性,这时审计的职能在于查错防弊。随着市场经济的发展,股份有限公司的出现,经济关系的各个方面都十分关心企业的支付能力和收益情况,要求对企业的资产负债表等财务报表进行证明和评价,审计的职能逐渐由原来账户、凭证及实物证据的审查扩大到与制度基础审计融为一体的鉴证、评价和咨询服务。所以说,审计的职能是随着历史的前进和经济的发展逐步显现并为人们所认识。

根据审计的特点,审计界公认的审计职能主要有监督、评价和鉴证三大项。

1）经济监督职能

经济监督是审计的基本职能,它是指监察和督促被审单位的全部经济活动,应当按照正常的经济规律和法律制度运行。审计监督是整个经济监督体系中的一个重要组成部分,通过审计监督,对被审计单位的财政财务收支及有关经济活动的真实性、合法性、效益性进行审查,促使其符合国家的方针、政策、法规、制度、计划和预算的要求,进而维护财经法纪,促进被审计单位的经营管理水平和经济效益的提高。

2）经济评价职能

经济评价是指通过审查,对被审计单位的经济决策、计划、方案是否先进可行,财政财务收支是否执行了预算和计划,经济效益的高低优劣,有关经济活动的内部控制是否健全、完善和有效等进行评定和建议。

经济评价必须是在审查经济活动的基础上,将审计内容与审计标准进行对照,站在客观公正的立场上,坚持实事求是的态度,经过分析、判断,对其真实性、合法性、效益性以及相关经济责任作出符合实际的评价。同时,还要针对存在的问题提出管理建议,帮助被审单位改善经营管理,履行经济责任,提高经济效益。

3）经济鉴证职能

经济鉴证又称审计公证,是指依据财经法规和会计准则,确认被审单位的财务会计报表和有关经济资料所反映的财务状况,经营成果的真实性、合法性、效益性,并作出审计鉴定,以此作为对经营者的经济责任的确认和依法处理资产的依据。

随着我国对外开放、对内搞活经济的需求不断增强,审计鉴证的职能也充分显露出来。

为取得投资人、债权人的信赖,对国际组织授权建设项目,世界银行贷款项目,国内多种经济成分的企业群体、企业集团之间存在的资金融通、利润分配、贷款使用等方面的经济利益关系,都需要经过中国注册会计师审计,并给予权威的鉴证,以取信于各方,获得社会公认。

在上述审计职能中,审计监督是基础,审计评价和审计鉴证是衡量、评价企业经济活动及其结果的手段。它们之间相互联系、相互依存、密切配合,为保证审计目的的全面实现服务。

1.2.3　审计的作用

审计的作用,是指通过运用审计的内在功能完成审计任务后,客观上所产生的效果。

审计作用的发挥受到审计职能的制约,而审计任务完成的好坏,又决定着审计作用的大小。审计的具体作用也在不断地发展变化,可以因审计类别的不同而有多种,但归纳起来主要是防护作用和促进作用。

1) 防护作用

即制约作用。通过审计监督,检查被审计单位的经济活动,可以起到查错防弊,堵塞漏洞,杜绝浪费,制止经济犯罪活动,维护财经法纪,保护社会主义财产安全、完整的作用。

2) 促进作用

即建设作用。通过审计监督,提出审计建议,可以促进被审单位改善经营管理,改进会计工作,提高会计质量;加强内部控制制度,挖掘内部潜力,提高经济效益,以促进经济持续、稳定、协调地发展。

【任务检查】

(1) 简述审计的对象。
(2) 简述审计的职能。
(3) 简述审计的作用。

任务1.3　明确审计的分类及特征

【任务分析】

审计按其主体的性质划分,可以分为政府审计、内部审计和民间审计;按审计的内容和目的划分,主要包括财政财务审计、财经法纪审计和经济效益审计;按审计范围划分,可以分为全面审计、局部审计和专项审计;按审计实施的时间划分,主要包括事前审计、事中审计和事后审计;按审计执行方式划分,可以分为报送审计、就地审计和委托审计;按审计法律义务划分,可以分为强制审计和任意审计。审计具有审计职能从查错防弊向提高财务报表可信性发展,审计技术从单一化向多元化发展,审计人员的责任由委托方向第三者发展,审计性质由监督向咨询服务发展等特征。

【知识准备】

1.3.1 审计的分类

审计的分类主要是按管理内容和审计关系所形成的审计主体性质分成若干类别。

1) 按审计主体性质分类

审计按其主体的性质划分,可以分为政府审计、内部审计和民间审计三类。

审计主体,是指具有并行使审计权的组织机构和专职人员。审计主体在审计活动中处于主导地位,是审计行为的执行者。

(1) 政府审计　它是国家审计机关对政府部门和国有企事业单位的财政、财务收支及其有关经济活动的真实性、合法性和效益性所进行的审查。

(2) 内部审计　是由部门、单位内部专职审计机构和专职审计人员对本部门、本单位财政财务收支、财经法纪及经济效益所进行的审计。

(3) 民间审计　又称社会审计,是指经有关部门批准注册的会计师事务所接受审计委托人的委托,对被审计单位的审计事项所进行的审计。民间审计组织也可以接受政府审计组织的委托,对企事业单位进行审计,其主要特点是受托审计。

2) 按审计的内容和目的分类

按审计的内容和目的划分,主要包括财政财务审计、财经法纪审计和经济效益审计三种。

(1) 财政财务审计　是指对集中反映被审计单位的财政、财务收支和其他经济活动的会计报表及其他会计资料的真实性、合规性和合法性的审计。

(2) 财经法纪审计　是指对被审计单位或个人严重侵占国家资产以及因失职渎职造成严重经济损失和其他损害国家经济效益等违反财经法纪的行为所进行的专项、专案审计。

(3) 经济效益审计　又称作绩效审计,它通过分析评价被审计单位财务收支和经营管理活动的效率性、经济性、合理性,针对审计中发现的经营管理中的薄弱环节,向管理当局提出咨询意见,以利提高经济效益。

3) 按审计范围分类

(1) 全面审计　是指对被审计单位一定时期内的会计资料及相关经济业务资料进行广泛审查。这种审计是详细审查经济业务活动的各个环节及企业的盈亏、纳税情况,工作量大,花费时间多,一般适宜于小型企业和财务审查。

(2) 局部审计　是指对被审计单位一定时期的会计资料和相关经济活动进行有目的、有重点的部分审计。这种审计主要在企业的某一部分财产或会计资料可能出现问题的条件下采用。如存货的审计就是查明实物资产在某一时点的实有数量。局部审计耗时少,费用低,能够及时发现和纠正问题,但也容易遗漏问题。

(3) 专项审计　是针对某一项特定项目进行的审计。这种审计时间较短、耗费少,所涉及的内容比局部审计单一,通常根据特定事项或专题的要求确定具体的审计内容。如税务审计是对税款征收业务进行的一种专项审计。

4) 按审计实施时间分类

(1) 事前审计　是指在被审单位经济业务活动开始以前实施的审计。一般是针对预算决策、投资项目计划的可行性研究,以保证预算、计划的科学性、合理性和可行性,避免重大的投资决策失误。

(2) 事中审计　是指在被审单位经济业务执行过程中进行的审计。通过此项审计可以及时发现并纠正偏差,便于采取相应措施,保证经济活动的合法性、合理性和有效性。

(3) 事后审计　是指在被审单位经济业务完成以后进行的审计。审计的目的是为了核实经济业务的真实性、合法性、效益性。事后审计的内容很多,如财务会计报表审计、绩效审计、决策审计等都属于事后审计。

5) 按审计执行方式分类

(1) 报送审计　被审计单位按照审计组织的要求,将需要查证的资料送至审计组织接受审查的审计方式。一般适用于国家行政机关和事业单位的经费收支审计。

(2) 就地审计　审计组织委派审计人员到审计单位所在地进行的审计。这种审计易于全面了解和掌握被审计单位的实际情况,及时与被审单位沟通,及时调查研究、取证和核实有关情况。

(3) 委托审计　审计机关或企事业单位及其他财产所有者委托审计组织或审计人员所进行的审计。如上级机关授权下级审计机关进行的审计;企事业单位委托会计师事务所进行的审计。

6) 按审计法律义务分类

(1) 强制审计　审计机关根据法律、法规规定对被审单位行使审计监督权而进行的审计。这种审计不考虑被审计单位是否愿意而强制执行。如国家审计机关对国务院各部门和地方各级政府的财政财务收支、国家的财政金融机构和企事业单位的财务收支就是实行的强制审计。

(2) 任意审计　根据被审计单位自主决定,主动要求审计组织对其进行的审计。例如,会计师事务所接受委托人委托所进行的财务审计或经济效益审计,就属于这类审计。当然,任意审计只是相对于强制审计而言的,实际上任意审计也是根据公司法、证券交易法等要求进行的,只是被审计单位有选择审计组织的权利。

综上所述,审计按照不同的标准进行各种分类,有助于加强对审计的认识,也便于审计组织或人员在执行审计任务时,根据不同的审计目标和要求,结合被审计单位的实际情况,选用适当的审计类型或者几种审计类型互补使用,以合理组织、安排审计工作量,确保审计质量,快捷地完成审计任务。

1.3.2　审计的特征

审计自产生至今,由传统审计模式向现代审计模式转变的过程中,审计特征也发生了显著变化,其现代审计的特征主要表现在如下几个方面:

1) 审计职能从查错防弊向提高财务报表可信性发展

审计产生之初主要是对被审查者的每一笔账面记录是否存在伪造、篡改等行为进行审查,但随着会计记录数量的多样化及内容的复杂化,从成本效益出发,审计人员已经不可能仔细审查每一笔账目。因此,即使存在一些小小的舞弊或渎职行为,只要不影响财务报表的整体可信性,审计人员也可根据相关法规条文予以处置。

2) 审计技术从单一化向多元化发展

传统的审计技术主要是通过逐一检查与经济活动相关的所有会计凭证,以判断被审查者是否合法、合规。这种详细审计方法在会计信息数量有限的情况下有一定效果。当会计信息量剧增时,采用该方法必然费时费力,得不偿失。经研究发现,对会计信息产生过程的关键环节予以重点审计能取得事半功倍的效果。由此产生了以评价内部控制制度为基础的抽样审计,并形成了一套新的"制度基础审计"。另外,人们逐步认识到账外凭证及实物证据的重要性,并将专门寻找账外凭证及实物证据的审计方法与制度基础审计融合一起形成多元化,丰富了现代审计方法。

3) 审计人员的责任由委托方向第三者发展

过去,审计人员如有工作失误只需向委托方承担责任,这符合市场经济的一般责任关系。但是,随着市场经济责任关系的逐步网络化,审计人员的工作结果被广泛运用,即所有运用审计结果的经济集团都要求审计人员对工作结果的质量好坏承担责任。此时,审计人员的经济责任与仅对委托方负责的方式有了很大区别。

4) 审计性质由监督向咨询服务发展

过去,只要谈到审计,总认为是对被审计者的一种监督。但是,市场经济的发展,经营审计、管理审计、内部审计等分支的出现,使人们认识到,审计不仅是对被审计者的监督,而且还在一定程度上服务于被审计者。特别是近年来审计的一些新观念的出现(如审计学、管理审计营销学),使审计咨询功能更加明显。

【任务检查】

(1) 简述审计的分类。

(2) 简述审计的特征。

任务1.4 了解审计的机构和人员

【任务分析】

我国的审计监督体系由国家审计机关、部门或单位的内部审计机构和社会审计组织三个部分构成。我国的审计人员分为国家审计机关人员、内部审计机构人员和社会审计组织人员三种。

【知识准备】

1.4.1 我国的审计机构

我国的审计监督体系由三部分构成,即国家审计机关、部门或单位的内部审计机构和社会审计组织三个部分。国家审计、内部审计、社会审计三者之间,既相互联系,又各自独立、各司其职,泾渭分明地在不同领域开展审计工作。

1) 国家审计机关

国家审计机关是代表国家专门组织领导、执行审计监督的机关。国家审计署是我国最高的审计机关,在国务院总理领导下,依法实施独立的审计监督,负责组织领导全国审计工作,对国务院负责并报告工作。

县以上地方各级人民政府设审计厅(局),受上级审计机关和本级人民政府双重领导,负责本行政区内的审计工作,对上一级审计机关和本级人民政府负责并报告工作,审计业务以上级审计机关领导为主。

各级审计机关根据工作需要,可在重点城市、地区、部门和企业设立派出机构或审计人员进行审计监督。如国家审计署在全国重点城市设立了特派员办事处。

2) 内部审计机构

内部审计机构是指国家各级主管部门和企业、事业单位内部建立的具有相对独立性的审计组织。它包括部门内部审计机构和单位内部审计机构。

部门内部审计机构设在国家审计机关未设立派出机构的政府部门,在本部门主要负责人直接领导下,依照国家法律、法规和政策,对本部门及所属单位的财务收支及经济效益进行内部审计监督,独立行使内部审计职权,对本部门领导人负责并报告工作。审计业务受同级国家审计机关指导。

单位内部审计机构,主要设立在国家金融机构、全民所有制大中型企事业单位,在本单位主要负责人直接领导下,进行单位内部的审计监督。审计业务受上一级主管部门审计机构的指导,向本单位领导和上一级主管部门审计机构报告工作。

审计业务较少的单位,可以设置专职内部审计人员。

3) 社会审计组织

社会审计组织又称民间审计组织,是指经政府有关部门批准、注册,依法独立承办查证和咨询服务等业务的会计师事务所。

组建会计师事务所的程序和要求,首先,是由注册会计师合伙设立,经国务院财政部门或者省、自治区、直辖市人民政府财政厅(局)审查批准,按照规定向当地工商管理部门办理登记,依法独立承办注册会计师查账验证业务和会计咨询业务的企业单位。其次,会计师事务所实行自收自支、独立核算、依法纳税,应定期向主管财政机关报告业务开展、经济收入、人员变动等情况。

1.4.2 我国的审计人员

审计人员,是指审计专业队伍中具有较高的政策法规水平、业务技术知识和专业技能的人员,是按照审计目标独立完成审计任务的具体执行者。

我国的审计人员,按照审计组织类型划分为以下几个部分:

1) 国家审计机关人员

国家审计机关人员指各级审计机关的审计人员,包括领导和专业人员。国家审计署的审计长是国务院的组成人员,根据《宪法》规定,由国务院总理提名,全国人民代表大会决定,国家主席任免。副审计长由国务院任免。县级以上地方各级审计局长,由本级人民代表大会常务委员会任免。副局长由本级人民政府任免。各级审计机关所配备人员一般由精通财务审计业务并熟悉法律、经营管理等知识的专业技术人员组成。

2) 内部审计机构人员

内部审计机构应配备与其相适应的主管人员(主任、处长、科长)和若干专业审计人员。内部审计主管人员均由所在部门、单位的领导征得主管部门审计机构同意后任免。配备内部审计人员应注意合理的专业结构,除由熟悉会计、审计、财务的专业人员担任外,还可视其工作需要,再配备适当的工程师、经济师和律师等专业人员。

3) 社会审计组织人员

根据《中华人民共和国注册会计师法》(以下简称我国《注册会计师法》)的规定,社会审计组织承办审计业务属于法定业务,非注册会计师不得承办。为此需配备一定数量的注册会计师、注册资产评估师等执业资格人员一道共同完成会计师事务所业务。同时,这些人员都应当具备专业知识和一定的判断分析能力。

1.4.3 审计人员的职业道德及法律责任

审计人员的职业道德是职业品德、职业纪律、专业胜任能力及职业责任的总称,是在实施审计过程中应遵循的行为规范。其主要内容包括:独立性原则、专业胜任能力、技术规范、审计责任等方面的内容。

1) 一般性原则

(1) 独立原则　所谓独立原则是指审计人员在执行审计业务、出具审计报告时应当在形式上和内容上独立于委托单位和其他机构。独立性是审计有别于其他经济监督最本质的特征。独立包括两层含义,即形式上和内容上的独立。形式上的独立是指审计人员在第三者面前呈现一种独立于委托单位的身份;内容上的独立是指审计人员与委托单位不存在任何利害关系。

(2) 客观原则　审计人员对有关事项的调查、判断和意见的表述,应当基于客观的立场,以客观的事实为依据,不掺杂个人的主观思想,也不被他人意见所左右。

(3) 公正原则　审计人员应当具备正直、诚实的品质,公平正直,必须受到公认,为社会所接受,不以牺牲一方利益为条件而使另一方受益。

2) 专业胜任能力与技术规范

(1) 专业胜任能力　审计人员应具备适应专业需要的业务技术知识,通晓财经管理、税务、工商管理、涉外经济知识,熟悉相关的法律法规。

(2) 技术规范　审计人员应保持应有的职业谨慎,遵守独立审计准则,在实施审计业务时要制订合理的审计计划,并对助理人员进行指导、监督和检查。

3) 法律责任

法律责任是指审计人员或审计组织在履行其审计责任过程中,因过失或欺诈而导致客户或利益相关人经济损失,由此所承担的法律后果。

审计人员的法律责任分为三类：行政责任、民事责任和刑事责任。

（1）行政责任　行政责任是审计人员或会计师事务所由于违反了法律、职业规范或其他规章制度而由政府主管机关和职业协会等机构给予的行政处罚。其中，对注册会计师个人的处罚有警告、暂停执业、吊销注册会计师证书；对会计师事务所的处罚有警告、没收违法所得、罚款、暂停执业、撤销等。

（2）民事责任　民事责任是指审计人员或审计组织对由于自己违反合同或民事侵权行为而对受害者承担赔偿损失的责任，主要形式为赔偿经济损失。

（3）刑事责任　刑事责任是指审计人员由于重大过失、欺诈行为违反了《刑法》所应承担的法律责任，主要形式有：罚金、拘役和有期徒刑。

4）规避法律责任的对策

对于审计人员，应增强职业道德和法律意识，严格执行审计准则，独立、谨慎地开展审计业务；对于会计师事务所，应建立良好的质量控制机制，慎重地接受委托，签订审计约定书，明确双方责任和义务，委派具有胜任能力的审计人员，注意在审计过程中取得充分审计证据以作出正确的审计结论，并取得管理当局和律师声明书，从而规避审计风险。

【任务检查】

(1) 简述我国审计监督体系。
(2) 简述我国审计人员的构成。
(3) 简述我国审计人员的职业道德。

【项目小结】

审计是人类社会经济发展的客观产物，受托经济责任关系的出现导致了审计的产生和发展，审计的产生和发展经历了三个重要阶段：一是官厅审计的产生和发展阶段，二是注册会计师审计的产生和发展阶段，三是内部审计的产生和发展阶段。审计关系由审计人、被审计人和审计委托人构成。我国审计的对象，概括地说，是指被审的财政财务收支及有关经济活动。审计界公认的审计职能主要有监督、评价和鉴证三大项。审计的作用，归纳起来主要是防护作用和促进作用。审计按其主体的性质划分，可以分为政府审计、内部审计和民间审计；按审计的内容和目的划分，主要包括财政财务审计、财经法纪审计和经济效益审计；按审计范围划分，可以分为全面审计、局部审计和专项审计；按审计实施的时间，主要包括事前审计、事中审计和事后审计；按审计执行方式可以分为报送审计、就地审计和委托审计；按审计法律义务划分，可以分为强制审计和任意审计。审计具有审计职能从查错防弊向提高财务报表可信性发展，审计技术从单一化向多元化发展，审计人员的责任由委托方向第三者发展，审计性质由监督向咨询服务发展等特征。我国的审计监督体系由国家审计机关、部门或单位的内部审计机构和社会审计组织三个部分构成。我国的审计人员分为国家审计机关人员、内部审计机构人员和社会审计组织人员三种。

【能力训练】

一、单项选择题
1. 下列选项中不属于审计职能的是(　　)。
   A. 经济监督　　B. 经济评价　　C. 经济咨询　　D. 经济鉴证
2. (　　)是审计的本质特征。
   A. 独立性　　B. 合法性　　C. 合理性　　D. 效益性
3. 对国有企业、国有金融机构及机关事业单位的财政财务活动进行审计由(　　)进行。
   A. 国家审计机关　　　　　　　B. 独立审计机构
   C. 上级主管部门　　　　　　　D. 财政部监察机构
4. 按照审计实施的范围,可以将审计划分为(　　)。
   A. 国家审计、社会审计、内部审计　　B. 全面审计、局部审计
   C. 定期审计、不定期审计　　　　　　D. 授权审计、委托审计
5. 在下列内部审计机构设置的不同体制中,独立性最弱的是(　　)。
   A. 董事会领导体制　　　　　　B. 监事会或审计委员会领导体制
   C. 总经理领导体制　　　　　　D. 财务副总经理领导体制
6. 注册会计师审计机构是(　　)。
   A. 会计师事务所　　　　　　　B. 税务师事务所
   C. 审计署　　　　　　　　　　D. 企业内部审计部门

二、多项选择题
1. 我国的审计监督体系由(　　)组成。
   A. 国家审计　　B. 内部审计　　C. 注册会计师审计　　D. 部门审计
2. 会计师事务所的业务范围有(　　)。
   A. 审计业务　　B. 审阅业务　　C. 其他鉴证业务　　D. 相关服务
3. 审计的独立性表现为(　　)。
   A. 机构独立　　B. 人员独立　　C. 工作独立　　D. 经济独立
4. 按目的与内容不同,可将审计分为(　　)。
   A. 外部审计　　　　　　　　　B. 经济效益审计
   C. 财政财务审计　　　　　　　D. 财经法纪审计
5. 审计的作用有(　　)。
   A. 促进　　　　B. 制约　　　　C. 防护　　　　D. 建设
6. 我国的审计人员分为(　　)。
   A. 国家审计机关人员　　　　　B. 内部审计机构人员
   C. 社会审计组织人员　　　　　D. 企业财务人员

三、讨论题
讨论分析审计与会计的关系。

项目 2　熟知审计证据、审计标准和审计准则

【学习目标】

● 知识目标

(1) 了解审计证据的概念和目标。

(2) 了解审计证据收集、鉴定和综合。

(3) 了解审计准则的结构和内容。

● 能力目标

(1) 能正确评价审计证据的充分性和适当性。

(2) 能运用检查、分析程序,函证和重新计算等方法获取审计证据。

【引导案例】

2001年9月3日,中央电视台《新闻30分》报道了南京冠生园使用陈年馅做月饼的情况。曝光后,江苏省和南京市卫生监督部门、技术监督部门立即组成调查组进驻该厂。南京卫生监督所到冠生园进行了采样,采集了10多种月饼进行化验。该厂的成品库、馅料库全部被卫生监督部门查封,各类月饼2.6万个以及馅料500多桶被封存。9月6日,南京冠生园被有关部门责令全面停产整顿。接着不久,冠生园的一位老师傅又向媒体透露了南京冠生园用冬瓜假充凤梨的内情。原来,自1993年冠生园合资后就用冬瓜假冒凤梨。被曝光前,厂里每天有一二十位职工专职削冬瓜皮,切成条后加糖腌制,再加上凤梨味香精,批发价仅两角1斤的冬瓜就变为1元左右的凤梨,以每天生产1万个凤梨月饼零售价3元估算,就是3万元的销售额。据了解,每年月饼生产旺季,该厂每天要进四五十斤冬瓜。尽管后来有关部门通告南京冠生园的月饼经检测"合格",可以重新上柜,但信誉的缺失使多年来一直以月饼为主要产品的南京冠生园被逐出了月饼市场,公司其他产品也很快受到"株连"。南京冠生园从此一蹶不振。

2002年2月1日,春节即将到来之际,南京冠生园向南京市中级人民法院申请宣告破产,法院受理此案,并依法组成了合议庭。2002年2月27日,南京市中级人民法院作出民事裁定,宣布南京冠生园食品有限公司进入破产还债程序,并根据民事诉讼法的有关规定,指定南京市商贸局、南京市食品工业公司、南京市体改委、南京市外经委以及工商、税务等部门派员组成清算小组进驻该厂,通过审计对该厂财产的保管、估价、处理和分配等事务进行清理。4月8日,清算组开始接受企业债权人的债权登记。当时的估算是:该厂已拖欠食品原料供货商的债务达2 000多万元,积欠工商银行和交通银行的贷款就达500多万元,而企业

本身的资产却只有五六百万元。

一家具有70多年历史的知名老字号企业倒下了,作为国内第一个因失去诚信而死于"媒体"的老牌食品企业,其倒下的悲剧留给人们的只有深长的回味与无尽的思考……

根据上述资料,分析:
(1) 冠生园事件中,审计人员(注册会计师)是如何遵循独立审计准则的?
(2) 审计清算中证据起到了什么作用?

任务2.1 熟知审计证据

【任务分析】

认识审计证据,需要理解审计证据的含义,明确审计证据的类型,能够评价审计证据的充分性和适当性。

【知识准备】

2.1.1 审计证据的涵义

审计证据是审计人员在审计过程中,按照一定的程序和方法获得并查实的用以证明被审事项真相的凭据。

审计方案中的审计目标根据审计人员提出各种不同的专题,用不同的证据加以证实。收集和评价审计证据,是审计人员执行审计业务最核心的工作,是决定审计工作质量的关键。

作为审计证据,必须同时具备三个目标条件:第一,必须是一种不以人们意志为转移的、独立存在的客观事物。只有这种事物才具有客观真实性。第二,与被审事项具有内在联系。只有具备这种联系,对被审事项才具有证明力。第三,必须是审计人员根据审计回避制度,依照审计准则和审计程序收集、查证、落实的事实资料。只有这种资料,审计证据才具有充分性、可靠性、相关性和合法性。

2.1.2 审计证据的种类

审计证据可以从不同角度、按不同标准分类。

1) 审计证据按形态分类

审计证据按其形态分类,可以分为实物证据、书面证据、口头证据、环境证据。

(1) 实物证据 实物证据,又称物证。凡经验证确实存在的资产,就是实物证据,主要指现金、有价证券、存货和固定资产等。对这些资产,需要经过实地观测、清点,来确定其是否确实存在。这类证据通常以盘点表的形式表现出来。

收集实物证据应注意以下两点:

① 实物证据有一定的局限性。它仅适用于资产负债表中的部分资产项目,有些资产如应收账款、银行存款、无形资产等,无法找到实物证据。

② 即使通过实地观测,清点实物,有时也很难证明实物证据是否真实。例如,盘存固定资产时,审计人员通过观测可确定其确实存在,但观测不能确定所有权的归属。再如,有些存货属于次品或已变质,而实地盘查时却没有发现,如以此作为证据,就不能证明资产负债表上所列的存货金额是正确、真实的。

(2) 书面证据 书面证据又称文件证据。它是指审计人员从被审计单位或其他单位取得或审计人员自己编制的书面材料,是审计证据中最重要的部分。

书面证据的可靠性,首先取决于证据本身是否易于涂改和伪造。若易于涂改和伪造,则可靠性差,审查时应格外注意。其次取决于证据的出处。一般来说,来自企业外部直接交给审计人员的证据,可靠性最高;来自企业内部但送往外部背书或加工的证据,因受外部组织的严格审查,可靠性居第二位;来自企业外部但为企业掌握的证据以及来自企业内部的证据,其可靠性则分别居第三、第四位。

(3) 口头证据 口头证据又称陈述证据、言词证据。它是指有关审计事项当事人、关系人、知情人、被委托的代言人等的口述或答复,一般以证词笔录、代言笔录、录音磁带等形式表现出来。口头证据并不足以证明事实的真相,但审计人员可通过口头证据发现一些重要线索,从而有利于对一些问题进行深入的调查研究。口头证据可以作为实物证据和书面证据的补充和旁证。

(4) 环境证据 环境证据又称情况证据,是指对被审计单位产生影响的各种环境因素。环境证据主要是指被审计单位内部控制系统是否健全、适用、有效,企业管理人员的素质,企业的经营管理条件和水平等,这些都会影响被审计事项真实、正确、合法的可信赖程度。环境证据虽不是审计的基本证据,但可以帮助审计人员通过对审计环境事实的把握,较为准确地分析、整理审计资料。

2) 审计证据按来源分类

审计证据按其来源分类,可以分为内部证据、外部证据、相关单位证据和亲历证据。

(1) 内部证据 内部证据是从被审计单位内部产生的资料中所取得的证据。这类证据有两个层次:

① 被审计单位产生并经其处理、保存的证据:如被审计单位的会计凭证、账簿、报表、统计资料、业务技术资料、经济合同、会计记录等。这类证据的可靠程度取决于企业内部控制制度的健全性和执行情况。

② 由被审计单位产生但经过外部单位处理或保存的证据:如被审计单位签发的支票、开出的收据和销货发票等。由于这些证据经过外部单位加工或审核,提高了可靠性,比单纯的内部证据证明力强。

(2) 外部证据 外部证据是从被审计单位以外其他单位或个人产生的资料中取得的证据。这类证据也有两个层次:

① 产生于被审计单位外部并直接交给审计人员的证据:如应收账款函证、从律师等处索取的证明等。这类证据因未经被审计单位人员过手,因而不大可能被篡改,因此,证明能

力较强。

② 由外部产生但经过被审计单位人员处理或保存的证据：如购货发票、银行对账单等。这类产生于外部的证据具有较强的证明力，但经被审计单位过手后，就有可能被处置不当或被修改，因而降低了其可靠程度。

(3) 相关单位证据　相关单位证据是指被审计单位与其相关单位之间因经济往来而产生的证据。它不同于一般内部证据或外部证据，审计人员在收集审计证据时应予注意。

相关单位(西方称圈内人)是指交易一方能够对另一方进行控制或对其管理和经营政策施加重大影响，以致另一方不能独立维护自身的利益，这样的两方互为相关单位。相关单位交易主要包括母公司和子公司之间，同一母公司的各子公司之间，公司与主要股东、高级管理人员或直系亲属之间以及各关联公司之间的交易。

审计人员在审查相关单位交易是否已在企业的财务报表中予以充分反映时，应当主要做好以下三方面工作：

① 确定是否存在相关单位；
② 确定相关单位之间的交易；
③ 审核相关单位交易。

审计人员确定了相关单位交易之后，应实施必要的程序，以获取有关这些交易的目的、性质、范围及其对财务报表的影响的充分证据。审计人员实施的程序通常包括：了解交易业务的目的；审核交易发票及合同副本；确定交易是否经过授权批准；对可能或将要在财务报表中反映的金额进行合理性测试；对相关单位往来账户余额进行审计等。

(4) 亲历证据　亲历证据是指审计人员在被审计单位目击或亲自执行某些活动时所取得或编制的证据。这类证据又可以分为三种：

① 审计人员亲历监督或参与盘点财产物资，重新计算一遍工资结算单，重新核对一遍银行存款日记账等取得的证据。

② 审计人员自己编制的各种计算表、分析表等，主要用来测算并验证被审计单位的计算是否准确、合理。如对累计折旧、坏账准备、应交所得税等的计算分析。

③ 审计人员实施的分析程序，一般采用比较分析法、趋势分析法、结构分析法、比率分析法等。在审计开始时进行分析，是为了增强对被审计单位的了解；在确定性检查阶段实施分析，是为了取得一定的审计证据；在最后实施全面复核时分析，是为了帮助审计人员评价其审计结论，并对财务报表进行全面评价。这类审计证据的可靠性最高。

3) 审计证据按功能分类

审计证据按其功能分类，可以分为直接证据和间接证据。

(1) 直接证据　直接证据是指对一定的审计项目或应证事项的正确与否具有直接作证功能的证据。这种证据同审计项目或应证事项有直接、明了、易于辨别的关系。如通过盘点现金所取得的证据，就是证明现金实存额的直接证据。直接证据的证明力比间接证据强。

(2) 间接证据　间接证据是指对一定的被证事项具有间接作证功能的证据。这些证据包括前述的口头证据、环境证据等。会计凭证对于财务报表来说是基础资料，但两者没有直接关系，也属于间接证据。间接证据比直接证据的证明力弱。

4）审计证据按重要性分类

审计证据按其重要性分类，可以分为基本证据和辅助证据。

（1）基本证据　基本证据又称主证、主要证据。它是指对应证事项具有直接证明力的重要的原始证据。如对于财务报表来说，总分类账是其编制的基本依据，因而也是证明财务报表是否正确的基本证据。

（2）辅助证据　辅助证据又称佐证、旁证、补充证据。它是指能佐证或支持基本证据，或能证明应证事项有关细节和侧面的证据，这种证据对基本证据起补充、强化作用。间接证据一般属于辅助证据。如证明某人无正当收入来源又挥金如土的证据，是证明该人有舞弊行为的辅助证据。

审计的验证功能，需有充实的审计证据支撑。而充实的审计证据是由基本证据和辅助证据组成的。两者之间有权衡交替的作用，即基本证据越充实，所需的辅助证据就越少；辅助证据非常充实，基本证据就相对少一些。

2.1.3　审计证据的特征

审计证据是审计人员提出意见、建议和作出审计结论的依据。而要使意见合理、建议可行、结论正确，就应当在取得充分、适当的审计证据后，形成审计意见，出具审计报告。审计报告中的证据在整体上具备了如下特征：

1）审计证据的相关性

相关性是指用以说明或否定某一应证事项的证明材料必须同该事项的真相有合乎逻辑的联系，同形成审计意见有密切的关系。例如，进行财务审计时，财务资料就是相关的证据。

2）审计证据的适当性

适当性是对审计证据的质量要求，包括相关性和可靠性两个方面，即审计证据应当与审计目标相关联，并能如实反映客观事实。

3）审计证据的充分性

充分性是指为了支持审计人员形成审计意见所必须具有的证据总量或范围。充分性又称足够性。充分性所回答的问题是说明或否定某一应证事项有多少证据就够用了。审计人员应当用尽可能少的时间和费用，收集足够的强有力的证据，在满足充分性要求的前提下，尽量讲求工作效率。

审计证据的充分性与适当性密切相关。当审计证据的相关与可靠程度较高时，所需的审计证据的数量相对较少。如果审计证据的质量不高，则需要从不同的角度予以印证，才能得出某种结论，因而就需要增加所获审计证据的数量。

4）审计证据的可靠性

可靠性主要是指审计证据的可信度。审计证据的可靠性往往受到证据的来源、及时性和客观性的影响。

2.1.4　审计证据的收集、鉴定和综合

审计证据的作用在于它证明应证事项的能力。审计人员所收集的证据，应具有证据力

和证明力。

1) 审计证据的证据力和证明力

证据力是一种客观存在的可能性,是一种形式上的价值,能否被认定和运用,有待于审计人员验证、鉴别和综合。证明力是指证据资料实质上的价值。证明力是审计人员把证据力加以分析、归纳、判断和综合评价的过程。

审计证据证明力的形成分为三个阶段,即潜在证明力、现实证明力和充分证明力。审计证据被审计人员收集之初,只具有可能的证明力,因为证据本身是否真实、可靠、有用,都未经鉴定,所以,其证明力只是一种潜在证明力,这是第一阶段;审计人员取得证据后,必须对证据力和证明力进行鉴定,若能对一定的应证事项给予证明,就具有现实的证明力,这是第二阶段;具有现实证明力的分散的个别的证据,只能对事物的局部加以说明,而不能说明事物的全部,只有把具有现实证明力的证据联系起来,才能形成具有充分证明力的证据,这是最后阶段。这三个阶段就是审计证据的收集、鉴定和综合。

2) 审计证据的收集

在审计过程中,收集审计证据是审计人员一项最重要的工作,直接关系到审计工作的成败。

审计人员在制订审计计划、方案时,就应对搜集证据的要求、范围、种类、步骤和方法进行筹划;对应取得的证据的性质和数量,即取得何种证据,取得多少证据,做到心中有数。在具体搜集证据时,仍应从实际出发,客观、全面、实事求是地进行搜集。

收集审计证据的途径,主要有以下几种:

(1) 要求被审计单位提供　审计人员针对审计对象和范围,向被审计单位索取各种需要审查的有关资料,包括会计资料、统计资料、有关文件和合同等。这是搜集证据的主要方法,是审计证据的主要来源。

(2) 实际查阅　审计人员可到财会部门和其他有关部门,采用专门的方法,审阅、核对、复算各种资料、文件,以取得各种证据。

(3) 现场观察　审计人员亲临现场,观察审计对象的环境状况。如到财务会计部门观察会计人员分工及业务处理程序,到仓库观察材料存放情况及收发手续,以取得情况证据;实地观察实物财产、现金和有价证券的盘点过程和结果,以取得证据。

(4) 询问　审计人员为了进一步查清、核实已掌握的线索或事实,可以采取口头或书面的方式,向被审计单位和其他单位有关人员面询或函询,以取得证据。审计人员询问的问题要清楚,被询问者的回答要明确。在口头回答过程中,审计人员的记录,要由被询问人员签名盖章。

收集审计证据除了运用上述审计的专门方法之外,还可以结合运用一些技术方法,如照相、复制、录音、录像等方法。

3) 审计证据的鉴定

收集到的审计证据,尽管具有证明力,但其证明力还是潜在的。要使潜在的证明力变为现实的证明力,在使用之前还要进行鉴定,以判断证据与被审事项的相关性、证据本身的真实可靠性(胜任性)、证据内容性质的重要性。如果发现证据与证据之间有矛盾,则应收集更多的证据,以进行分析判断。审计人员凭借自己的经验和判断力,有时还需用一些专门的技术方法,剔除伪证和篡改过的证据,并收集更多的旁证材料,以揭露虚构的、歪曲的"事实"。

4) 审计证据的综合

经过鉴定的证据,虽然具有现实的证明力,但仍是分散的个别的证据。要使其形成具有充分证明力的证据,还需对证据进行综合评价。鉴定是对个别证据的评价,而综合是从相关证据总体上,对证据加以归纳、分析、整理,使其条理化。综合的过程,就是选出最适宜的、充分的、有说服力的证据,并以此作为编写审计报告、发表审计意见、作出审计结论的依据。如果经过综合评定,证据还不充分,则要扩大审计范围,再补充收集、鉴定证据。

收集、鉴定和综合审计证据,是审计工作的关键环节。收集到的证据,如不鉴定、判断,就不能确定其效用;对已掌握的有效的证据,如不综合、分析、评价,就不能去粗取精,形成具有充分证明力的证据,就不能全面认识审计对象,就难以形成正确的审计意见和结论。可见,收集、鉴定、综合审计证据的过程,是审计人员对审计对象认识深化的过程,是全面评价审计对象的过程,是逐步形成审计意见和审计结论的过程。因此,审计人员必须十分重视收集、鉴定、综合审计证据的工作。

【任务检查】

某审计人员在对应收账款进行审计时收集到如下审计证据:
① 被审计单位销售发票;
② 被审计单位应收账款、销售收入等明细分类账及总分类账;
③ 被审计单位对应收账款存在性的声明;
④ 被审计单位债务人寄来的对账单;
⑤ 审计人员对被审计单位债务人进行函证,债务人的回函。
要求:将上述审计证据按可靠程度的强弱依次排序,并说明原因。

任务 2.2　了解并遵循审计标准

【任务分析】

审计标准是查明审计客体的行为规范,是衡量审计客体真实性、合规性、合法性、合理性、有效性的尺度。

审计标准是审计理论和审计实践中的一个重要问题。只有根据充足的证据、对照明确的标准而提出的审计意见和作出的审计结论,才是令人信服的,才能为被审计单位或被审计人所接受。

【知识准备】

2.2.1　审计标准的种类

审计标准的内容,包括法律规范、规章制度、计划(或预算)、定额、技术经济指标、合同、会计原则等。这些标准,按其不同的用途,具有不同的分类。

1) 审计标准按来源分类

(1) 被审计单位自己制订的标准 如被审计单位制订的计划、定额、经济技术指标、内部控制制度等。这些标准是进行内部审计和经济效益审计的评价尺度。

(2) 外部各单位制订的审计标准 如国家制订的法律、法规、政策、指示,上级下达的指标、命令以及有关组织颁发的准则、规章制度等。

2) 审计标准按性质分类

(1) 法律、法规 法律是指拥有立法权的国家机关,依照立法程序制定和颁布,并由国家强制保证执行的行为规则。在我国,用作审计标准的法律法规除《宪法》外,主要有刑法、民法、经济合同法、各种税法、统计法、会计法等;还有企业财务通则、会计准则、国务院和地方政府制订的行政法规等。在对审计结果进行评价时,首先应以法律规范的条文作标准,对审查的情况进行是非、好坏、高低、优劣的衡量。

(2) 规章制度 规章制度包括两方面内容:一是主管部门或上级机关下发给被审计单位的文件、通知、指示、规定等,如某部门下发的成本核算规程;二是被审计单位内部制订的规章制度,如差旅费报销办法、委托加工材料管理办法等。这些规章制度是进行部门审计时的评价标准。

(3) 计划(或预算) 包括国家机关、事业单位经过批准的预算,企业制订的生产财务计划和各项费用计划(即费用预算)等。

(4) 业务规范、经济技术标准 如人员配备定额、工时定额、原材料储备定额、原材料消耗定额、生产设备利用定额以及各种质量标准(包括国际标准、国家标准、部颁标准、企业标准)、劳动生产率指标、利润指标、资金利润率指标等。

(5) 经济合同 如承包经营合同、租赁合同、购买合同、销售合同、借款合同以及被审计单位内部签订的各种承包合同。

(6) 会计准则和会计制度 会计准则规定了会计核算方法、会计要素及其确认、计量、记录和报告的原则和要求,如客观性、相关性、可比性原则,一贯性、及时性、明晰性原则,谨慎性、重要性原则,配比原则,权责发生制原则,实际成本计价原则,划分收益性支出和资本性支出原则。会计制度规范了会计科目和会计报表的设置、使用和填制方法。会计准则和会计制度是衡量被审计单位的会计处理与会计信息是否正确、合规的依据。

3) 审计标准按照审计的目的和内容分类

(1) 财政财务审计标准 它是进行财政财务审计时判断财务收支活动及其资料的真实性、合法性、合规性的标准。如国有工业企业成本管理条例、现金管理制度、结算制度、各种税法、经济合同、财务通则、会计准则、会计制度等。

(2) 财经法纪审计标准 它是进行财经法纪审计时判断被审计单位是否严重违反财经法纪的标准。如国有工业企业成本管理条例、各种税法、外汇管理条例、控制社会集团购买力的规定、物价政策和制定价格的有关规定等。

(3) 经济效益审计标准 它是进行经济效益审计时判断被审计单位经济效益高低、优劣的标准。除国家方针政策外,各种经济技术指标就是该种审计的标准。如劳动生产率、资金利润率、产值资金率、上交税利增长率、产品成本降低计划、投资回收期、废品率、主要设备设计能力利用率、同行业的利润水平等。

(4) 经济责任审计标准　它是进行经济责任审计时评价经济责任关系主体履行经济责任情况的标准。由于经济责任审计是一种综合性很强的审计,所以,上述各种审计的依据对它都是适用的,但它更注重以各种经济责任合同(如承包经营合同、租赁经营合同等)为标准。

2.2.2　审计标准的特点

审计标准具有层次性、相关性、时效性和区域性等特点。在运用审计标准时,应注意这些特点,选择最适当的标准。

1) 层次性

审计标准按其适用的范围大小,可以分为若干层次。第一层是国际法规、国家的宪法、法律、法规;第二层是国务院各部门制订的政策、法令、条例;第三层是地方各级政府制订的政策以及发布的命令、指示;第四层是被审计单位领导部门的规定和下达的计划;第五层是被审计单位职工代表大会、股东代表大会、董事会的决议;最后是被审计单位内部各职能部门制订的计划、办法等。层次越高,其内容的原则性越强,覆盖面越大;层次越低,其内容越具体,覆盖面越小,在运用审计标准时,要尽量选择层次高的,舍弃层次低的。特别是当行政性法规、地方性法规同根本法、基本法发生抵触时,必须以根本法、基本法为依据,而不能以行政性法规、地方性法规为标准。

2) 相关性

审计标准必须与被审事项以及审计人员的审计结论密切相关。审计人员在衡量被审计事项时,要选择与其直接相关而且最能击中要害的审计标准,不能以与被审计事项无关或有很少关系的法律、法规、制度等作标准。

3) 时效性

审计标准的效力受时间限制,并不是永远有效的。例如,国务院关于控制社会集团购买力的决定所规定的专项控制商品,1978年1月1日为30种,1984年8月缩小为15种,1985年2月扩大为17种,1988年2月扩大为19种,同年10月扩大为29种,1989年1月1日扩大到32种,1992年1月1日又缩小到29种。审计人员在运用这项标准时,必须充分注意规定的时效性。政策、法规是随着经济发展而变化的,不能用今天适用的法规来衡量过去的经济活动;也不能用已经废止的法规来衡量今天的经济活动。同样的道理,随着技术的进步,技术经济标准也不断修订。因此,在进行经济效益审计时,不能用过时的标准来衡量当前企业的经济效益。

4) 区域性

审计标准的适用受地域限制。外国的法律规定不能作为我国的审计标准,其他地区、其他部门的具体规定也不宜作为本地区、本部门的审计标准。在进行审计判断时,要以本地区、本部门有效的法规、制度等作为标准。

2.2.3　审计标准的运用

一定要全面地、历史地、辩证地运用审计标准。运用审计标准判断审计情况时,不能采取绝对化的态度。

1）全面地运用审计标准

所谓全面地运用审计标准，就是不能片面地以某一方面的审计标准来评判审计的结果。为此，特别要注意以下几点：

（1）要兼顾当前利益同长远利益　当两者发生矛盾时，应着眼于长远利益。例如，企业生产某种产品盈利水平越高，本期生产该产品越多，虽盈利越多，但市场已接近饱和。而开发新产品虽然会对本期经济效益有所影响，但可以增强企业发展后劲。在这种情况下评价经济效益，就要重视开发新产品的决策这项标准。

（2）要兼顾国家利益、集体利益和个人利益　当三者利益发生矛盾时，先保证国家利益，后照顾集体利益，再考虑个人利益。例如，某年度企业职工的工资、奖金的增长幅度超过劳动生产率的增长，是不合理的。尽管企业作出过增加工资的决议，而且实际增长情况同决议相符，但该项决议并不能作为审计的标准。

（3）要兼顾企业经济效益和社会效益　当两者发生矛盾时，应着眼于社会效益。例如，某种产品的生产对企业来讲经济效益很高，但产生的"三废"严重影响生态平衡，危害人民身体健康。审计时不能单纯以经济效益作为审计标准，还应以环境保护法规作标准，提出治理"三废"的建议。

2）历史地运用审计标准

所谓历史地运用审计标准，就是要以历史的眼光评审已经过去的审计事项。这就是说，衡量、评价被审计单位的经济活动，必须以审计事项所处时期的法规、规定为审计标准。例如，某项经济活动在发生的当时是合法的，用现在的法规去衡量却是不合法的，我们只能按当时的审计标准去评审；反之，在经济活动发生的当时是不合法的，用现实的标准去衡量是合法的，也不能用现实的审计标准对过去不合法的事项作出是合法的结论。

3）辩证地运用审计标准

所谓辩证地运用审计标准，就是对被审计的经济活动，如果有几条审计标准可供采用，而这些审计标准之间又有差异，甚至有的互相抵触，那就要在全面地、历史地运用审计标准的基础上，综合地、发展地分析和研究问题形成的原因和结果，抓住主要矛盾和矛盾的主要方面，弄清问题的实质，选择最恰当的审计标准，提出切合实际的审计意见，作出正确的审计结论。

运用审计标准时，必须查对原文。审计人员运用法规、法令、决议、计划、业务规范、技术经济标准作为审计标准时，必须以书面文件为准，不能单凭记忆，以免歪曲文件精神。运用的审计标准是否有效、恰当，涉及审计判断及其评价是否正确，直接关系到审计工作的成败，因此，必须十分认真、慎重地对待。

【任务检查】

（1）简述审计标准的分类。

（2）简述审计标准的特点。

任务 2.3　了解并遵循审计准则

【任务分析】

审计准则是注册会计师从事审计工作实施审计监督必须遵循的原则和规范,是衡量审计工作质量的尺度和考核审计人员业绩的标准。按审计主体和准则作用范围的不同,审计准则可分为国家审计准则、内部审计准则和注册会计师审计准则。注册会计师审计准则是注册会计师执业准则的重要组成部分。

了解并遵循审计准则,需要了解注册会计师执业准则体系的构成;熟知鉴证业务基本准则的内容。

【知识准备】

2.3.1　注册会计师执业准则体系构成

注册会计师执业准则是用来规范注册会计师执行业务的权威性标准。我国注册会计师执业准则体系受注册会计师职业道德守则统驭,包括注册会计师业务准则和会计师事务所质量控制准则。同时,每项执业准则都有配套的应用指南,以便为执业准则的实施提供更具操作性的指导意见。

1) 注册会计师业务准则

注册会计师业务准则包括鉴证业务准则和相关服务准则。

鉴证业务准则由鉴证业务基本准则统领,按照鉴证业务提供的保证程度和鉴证对象的不同,分为中国注册会计师审计准则、中国注册会计师审阅准则和中国注册会计师其他鉴证业务准则(分别简称审计准则、审阅准则和其他鉴证业务准则)。

审计准则是整个执业准则体系的核心,用以规范注册会计师执行历史财务信息的审计业务。在提供审计服务时,注册会计师对所审计信息是否不存在重大错误提供合理保证,并以积极方式提出结论。

审阅准则用以规范注册会计师执行历史财务信息的审阅业务。在提供审阅服务时,注册会计师对所审阅信息是否不存在重大错误提供有限保证,并以消极方式提出结论。

其他鉴证业务准则用以规范注册会计师执行历史财务信息审计或审阅以外的其他鉴证业务,根据鉴证业务的性质和业务约定的要求提供有限保证或合理保证。

相关服务准则用以规范注册会计师代编财务信息、执行商定程序、提供管理咨询等其他服务。在提供相关服务时,注册会计师不提供任何程度的保证。

2) 会计师事务所质量控制准则

会计师事务所质量控制准则是为了规范会计师事务所的质量控制,确保执业质量,符合注册会计师执业准则要求而采取的一系列具体规定。它既是会计师事务所进行质量控制的标准,也是衡量、判断和评价会计师事务所审计质量控制有效程度的标准。

2.3.2 注册会计师鉴证业务基本准则

注册会计师鉴证业务基本准则是鉴证业务准则的概念框架,旨在规范注册会计师执行鉴证业务,明确鉴证业务的目标和要素,确定审计准则、审阅准则、其他鉴证业务准则适用的鉴证业务类型。

1) 鉴证业务的定义

鉴证业务是指注册会计师对鉴证对象信息,提出结论,以增强责任方之外的预期使用者对鉴证对象信息信任程度的业务。

2) 鉴证业务的分类

(1) 按保证程度不同分为合理保证的鉴证业务和有限保证的鉴证业务。

合理保证的鉴证业务,是指注册会计师将鉴证业务风险降至该业务环境下可接受的低水平,以此作为以积极方式提出结论的基础。如在历史财务信息审计中,要求注册会计师将审计风险降至该业务环境下可接受的低水平,对审计后的历史财务信息提供高水平保证(合理保证),在审计报告中对历史财务信息采用积极方式提出结论。

有限保证的鉴证业务,是指注册会计师将鉴证业务风险降至该业务环境下可接受的水平,以此作为以消极方式提出结论的基础。如在历史财务信息审阅中,要求注册会计师将审阅风险降至该业务环境下可接受的水平(高于历史财务信息审计中可接受的低水平),对审阅后的历史财务信息提供低于高水平的保证(有限保证),在审阅报告中对历史财务信息采用消极方式提出结论。

(2) 按预期使用者获取鉴证对象信息的方式不同,分为基于责任方认定的业务和直接报告业务。

基于责任方认定的业务是指责任方对鉴证对象进行评价和计量,鉴证对象信息以责任方认定的形式为预期使用者获取。如在财务报表审计中,被审计单位管理层(责任方)对财务状况、经营成果和现金流量(鉴证对象)进行确认、计量和列报(评价或计量)而形成的财务报表(鉴证对象信息)即为责任方的认定,该财务报表可为预期报表使用者获取,注册会计师针对财务报表出具审计报告。

直接报告业务是指注册会计师直接对鉴证对象进行评价或计量,或者从责任方获取对鉴证对象评价或计量的认定,而该认定无法为预期使用者获取,预期使用者只能通过阅读鉴证报告获取鉴证对象信息。如在内部控制鉴证业务中,注册会计师可能无法从管理层(责任方)获取其对内部控制有效性的评价报告(责任方认定),或虽然注册会计师能够获取该报告,但预期使用者无法获取该报告,注册会计师直接对内部控制的有效性(鉴证对象)进行评价并出具鉴证报告,预期使用者只能通过阅读该鉴证报告获得内部控制有效性的信息(鉴证对象信息)。

3) 鉴证业务要素

《中国注册会计师鉴证业务基本准则》规定,鉴证业务要素包括鉴证业务的三方关系、鉴证对象、标准、证据和鉴证报告五个方面。

(1) 鉴证业务的三方关系　鉴证业务涉及的三方关系人包括注册会计师、责任方和预期使用者。

三方之间的关系是,注册会计师对由责任方负责的鉴证对象或鉴证对象信息提出结论,以增强除责任方之外的预期使用者对鉴证对象信息的信任程度。

① 注册会计师:注册会计师是执行鉴证业务的主体,如果鉴证业务涉及的特殊知识和技能超出了注册会计师的能力,注册会计师可以利用专家协助执行鉴证业务。在这种情况下,注册会计师应当确信包括专家在内的项目整体已具备执行该项鉴证业务所需知识和技能,并充分参与该项鉴证业务和了解专家承担的工作。

② 责任方:责任方的界定与所执行鉴证业务的类型有关。

a. 在直接报告业务中,责任方就是对鉴证对象负责的组织或人员。

b. 在基于责任方认定的业务中,责任方就是对鉴证对象信息负责并可能同时对鉴证对象负责的组织或人员。责任方可能是鉴证业务的委托人,也可能不是鉴证业务的委托人。

③ 预期使用者:预期使用者是指预期使用鉴证报告的组织或人员。责任方可能是预期使用者,但不是唯一的预期使用者。

如果鉴证业务服务于特定的使用者或具有特殊目的,注册会计师可以很容易地识别预期使用者。如企业向银行贷款,银行要求企业提供一份与贷款项目相关的预测性财务信息审核报告,这时,银行就是该鉴证报告的预期使用者。

注册会计师可能无法识别使用鉴证报告的所有组织和人员,尤其在各种可能的预期使用者对鉴证对象存在不同的利益需求时。此时,预期使用者主要是指那些与鉴证对象有重要和共同利益的主要利益相关者。如在上市公司财务报表审计中,预期使用者主要指上市公司的股东。注册会计师应当根据法律法规的规定或与委托人签订的协议识别预期使用者。

(2) 鉴证对象　在注册会计师提供的鉴证业务中,存在多种不同类型的鉴证对象。相应的,鉴证对象信息也具有多种不同的形式。

鉴证对象信息是按照标准对鉴证对象进行评价和计量的结果。如责任方按照会计准则和相关会计制度(标准)对其财务状况、经营成果和现金流量(鉴证对象)进行确认、计量和列报(包括披露,下同)而形成的财务报表(鉴证对象信息)。

① 鉴证对象与鉴证对象信息的形式

a. 当鉴证对象为财务业绩或状况时(如历史或预测的财务状况、经营成果和现金流量),鉴证对象信息是财务报表。

b. 当鉴证对象为非财务业绩或状况时(如企业的运营情况),鉴证对象信息可能是反映效率或效果的关键指标。

c. 当鉴证对象为一种行为时(如遵守法律法规的情况),鉴证对象信息可能是对法律法规遵守情况或执行效果的声明。

② 鉴证对象的特征:鉴证对象具有不同的特征,可能表现为定性或定量、客观或主观、历史或预测、时点或期间。这些特征将对下列方面产生影响:

a. 按照标准对鉴证对象进行评价或计量的准确性。

b. 证据的说服力。

例如,当鉴证对象为遵守法规的情况时,它的特征是定性的;当鉴证对象为企业的财务业绩或状况时,它的特征就是定量的。当鉴证对象为企业未来的盈利能力时,它的特征是主观的、预测的;当鉴证对象为企业的历史财务状况时,它的特征就是客观的、历史的。当鉴证对象为企业注册资本的实收情况时,它的特征是时点的;当鉴证对象为企业内部控制过程时,它的特征就是期间的。

③ 适当的鉴证对象应当具备的条件

a. 鉴证对象可以识别。

b. 不同的组织或人员对鉴证对象按照既定标准进行评价或计量的结果合理一致。

c. 注册会计师能够收集与鉴证对象有关的信息,获取充分、适当的证据,以支持其提出适当的鉴证结论。

(3) 标准　标准是指用于评价或计量鉴证对象的基准,当涉及列报时,还包括列报的基准(列报包括披露)。

标准是对所有发表意见的鉴证对象进行"度量"的一把"尺子",责任方和注册会计师可以根据这把"尺子"对鉴证对象进行"度量"。

标准可以是正式的规定,如编制财务报表使用的会计准则和相关会计制度;可以是某些非正式的规定,如单位内部制订的行为准则或确定的绩效水平。

注册会计师在运用职业判断对鉴证对象作出合理一致的评价或计量时,需要有适当的标准。适当的标准应该具备相关性、完整性、可靠性、中立性和可理解性五个特征。

标准应当通过以下四种方式供预期使用者获取,以使预期使用者了解鉴证对象的评价或计量过程:

① 公开发布。

② 在陈述鉴证对象信息时以明确的方式表述。

③ 在鉴证报告中以明确的方式表述。

④ 常识理解,如计量时间的标准是小时或分钟。

(4) 证据　注册会计师应当以职业怀疑的态度计划和执行鉴证业务,获取有关鉴证对象信息是否不存在重大错报的充分、适当的证据。

注册会计师应当及时对制订的计划、实施的程序、获取的相关证据以及得出的结论做出记录。注册会计师在计划和执行鉴证业务,尤其在确定证据收集程序的性质、时间和范围时,应当考虑重要性、鉴证业务风险以及可获取证据的数量和质量。

(5) 鉴证报告　注册会计师应当出具含有鉴证结论的书面报告,该鉴证结论应当说明注册会计师就鉴证对象信息获取的保证。

① 鉴证结论的两种表述形式:在基于责任方认定的业务中,注册会计师的鉴证结论可以采用下列两种表述形式:

a. 明确提及责任方认定,如"我们认为,责任方作出的'根据××标准,内部控制在所有重大方面是有效的'这一认定是公允的"。

b. 直接提及鉴证对象和标准,如"我们认为,根据××标准,内部控制在所有重大方面是有效的"。

在直接报告业务中,注册会计师应当直接对鉴证对象进行评价并出具鉴证报告,明确提及鉴证对象和标准。

② 作出鉴证结论的两种表达方式:作出鉴证结论的方式有两种——积极方式和消极方式,它们分别适用于合理保证的鉴证业务和有限保证的鉴证业务。

③ 注册会计师不能出具无保留结论的情况

a. 工作范围受到限制。

b. 责任方认定未在所有重大方面做出公允表达。

c. 鉴证对象信息存在重大错报。

d. 标准或鉴证对象不适当。

在审计过程中如出现上述情况,注册会计师应当根据其重大与广泛程度,出具保留结论、否定结论或无法提出结论的报告。在某些情况下,注册会计师应当考虑解除业务约定。

【任务检查】

(1) 简述我国注册会计师执业准则体系。

(2) 简述注册会计师鉴证业务要素。

【项目小结】

审计人员通常是针对管理层的认定,采用检查、观察、询问、函证、重新计算、重新执行和分析程序等具体审计程序来获取审计证据的。审计人员应当保持职业怀疑的态度,运用职业判断,评价审计证据的充分性和适当性。

审计标准是查明审计客体的行为规范,是衡量审计客体真实性、合规性、合法性、合理性、有效性的尺度。审计标准是审计理论和审计实践中一个重要问题。只有根据充足的证据、对照明确的标准而提出的审计意见和作出的审计结论,才是令人信服的,才能为被审计单位或被审计人所接受。

审计准则是审计人员的行为规范。注册会计师鉴证业务基本准则是鉴证业务准则概念框架,旨在规范注册会计师执行审计、审阅、其他鉴证业务。

【能力训练】

一、单项选择题

1. 审计证据的( )是对审计证据数量的衡量。
   A. 充分性　　　B. 适当性　　　C. 客观性　　　D. 公正性

2. 我国注册会计师执业准则体系不包括( )。
   A. 相关服务准则　　　　　　　B. 鉴证业务准则
   C. 注册会计师职业道德守则　　D. 会计师事务所质量控制准则

3. ( )是以文字记载的内容来证明被审事项的各种书面资料。
   A. 实物证据　　　B. 加工证据　　　C. 书面证据　　　D. 辅助证据

4. 下列事项中,难以通过观察的方法来获取审计证据的是( )。
   A. 实物资产的存在　　　　　　　B. 内部控制的执行情况
   C. 存货的所有权　　　　　　　　D. 经营场所
5. 注册会计师获取的下列书面证据中,证明力最强的是( )。
   A. 管理当局声明书
   B. 用作记账联的销售发票
   C. 被审计单位工资结算单
   D. 注册会计师编制的"原材料抽查盘点表"
6. ( )是指实物的外部特征和内含性能来证明事物真相的各种财产物资。
   A. 环境证据　　B. 口头证据　　C. 书面证据　　D. 实物证据

二、多项选择题

1. 注册会计师鉴证业务准则包括( )。
   A. 相关服务准则　　　　　　　　B. 审计准则
   C. 审阅准则　　　　　　　　　　D. 其他鉴证业务准则
2. 鉴证业务要素包括( )。
   A. 鉴证业务的三方关系　　　　　B. 鉴证对象
   C. 标准和证据　　　　　　　　　D. 鉴证报告
3. 鉴证业务的三方关系人包括( )。
   A. 注册会计师　　B. 委托人　　C. 预期使用者　　D. 责任方
4. 审计证据的特征主要是指审计证据的( )。
   A. 充分性　　　B. 相关性　　　C. 合法性　　　D. 可靠性
5. 按审计证据的表现形态分类,可以分为( )。
   A. 环境证据　　B. 实物证据　　C. 书面证据　　D. 口头证据
6. 外部证据是由被审计单位以外的组织机构或人士所编制的书面证据,其中包括( )。
   A. 应收账款函证回函　　　　　　B. 被审计单位开具的支票
   C. 购货发票　　　　　　　　　　D. 被审计单位管理当局声明书

三、案例分析题

审计人员在对A公司2013年度财务报表进行审计时,收集到以下六组审计证据:
① 收料单与购货发票;
② 销货发票副本与产品出库单;
③ 领料单与材料成本计算表;
④ 工资计算单与工资发放表;
⑤ 存货盘点表与存货监盘记录;
⑥ 银行询证函回函与银行对账单。
要求:分别说明每组审计证据中哪项审计证据较为可靠,并简要说明理由。

项目3　熟悉审计程序和审计方法

【学习目标】

- 知识目标
  (1) 掌握审计程序的概念和三个审计阶段的工作内容。
  (2) 掌握审计的基本方法和技术方法。
- 能力目标
  (1) 能运用检查、分析程序，函证和重新计算等方法获取审计证据。
  (2) 能在控制测试中和细节测试中应用审计抽样技术。

【引导案例】

美国联区金融集团是一家从事金融服务的企业，公司有可公开交易的债券上市，美国证券交易委员会要求它定期提供财务报表。经过7年的发展，联区金融集团租赁公司的雇员已超过4万名，在全国各地设有10个分支机构，未收回的应收租赁款接近4亿美元，占合并总资产的35%。

1981年底，联区金融集团租赁公司进攻型市场策略的弊端开始显现出来，债务拖欠率日渐升高，该公司不得不采用多种非法手段，来掩饰其财务状况已经恶化的事实。美国证券交易委员会指控联区金融集团租赁公司在其定期报送的财务报表中，始终没有对应收租赁款计提充足的坏账准备金。该公司1981年以前，坏账准备率为1.5%，1981年调增至2%，1982年调增至3%。尽管这种估计坏账损失的会计方法，美国证券交易委员会是认可的，但该联邦机构一再重申，联区金融集团租赁公司的管理当局应该早就知晓，他们所选用的固定比率百分比实在太小了。事实上，截至1982年9月，该公司应收账款中拖欠期超过90天的金额，已高达20%以上。对坏账准备金缺乏应有的控制所引起的一个直接后果是，财务报表中该账户的金额被严重低估。

美国证券交易委员会对塔奇·罗丝会计师事务所在联区金融集团租赁公司1981年度审计中的表现极为不满。联邦机构指责该年度的审计"没有进行充分的计划和监督"。美国证券交易委员会宣称，事务所在编制联区金融集团租赁公司1981年度的审计计划及设计审计程序时，没有充分考虑存在于该公司的大量审计风险因素。事实上，美国证券交易委员会发现，1981年度的审计计划"大部分是以前年度审计计划的延续"。最后，美国证券交易委员会决定对该事务所进行惩罚，要其承担公司出具虚假会计报告所带来的损失。此案件暴露了当时审计程序的不足。

根据上述资料，分析：为什么审计程序的规范在注册会计师审计中显得非常重要？

任务 3.1 熟悉审计程序

【任务分析】

审计程序是指审计机构及审计人员在项目审计时所应遵循的工作步骤和操作规程。制订合理的审计程序，可使审计工作有条不紊地进行，有利于对审计业务活动的具体规划和安排，促使审计工作制度化、规范化。

对于政府审计、内部审计、民间审计来讲，由于其审计对象、审计方法等方面存在差异，其工作程序亦不完全相同。政府审计、内部审计一般采用广义的审计程序，即从确定审计工作任务开始，一直到提出检查和整改情况报告为止的全部过程。民间审计一般采用狭义的审计程序，即从审计人员受托开始，到提出审计报告为止的全部过程。由于审计方法的演变，现代审计一般采用的是风险导向审计模式，其审计程序具体过程也按此要求运行。本节主要说明民间审计在就地审计方式下进行财务审计的审计程序。

【知识准备】

3.1.1 审计计划阶段

审计计划是指对审计工作的一种预期的整体性工作安排，包括总体审计计划和具体审计计划。总体审计计划是对审计的预期范围和实施方案所做的规划；具体审计计划是依据总体审计规划制订的详细计划与实施步骤。审计计划在执行过程中，还应针对与预期计划不一致的情况，及时对审计计划进行修订和补充，从而使审计工作能够顺利而有效地完成。

审计计划阶段是整个审计过程的起点和基础。一般地讲，计划阶段的任务主要包括：签署审计业务约定书、编制审计计划、审计计划复核。

1) 签署审计业务约定书

审计业务约定书是指会计师事务所在接受委托之前，为了了解被审计单位及所属行业的基本情况，包括可能对会计报表具有重大影响的事项、交易和惯例，同委托人就审计约定事项的相关内容进行商谈，据以确定审计业务的委托与受托关系，明确委托目的、审计范围及双方责任与义务等事项签署的书面合同。审计业务约定书是判定约定双方应负责任的重要证据。审计业务约定书签订好之后应归入审计档案。审计业务约定书范例如下：

审计业务约定书

甲方：元舟股份有限公司　　　　　　　　　　　乙方：诚永会计师事务所

兹由甲方委托乙方进行2013年度会计报表审计，经双方协商，达成以下约定：

一、业务范围及目的

乙方接受甲方委托,对甲方2013年12月31日资产负债表以及该年度的利润表和现金流量表进行审计。

乙方将根据我国注册会计师独立审计准则,对甲方的内部控制制度进行研究和评价,对会计记录进行必要的抽查以及执行在当时情况下乙方认为必要的其他审计程序,并在此基础上对会计报表的合法性、公允性及会计处理方法的一贯性发表审计意见。

二、甲方的责任与义务

甲方的责任是:建立健全内部控制制度,保护资产的安全完整,保证会计资料的真实、合法和完整,保证会计报表充分披露有关的信息。

甲方的义务是:

1. 及时为乙方的审计工作提供其所要求的全部会计资料和其他有关资料。

2. 为乙方派出的有关工作人员提供必要的工作条件及合作,具体事项将由乙方审计人员于工作开始前提供清单。

3. 按本约定书规定及时足额支付审计费用。

4. 在2014年3月1日之前提供审计所需的全部资料。

三、乙方的责任与义务

乙方的责任是:按照我国注册会计师独立审计准则的要求进行审计,出具审计报告,保证审计报告的真实性、合法性。

乙方的义务是:

1. 按照约定时间完成审计业务,出具审计报告。由于注册会计师的审计采取事后重点抽查的方法,加上甲方内部控制制度固有的局限性和其他客观因素制约,所以难免出现会计报表在某些重要方面反映失实,而注册会计师在审计中又未能发现的情况。因此,乙方的审计责任并不能替代、减轻或免除甲方的会计责任。

2. 对执行业务过程中知悉的甲方商业秘密严加保密。除非我国注册会计师协会执业准则另有规定,或经甲方同意,乙方不得将其知悉的商业秘密和甲方提供的资料对外泄露。

3. 审计工作结束后,乙方将根据审计情况对甲方会计处理、内部控制制度及其他事项提出改进意见。

4. 在2014年3月26日之前出具审计报告。

四、审计收费

乙方对本次审计事项应收取的审计费用,应按照乙方实际参加本项审计业务的各级别工作人员的工作量和所花费的时间以及《××收费规定》的计费标准来确定,预计为人民币30万元。如果是因为在审计过程中遇到意外事项,从而导致乙方实际花费审计工作时间大幅度增加,那么甲方应在了解实情后,酌情调增审计费用。

五、审计报告的使用责任

乙方向甲方出具的审计报告一式×份,这些报告由甲方分发、使用,使用不当的责任与乙方无关。

六、业务约定书的有效期间

本约定书一式两份,甲乙方各执一份,并具有同等法律效力。

本约定书自 2014 年 2 月 26 日起生效,并在本约定事项全部完成日之前有效。

七、约定事项的变更

如果出现不可预见的情况,致使审计工作未能如期完成,或需提前出具审计报告,甲乙双方可要求变更约定事项,但应及时通知对方,并由双方协商解决。

八、违约责任

甲乙双方按照《中华人民共和国合同法》的有关规定承担违约责任。

九、甲乙双方对其他有关事项的约定

甲方:元舟股份有限公司(签章)	乙方:诚永会计师事务所(签章)
代表:(签章)	代表:(签章)
2014 年 2 月 26 日	2014 年 2 月 26 日

2)实施风险评估程序

审计准则规定,注册会计师必须实施风险评估程序,以此作为评估财务报表层次和认定层次重大错误风险的基础。风险评估程序是指注册会计师为了解被审计单位及其环境,以识别和评估财务报表层次和认定层次的重大错误风险(无论该错误是由于舞弊还是失误导致)而实施的审计程序。风险评估程序是必要程序,为注册会计师在许多关键环节作出职业判断提供了重要基础。了解被审计单位及其环境实际上是一个连续、动态地收集、更新与分析信息的过程,贯穿于整个审计过程的始终。一般来说,实施风险评估程序的主要工作包括:了解被审计单位及其环境;识别和评估财务报表层次以及各类交易、账户余额和披露认定层次的重大错误风险,包括确定需要特别考虑的重大错误风险(即特别风险)以及仅通过实施实质程序无法应对的重大错误风险等。

3)计划审计工作

我国《独立审计基本准则》第 11 条指出:"注册会计师执行审计业务,应当编制审计计划,对审计工作做出合理安排。"

审计计划应由审计项目负责人编制。审计计划应形成书面文件,并在工作底稿中加以记录。审计计划多以表格式、问卷式和文字叙述这三种形式出现。

在编制的总体审计计划中,时间预算是一个十分重要的内容。时间预算是就执行审计程序的每一步骤需要的人员和工作时间所做的计划。在执行审计业务的过程中,时间预算会随着新问题的出现或审计环境的变化而发生变化,从而影响原定的时间预算,此时需要重新规划必需的时间,进而修改时间和收费预算。注册会计师如因被审计单位会计记录不完整,或因发生特殊情况而无法在时间预算内完成审计工作时,为保证审计工作的质量,不得随意缩短或省略审计程序来适应时间预算。如时间预算与实际耗用时间存在较大差异,注册会计师应在"差异说明"栏内说明产生差异的原因。典型的时间预算表如表 3.1 所示。

表 3.1 时间预算表

审计项目 \ 耗用时间	去年实际耗用时间	本年预算	本年实际耗用时间				本年实际与预算差异	差异说明
			总时数	其中:				
				张×	李×	赵×		
库存现金	10	8	7	7			−1	
应收账款	40	35	36	8	28		+1	
存　货	50	45	43	13	10	20	−2	
固定资产	15	13	14		4	10	+1	
应付账款	20	15	17	6	11		+2	
⋮	⋮	⋮	⋮	⋮	⋮	⋮		
总　　计								

对于具体审计计划,在实际工作中一般是通过编制审计程序表的方式体现的。典型的审计程序表如表 3.2 所示。

表 3.2 审计程序表

××公司　　　　　　　总页次_____　索引号_____
资产负债表日　　　　　编制人_____　日　期_____
××账户　　　　　　　复核人_____　日　期_____

审计目标:
1.
2.
3.
……

步骤	审计程序	执行人	日期	工作底稿索引
1				
2				
3				
4				
⋮				

4) 审计计划复核

当审计计划编制完成后,应当经会计师事务所的有关业务负责人审核和批准。对在审核中发现的问题,应及时进行相应的修改、补充、完善,并在工作底稿中加以记载和说明。审计工作结束后,审计项目负责人还应就审计计划的执行情况,特别是对重点审计领域审计计划的执行情况进行复核,找出差异并分析其原因,以便将来制订出更行之有效的审计计划。

(1) 总体审计计划的复核　审核总体审计计划时,需要注意的事项有:审计目标是否明确;审计范围是否适当;对审计重要性的把握是否准确;审计小组成员的任务分工是否合理;对被审计单位内部控制的信赖程度是否恰当。

(2) 具体审计计划的复核　审核具体审计计划时,需要注意审核的事项主要有两项:审计程序是否适合各审计目标的具体情况;重点审计程序的制订是否恰当。

3.1.2　审计实施阶段

审计实施阶段是整个审计程序的关键阶段,是审计全过程的中心环节,应主要做好以下四项工作:

1) 进行内部控制测试

内部控制是决定审计范围、方法和时间的一个重要依据。因此,审计人员在前期对重大错报风险进行评估和对内部控制有所了解的基础上,应对内部控制执行的有效性进行测试。测试的目的主要是看内部控制是否得到一贯有效的执行,以便为审计计划的修订和下一步实施实质性程序打下基础。

2) 修订审计计划

计划审计工作并不是审计业务的一个孤立阶段,而是一个持续的、不断修正的过程,贯穿于整个审计业务的始终。通过对内部控制执行的有效性测试,审计人员会掌握更详尽的情况,据此对原审计计划进行针对性的修改、调整,能使审计工作在更切合实际的审计计划指导下,更高效率、高质量地完成审计工作。

3) 实施实质性程序

完成对内部控制的评审,修订审计计划以后,就可以转入对经济业务的具体审查,也就是进行实质性程序。在这一环节上,要选择恰当的审计方法审查记录资料,盘点实物存量,搜集充分、适当的审计证据,形成审计工作底稿。

4) 检查和复核审计工作底稿

审计人员按照计划完成审计证据的收集,形成审计工作底稿之后,还要对审计工作底稿进行逐级检查和复核。检查和复核的内容主要有:所采用的审计程序是否恰当,是否符合审计计划的要求,所有审计程序是否完成并且在审计工作底稿中予以记录;所获得的审计证据是否充分、适当,已取得的审计证据能否支持审计人员发表审计意见,所有审计证据是否都已形成记录并编入审计工作底稿,所形成的审计工作底稿是否完整;审计过程是否存在重大遗漏,是否存在导致进一步查询和追加审计程序的事项,是否存在审计步骤不完善或存在未解决问题等。通过逐级检查和复核,可以有效地防止审计工作出现疏忽和遗漏,控制和提高审计工作质量。

3.1.3　审计终结阶段

审计终结阶段即审计的报告阶段,是指注册会计师根据实施过程中取得的审计证据对审计项目做出客观评价,出具审计意见书并做出审计结论的过程。其主要工作有:整理、评价审计证据;复核审计工作底稿;汇总审计差异,并提请被审计单位调整或作适当披露;形成审计意见,编制审计报告。

1) 整理、分析、综合、评价审计证据

为了使在审计实施阶段收集的分散的、个别的证据结合起来形成有充分证明力的审计证据,有效地评价被审计单位的经济活动,得出正确的审计结论和意见,必须对收集到的证据进行整理、分析、综合、评价,筛选出若干个最适宜、最具说服力的证据,作为编写审计报告、形成审计意见和结论的依据。

2) 复核审计工作底稿

审计工作底稿是由各个注册会计师根据自己的判断、取证记录而编写的,具有一定的主观性。为确保审计工作底稿的准确性、条理性和系统性,需对审计工作底稿进行复核。复核中发现的问题,应要求有关人员予以答复、处理,并形成相应的审计记录。同时,还应征求被审计单位的意见,提请被审计单位进行适当调整。

3) 撰写审计报告

审计报告是审计工作的最终成果,是注册会计师完成审计工作任务后,对被审计单位的会计报表是否合法、公允、一贯地表述企业的财务状况发表意见的书面文件。注册会计师在对被审计单位财务资料认真审计之后,从经过复核的审计工作底稿中筛选出与审计目的和重点紧密相关的审计证据,按照审计报告准则的要求形成审计意见,出具审计报告。

4) 处理审计资料

审计工作结束后,注册会计师要做好下述审计资料的处理工作:将审计工作中形成的资料及工作底稿进行分类整理,将一些记录内容相对稳定,具有长期使用价值并对今后的审计工作具有重要影响和直接作用的资料作为永久性档案长期保存;对一些记录内容经常变化,只能供当期使用和下期参考的审计资料,作为当期档案保存 10 年。

【任务检查】

(1) 简述审计程序的含义。

(2) 简述审计程序的三个阶段。

任务 3.2 熟悉审计方法

【任务分析】

审计方法是审计人员检查和分析审计对象,收集审计证据,据以编写审计报告,形成审计结论和意见的各种专门手段的总称。

现代审计已经超越传统的事后查账技术,发展到广泛运用审计调查、分析,内部控制制度审计及抽样审计等技术方法,并日趋多样化,已经形成了一个完整的审计方法体系。审计方法分为基本方法和技术方法。

【知识准备】

3.2.1 审计的基本方法

审计的基本方法是指注册会计师在实施审计监督过程中,按照预期的审计目标,客观公正的审核检查审计对象采用的工作方法,也是适用于各种审计项目的审计计划管理、档案管理的方法。审计的基本方法可作如下分类:

1) 按审计工作的先后顺序分类

(1) 顺查法 又称正查法,是按照会计账务处理的程序进行审查的一种方法,即遵从原始凭证→记账凭证→账簿→会计报表的审查顺序。其优点是系统、全面,可以避免差错和遗漏,审查结果较可靠。其缺点是面面俱到,重点不突出,工作量太大,费时费力,不利于提高审计工作效率和降低审计成本。顺查法一般适用于规模较小或内部控制制度不健全、账目比较混乱、问题较多的被审计单位。

(2) 逆查法 又称倒查法,是按照会计账务处理的相反程序进行审查的一种方法。即依照会计报表→账簿→记账凭证→原始凭证的审查顺序。其优点是便于抓住问题的实质,又省时省力,有利于提高工作效率,降低审计成本。其缺点是不能全面地审查问题,易有遗漏,对审计人员业务素质要求较高。逆查法一般适用于规模较大、内部控制比较健全的被审计单位。

2) 按审计的详细程度分类

(1) 详查法 又称精查法、细查法,指对被审计单位一定时期内的全部会计资料(包括凭证、账簿和报表)进行详细的审核检查,以判断、评价被审计单位经济活动的合法性、合规性以及会计资料的真实性和正确性。其优点是易查出问题,审计风险性小,审计结果比较正确。其缺点是工作量太大,耗费人力和时间过多,审计成本高,故难以普遍采用。详查法一般适用于规模较小、业务较少的被审计单位。

(2) 抽查法 又称抽样法,是指从被审计单位审查期内的全部会计资料中抽取其中一部分进行审查,并根据抽样结果来推断总体有无差错和弊端的一种方法。其优点是可以大大减少审计工作量,省时省力,具有费用低、效率高和事半功倍的效果。其缺点是如果抽样不当或缺乏代表性,抽查结果往往不能代表总体特征,甚至以偏概全,做出错误的审计结论,审计风险性较大。抽查法一般适用于规模较大、内部控制制度健全有效和会计基础工作较好、组织机构和现代管理工作比较健全的被审计单位。

3.2.2 审计的技术方法

审计的技术方法是指收集审计证据时应用的技术手段,也称为审计技术。审计的技术方法一般由审查书面资料的方法和证实客观事物的方法两大类组成。

1) 审查书面资料的方法

审查书面资料的方法是指对经济业务资料审核,借以判断或确定被审计单位的经济活动有无差错和弊端的方法,这类方法审查的对象主要是会计凭证、会计账簿和会计报表,因

此,也叫查账法。主要包括以下几种:

(1) 审阅法　是指对会计凭证、会计账簿和会计报表的形式和内容以及其他资料如计划、预算、合同等进行审查和研究,借以查明资料及经济业务的公允性、正确性、合法性、合规性,从中发现错弊或疑点,收集书面证据的一种方法。

(2) 核对法　是指对凭证、账簿和报表等书面资料之间的有关数据进行相互对照检查,借以查明证证、账证、账账、账实、账表、表表之间是否相符,从而取得有无错弊的书面证据的一种复核查对的方法。核对法与审阅法常常结合使用。

(3) 查询法　是指审计人员对审计过程中所发现的问题和疑点,通过向被审计单位或有关人员调查和询问,弄清事实真相并取得审计证据的一种方法。

(4) 比较法　是指对被审计单位的被审计项目的书面资料同有关的数据进行比较,确定它们之间的差异,经过分析从中发现问题并取得审计证据的一种方法。

(5) 分析法　是通过对会计资料的有关指标的观察推理、分解和综合,以揭示其本质和了解其构成要素的相互关系的审计方法。

(6) 复算法　是指审计人员根据有关会计数据,按照原计算所用方法与要求,对有关会计核算事项进行重新计算,并将计算结果与被审计单位原计算结果进行核对,以验证被审计单位的有关计算是否正确的一种技术方法。

复算法可用于以下资料的审查:

① 原始凭证的复算:包括数量乘单价的积数、小计、合计数等。

② 记账凭证的复算:包括明细科目的金额合计数等。

③ 账簿的复算:包括每页各栏金额的小计、合计、月计、累计数和余额等。

④ 报表的复算:包括有关项目的小计、合计、总计及有关指标的计算等。

⑤ 其他有关资料的复算:包括计划、预算、成本预测、分析等数据的计算等。

2) 证实客观事物的方法

证实客观事物的方法,是审计人员搜集书面资料以外的审计证据,证明和落实被审计单位实物的形态、性质、所有权、存放地点、数量和价值等的方法。

(1) 盘存法　又称盘点法、实物清查法,是指对被审计单位各项财产物资进行实地盘点,以确定其数量、品种、规格及其金额等实际状况,借以证实账簿记录的正确性,获得审计证据的一种方法。

(2) 调节法　是指在审查某个项目时,通过调整有关数据,从而求得需要证实的数据的一种方法。

调节公式:

$$结账日账面数量 = 盘存日盘点数量 + 结账日至盘存日发出数量 - 结账日至盘存日收入数量$$

【案例 1】

某企业 2013 年 12 月 31 日甲材料明细账账面结存数为 6 400 件,通过审阅和核对并无错弊。审计人员于 2014 年 1 月 15 日 8 时对甲材料进行盘点,结果为 6 320 件,查阅甲材料明细账得知,2014年1月1日至1月14日甲材料入库3 200件,发出3 800件,经审核也无错弊。

调节计算如下:

结账日甲材料结存数=6 320+3 800-3 200=6 920(件)

经过上述调节,2013年12月31日甲材料的实存数应为6 920件,与账面数6 400件不一致,6 920-6 400=520(件)。说明该企业2013年12月31日甲材料结存数虚减520件,审计人员应要求有关人员说明原因,并进一步查证核实。

(3)观察法　是指审计人员进入被审计单位后,对其生产经营管理工作的情况、财产物资的保管、内部控制制度的执行等,亲临现场进行实地观察检查,借以查明被审计单位经济活动的事实真相,核实是否符合有关标准和书面资料的记载,取得审计证据的方法。

(4)鉴定法　是指对书面资料、实物和经济活动等的分析、鉴别,超过一般审计人员的能力和知识水平,而邀请有关专门部门或人员运用专门技术进行确定和识别的一种技术方法。

此方法可用于财务审计、财经法纪审计和经济效益审计。如实物性能、质量、价值的鉴定,涉及书面资料真伪的鉴定以及对经济活动的合理性和有效性的鉴定等。

鉴定法的鉴定结论必须是具体的、客观的和正确的,并作为一种独立的审计证据,详细地记入审计工作底稿。

【案例2】

资料:注册会计师赵某2014年3月对某市民政局2013年民政事业费支出进行审计时,发现2013年5月至10月间有三张记账凭证没有附原始单据,只是在摘要栏中说明款项用途,其中自然灾害救济款15 170元,社会福利救济款2 475.37元,合计金额为17 645.37元。次日,该单位会计兼出纳王某交来费用支出明细表(纸张及字迹新鲜)。

分析:财会人员装订记账凭证时,原始单据没有附上。

财会人员造假凭证进行贪污(支出明细表的纸张及字迹新鲜)。

判断:由于王某身兼会计、出纳两个职务,可能利用财务管理上的漏洞钻空子,贪污的可能性较大。

审查:采用查询法和鉴定法,对费用支出明细表的真伪找有关人员进行核实和技术鉴定后,确系会计王某制造假证据,企图蒙混过关。

结论:会计王某利用任会计兼出纳的机会,采取假造凭证,加大支出的手段,贪污公款17 645.37元。

建议:将此案移送司法机关。

该单位应将出纳与会计职能分离。

【任务检查】

(1)简述审计的基本方法。

(2)简述审计的技术方法。

【项目小结】

审计程序是指审计机构及审计人员在项目审计时所应遵循的工作步骤和操作规程。制订合理的审计程序,可使审计工作有条不紊地进行,有利于对审计业务活动的具体规划和安排,促使审计工作制度化、规范化。

审计方法是指审计人员检查和分析审计对象,收集审计证据,据以编写审计报告,形成审计结论和意见的各种专门手段的总称。现代审计已经超越传统的事后查账技术,发展到广泛运用审计调查、分析、内部控制制度审计、风险导向审计及抽样审计等技术方法,并日趋多样化,已经形成了一个完整的审计方法体系,包括审计的基本方法和技术方法。

【能力训练】

一、单项选择题

1. 顺查法不适用于( )。
   A. 规模较小、业务量少的审计项目
   B. 内部控制制度较差的审计项目
   C. 规模较大、业务量较大的审计项目
   D. 重要的审计事项

2. 审计调查、取证的方法不包括( )。
   A. 观察法　　　B. 调账法　　　C. 查询法　　　D. 专题调查法

3. 审计业务约定书应当包括的主要内容有( )。
   A. 管理层对财务报表的责任　　　B. 审计范围
   C. 审计收费　　　　　　　　　　D. 违约责任

4. 随着审计环境的不断变化,审计的方法也进行着相应的调整。在下列审计方法中,形成最晚,即最新的审计方法是( )。
   A. 账项基础审计　B. 风险导向审计　C. 制度基础审计　D. 财务报表审计

二、多项选择题

1. 审计的基本方法按审计的详细程度,可分为( )。
   A. 详查法　　　B. 抽查法　　　C. 顺查法　　　D. 逆查法

2. 审计的基本方法按审计工作的先后顺序,可分为( )。
   A. 详查法　　　B. 抽查法　　　C. 顺查法　　　D. 逆查法

三、简答题

1. 简述总体审计策略的内容和作用。
2. 针对比较数据实施的审计程序的范围通常包括哪些内容?与针对本期数据实施的审计程序的范围相比,有何区别?请简单说明理由。

项目 4　内部控制与风险导向审计

【学习目标】

- 知识目标
    (1) 了解内部控制的定义和目标。
    (2) 掌握内部控制的组成要素。
    (3) 掌握风险导向审计的概念和特点。
    (4) 了解风险导向审计的利与弊。
- 能力目标
    (1) 能鉴别经济生活中三种类型的审计组织及其人员。
    (2) 掌握风险导向审计的程序。

【引导案例】

1945年，雷创办了美国芝加哥第一证券公司。在经过20余年苦心经营之后，雷却突然于1968年6月4日的早上自杀。在遗书中雷承认，20多年来他一直窃取客户们的资金进行证券投机炒作，现因资金周转不灵，使许多客户蒙受巨大损失，因无法交代而不得不自杀。受到损失的投资者们起诉了厄斯特会计师事务所，20多年来，芝加哥第一证券公司一直由他们审计。原告的诉讼理由是：厄斯特会计师事务所帮助和纵容了雷的诈骗，因为他们没有发现和揭露芝加哥第一证券公司中的内部控制弱点，以至于雷能长期私自挪用公司资金，欺骗投资者。原告称，如果厄斯特会计师事务所发现了这些内部控制弱点后，就会进行调查，那么调查就会导致虚假投资计划的发现，从而使欺骗终止。会计师事务所对此进行了抗辩，认为会计师事务所的责任是审核财务报表，而不是设计内部控制制度。美国法庭经过一审、二审、三审，均得出不同的判决结果，此案至今还存在争议。

根据上述资料，分析：
(1) 为什么说调查和评价企业内部控制是会计师事务所的职责？
(2) 根据案例，对法院的判决结果谈谈自己的看法。

任务 4.1 认知内部控制

【任务分析】

企业的内部控制、评价控制风险并收集相关的证据,是审计质量要求的主要内容之一。认识内部控制,要了解内部控制的目标、组成要素;要对企业的内部控制进行测试和评价,才能提高审计的效率和效果。它既是科学、合理地制订审计计划的客观要求,也是评价审计风险以制订和实施恰当审计程序的客观需要。

【知识准备】

4.1.1 内部控制的概念及目标

1)内部控制的概念

按照《中国独立审计准则》第 9 号文规定,内部控制是指被审计单位为了保证业务活动的有效运行,保护资产的安全和完整,防止、发现、纠正错误和舞弊,保证会计资料的真实、合法、完整而制订和实施的政策与程序。内部控制包括控制环境、会计系统和控制程序。

2)内部控制的目标

被审计单位管理当局在建立健全以保护财产物资的安全、完整和会计资料真实可靠为原则的内控制度时,主要关注以下几个目标:

(1)确保适当的授权,提高会计信息的可信性　为了确保业务活动按照有序、有效和合法的方式进行,企业一般应对业务活动的批准、执行、复核、记录和评价作出具体规定,分别赋予不同部门、不同层次的人员相应的权利和责任。恰当的授权,能大大减少企业的经营活动违反国家现行法律、规章和规范的可能性;而且,所派生的凭证资料会按照既定的程序和途径通过企业的会计信息系统,从而提高会计信息的可信性。

(2)确保经营活动的效率和效果,提高会计记录的准确性　为了促进企业内部资源的优化配置和有效利用,一方面,企业采用的控制措施应该为内部的经济决策提供准确信息,例如财务会计信息系统提供的成本资料,可以用于生产经营控制,并帮助企业制订恰当的产品销售价格。另一方面,企业应该保证资产和记录的安全完整。在信息时代,大量的信息存储在电子媒体上,这时保护资产和记录的安全完整就显得异常重要。因此,只有建立账面资产和实物资产定期核对制度,使二者相互牵制,才有助于核对会计记录的准确性和实物资产的完整性。

(3)确保会计记录及时和准确,提高会计报告的时效性　企业的内部控制,应该确保所有的交易和事项以正确的金额,在恰当的会计期间及时记录于适当的账户,并保证财务报告的编制遵照企业会计准则和其他信息披露要求,公允地表达企业的财务状况和经营成果。

(4) 确保交易相关审计目标实现的一致性　随着企业经营形式的多样化,经济业务的复杂程度增强,经营地点的分散,发生错误和舞弊行为的可能性增加,导致会计报表严重失实。因此,注册会计师在调查内部控制、评价控制风险时,对被审计单位实施其内部控制,主要是防止发生、及时发现并纠正错误和舞弊,确保实现与交易相关的各种审计目标。表 4.1 列示了销售业务的交易相关审计目标。

表 4.1　销售业务的交易相关审计目标

交易相关审计目标(一般形式)	销售业务的交易相关审计目标
记录的交易存在(存在或发生)	记录的销售确有向非虚设的客户发货
发生的交易已经记录(完整性)	发生的销售业务已经记录
记录的交易按照正确的金额反映(准确性)	记录的销售业务与发货数量一致,正确地开列账单并记录
交易被恰当分类(分类)	销售业务被恰当分类
交易在正确的日期记录(截限)	销售业务在正确的日期记录
记录的交易恰当地包含在主控文件中,并被正确地汇总(过账和汇总)	销售业务恰当地包含在会计记录中,并被正确地汇总

当然,在对内部控制审计和评价控制风险时,还应当注意对账户余额的控制。例如,交易相关的审计目标通常对三个账户余额相关的审计目标没有影响,它们分别是可实现净值、权利和义务以及表达和披露。上述三个账户余额相关的审计目标的实现是否得到了充分的控制,应该单独进行评价。

4.1.2　内部控制的组成要素

内部控制包括三类基本的政策和程序,管理当局设计和执行这些政策和程序,以合理保证各项既定目标的实现。一般也称之为组成要素,具体是指控制环境、会计系统和控制活动。

1) 控制环境

控制环境是企业内部建立和实施内部控制及对其重要性的整体态度、认识。它是增强或弱化各种方针政策之效率的各种因素共同作用的一种氛围。控制环境的好坏,直接影响到会计系统和控制程序的有效性。影响控制环境的主要因素包括以下几种:

(1) 经营管理的观念、方式和风格　管理当局的理念和行动,是企业内部控制环境中的关键性因素,它对控制环境有着深刻的影响。例如,管理当局倾向于遵循内部控制的各项规章,则更有可能督促下属照章办事;反之,管理当局不愿意设立或不恪守已建立的内部控制,那么内部控制环境恶化必然导致会计资料的可信度降低。

(2) 组织结构和职权的划分方法　组织结构是指计划、指导和控制经营活动的整体框架,它为管理当局统驭、协调和控制经营活动提供了坚实的基础。组织结构的要素一般包括:组织中各个部门的存在形式、性质,各自的管理和经营职能、隶属和报告关系以及职责和权利的划分方式。通过组织结构的设置、权利职责的划分,企业中的各个部门及其成员都清楚自己在企业中的位置,了解自己拥有的权力、承担的责任、可接受的业务活动、处理利害冲突的方式方法等。

(3) 内部审计职能　内部审计能够对其他与控制相关的政策和程序的有效性进行独立的监督和评价。要使内部审计职能充分发挥作用,内部审计部门就应独立于经营部门和财会部门,并拥有直接向高层管理当局汇报的权力。

(4) 人力资源政策　企业的人事政策与程序影响到企业员工素质的高低。执行各项控制活动的人员其专业技术能力的差异性直接影响内部控制的有效运行。特别是当财会人员内部控制措施做不到位时,财务报表的可信性会大为降低。可见,人事政策和实务也是控制环境的重要内容。

(5) 员工的道德品质　员工品格是否正直,道德是否高尚,是内部控制能否有效运行的基础。成功的企业,普遍重视员工的品德教育,一般会制定本企业的道德行为准则,向员工灌输所倡导的正确的价值观和行为标准,企业的董事会或管理当局,会采取多种措施来消除或减少员工从事有失诚信行为、非道德行为或违法行为的动机及趋向。

2) 会计系统

会计系统是指企业用于确认、记录、计量和报告其交易和事项的财务信息系统。健全的会计系统包括如下内容:

(1) 确认和记录一切交易和事项,各种经济业务只要符合可定义、可计量、可靠和相关等四项标准,就应被确认,输入会计信息系统。

(2) 对确认的交易和事项按照一定的标准进行分类。

(3) 按照一定的计量属性,采用合适的计量单位,选用恰当的计量方法,对符合确认标准的交易和事项进行计量,将之转化成货币化的会计信息。

(4) 确定交易和事项发生的日期,以便在恰当的会计期间入账。

(5) 以适当的方式将交易和事项在会计报表中充分及时地反映。

会计系统由多个子系统构成。子系统的划分依据一般是经济业务的主要类型,如销货、收款、采购、付款等。不管是何种经济业务的会计系统,都可能发生一种或多种错误。例如,如果出勤卡上的工时计算错误,或者应付工资明细账上数字记错,则处理工资业务的会计子系统将出现错报。

为了防止会计记录和财务报表上出现差错,内部控制应该提供合理保证,使得每一类经济业务的会计子系统都能满足表4.1左半部分所示的交易相关审计目标。

3) 控制活动

控制活动,是指被审计单位管理当局为了实现其特定的管理目标而制订的除控制环境以外的各项政策和程序。其内容主要有:

(1) 不相容职务充分分离　不相容职务是指经营业务的授权、批准、执行和记录等完全由一人或一个部门办理时,发生错误与舞弊的概率就会增大的两项或两项以上的职务。一位员工同时兼任几种不相容业务,容易导致财务报表发生故意或无意的错报。注册会计师在审计时对此应保持警觉,并特别注意以下几类职务是否分离。

① 资产的保管与会计分离:不允许同一位员工在记录资产的同时,暂时或永久地保管该资产。这是为了防止其利用资产为自己牟私利,或通过操纵相应的会计记录而加以遮掩或逃避责任,而造成财产失控的风险。

② 交易的授权与交易的执行以及相关资产的保管三者相分离:例如,如果采购业务的授权与采购业务的执行不分离,如果采购业务的执行与采购款的审查支付不分离,就容易发生采购经办人索要回扣、损害企业利益的不道德行为。

③ 经营责任与会计分离:如果企业内部的每一个业务部门都负责编制本部门的会计记录和财务报告,必然存在歪曲经营成果、改变经营业绩的倾向。为使会计信息不偏不倚、提高会计信息的可信性,会计记录和财务报告的编制,一般由财务总监领导下的单独的财会部门统一进行。

显然,企业内部不相容职务分离的程度,主要取决于企业的规模。对小规模企业来说,完全实行上述的不相容职务分离是不现实的,也不符合成本效益原则。对小规模企业的审计,注册会计师应更多地凭借实质性测试获取审计证据。

(2) 经济业务须经适当授权　有效的内部控制要求每一笔经济业务都经过适当的授权。授权通常包括一般授权和特殊授权。一般授权是指管理当局事先制定政策,规定各个部门、各个职位的权限,属于政策限定范围内的所有经济业务,都可以得到自动批准。特殊授权针对的是特殊的经济业务。对于特殊的经济业务或者超出一定金额的经济业务的授权,管理当局可能不愿意制订一般性的政策,而宁愿逐笔业务逐笔批准。例如,企业可能授予其分公司购置不超过 50 万元固定资产的权限,只要拟购置的固定资产价格低于 50 万元,分公司都可以自行决定,这就是所谓的一般授权。对于超过 50 万元的固定资产购置,则可能要求分公司提前 3 个月编制预算,并报请总公司批准,这就是所谓的特殊授权。

(3) 凭证和记录操作规范　企业应设计和使用适当的凭证和记录,确保经济交易和事项得以全面、完整和准确地记录。这些凭证和记录包括销售发票、请购单、采购单、工资表、各种账册等。但是在电算化的会计信息系统中,许多凭证和记录在出于特定目的打印出来之前,以计算机文件的形式存在着,缺少书面的凭证和记录会带来许多新的控制问题。

凭证和记录起着在企业内部或者在企业与外界之间传递信息的重要作用。凭证和记录应该充分,足以合理保证所有的资产得到恰当的控制,所有的经济业务被正确地记录。例如,仓库在发出销售物品后,应编制出库单送交财会部门,财会部门根据出库单,对照顾客订货单、销售通知单,经核对无误后填列销售发票,向顾客收款,并更新存货、应收账款、销售收入和销售成本账户。

凭证和记录控制的一般要求是:凭证预先连续编号,及时编制凭证,记录已经发生的经济交易和事项;凭证应简单明了,不易被误解;尽可能一证多用,减少凭证种类和数量;格式合理,以便正确编制。当凭证通过计算机生成时,数据输入的控制特别关键。

在控制凭证和记录的手段中,应特别关注会计科目表和程序说明书。会计科目表通过准确精细地说明什么类型的经济业务应该归入什么会计科目,可以减少经济业务的分类错误,减少财务报表上的错报。程序说明书通过具体阐述账务处理程序,有助于这些程序被一贯、正确地执行,提高会计记录的准确性。

(4) 资产接触与仓储管理控制　企业对接触、使用资产(特别是现金和存货等易变现资产)和记录(包括会计记录和业务记录),应当有适当的防护措施。对于实现了信息网络化的企业,保护计算机设备、计算机程序和数据文件记录更显得特别重要。

保护资产和记录,一方面需要强化授权控制;另一方面则应实行物理控制。常见的物理控制如建立仓库保管、领用制度,由一个胜任的仓库保管员控制货物的验收进出、进行仓储管理,这样能显著减少存货丢失、保管不善等情况的发生。

(5) 独立稽核控制程序　独立稽核控制程序是指对已记录的经济交易和事项及其计价由具体经办人之外的独立人员进行核对或验证。独立稽核之所以必要,是因为如果不存在经常的检查评价机制,内部控制倾向于随着时间的迁移而变化。独立稽核的常见例子有编制银行存款余额调节表、稽核销售发票、账项复核、账实核对、销售部门核实财会部门提供的账龄表等。

4.1.3　内部控制制度的描述方法

1) 文字表述法

文字表述法,是指审计人员将被审计单位的内部控制制度的情况用文字叙述表达出来。该方法适用于内部控制制度比较简单,易于描述的小型企业,如表4.2所示。

表4.2　文字表述示例

被审计单位:天一公司	财务报表日:2013/10/28	索引号:
	编制人:	日期:
交易循环:销售和收款	复核人:	日期:
销售部收到顾客订货单(一式两联)后,张军负责登记,刘明负责审查订货单上的产品种类、质量要求、数量等内容,确定是否接受订货。刘明在决定接受订货的情况下,将订货单送交财会部沈云,由其审查客户的信用政策。沈云在订货单上签署意见,将订货单其中一联送还销售部,另一联留存,并登记信用备忘录。信用政策被批准后,销售部编制提货单和一式三联的销售通知单,提货单送交顾客,销售通知单一联留存,另外两联分别送物料部和财会部;顾客凭提货单到物料部提货,物料部在核对提货单和销售通知单相符后,发出货物,并编制一式三联的发货单,一联留存,以便更新库存记录,另外两联分别送销售部和财会部。销售部负责催收款项。财会部沈云在核对发货单、销售通知单和顾客订单后,向顾客开出账单,要求对方按时付款,并更新销售日记账和应收账款等会计记录;收到款项,财会部郭静负责登记银行存款日记账,沈云开具销售发票。 　　财会部每月向客户发出应收账款询证函,如果出现分歧,应及时查明原因;每周核对一次销售发票和发货单上的数据。 　　销售和收款循环内部控制存在的缺陷:(1) 负责应收账款的职员,同时负责批准信用政策;(2) 没有人将顾客订单编号、销售数量和销售收入的会计输入与销售发票、信用备忘录上的有关信息进行核对。			

2) 调查表法

调查表法是指利用表格的形式,通过征询方式将内部控制制度描述出来。针对被审计单位的各经营环节的关键控制点及主要问题,预先编制一套标准格式的调查表。标准调查表适用于同类单位,从而减少审计工作量如表4.3所示。

表4.3 调查表示例

被审计单位:天一公司		财务报表日:2013/10/28 编制人:			索引号: 日期:	
交易循环:销售和收款		复核人:			日期:	
审计目标和问题		结 果			备 注	
		是	否	不适用		
一、记录的销售确有向非虚设的客户发货 1. 销售业务的会计记录,是否有销售通知单、发货单和被批准的顾客订货单证据		√			由财会部沈云审批	
2. 给予顾客的信用是否经过批准		√				
二、发生的销售业务已经记录 1. 是否保存有详细的发货记录		√				
2. 是否利用发货单来确保每次发货均已向顾客开列账单		√			发货单连续编号,但没有说明发货事由,需要增加实质性测试	
3. 发货单是否连续编号,并且说明发货的事由				√		
三、记录的销售业务与发货数量一致,正确地开列账单,并加以记录 1. 是否有人将销售发票与发货单上的发货数量进行独立核对		√				
2. 是否使用经过批准的价格表从事销售		√				
3. 是否每月向顾客发出询证函,核对往来账款		√				

3) 流程图法

流程图法就是用特定的符号和图形将内部控制制度的情况直观表现出来。该方法是目前普遍使用的描述方法,但由于难度较大,要求审计人员必须具备较高的素质。具体如图4.1所示。

4.1.4 内部控制的测试与评价

对被审计单位内部控制的测试和评价,其最终目的在于确定被审计单位内部控制制度的健全性、有效性和可信赖性程度,并据以确定审计工作的内容、范围及审计实施方案。

1) 测试内部控制制度的健全性

内部控制制度的健全性是从内部控制制度的设计本身是否达到保证该项业务有效进行这个角度进行评价。评价标志有:各项内部控制制度是否符合内部控制的基本原则,关键点是否进行了控制,所有的控制目标是否已经达到等。

2) 评价内部控制制度有效性的方法

(1) 符合性测试 符合性测试是为了确定内部控制的设计和执行是否有效而进行的审计程序。符合性测试有业务程序测试和制度功能测试两种方式。业务程序测试是指审计人

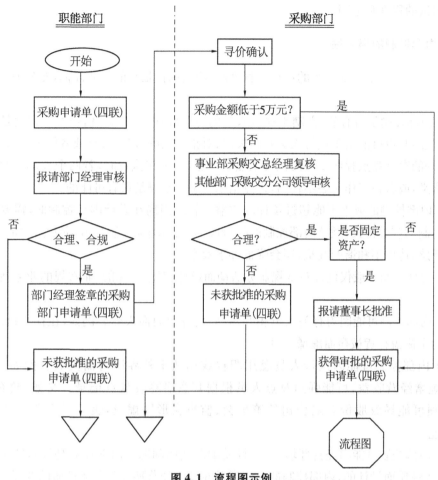

图 4.1 流程图示例

员有针对性地选择若干典型经济业务,根据被审计单位规定的业务处理程序重新做一遍,借以检查控制措施是否按规定发挥了作用。制度功能测试是指审计人员针对某项控制环节,选择若干时期的同类业务进行检查,看其是否按规定办理,借以检查内部控制措施是否按规定发挥了作用。

(2) 实质性测试 实质性测试是为了检查会计数据的真实性、正确性和完整性而进行的审计测试。实质性测试有分析性测试和详细测试两种方法。分析性测试是通过一些重要比率的分析、研究,来审查相关数据的真实性和正确性。详细测试,是指为了直接检查账户余额或报表项目金额的真实性、正确性和完整性而进行的审计测试。

3) 评价内部控制制度的可信赖程度

内部控制的可信赖程度一般分为高、中、低三个层次。

可信赖程度高的标志是内部控制制度健全、合理,且在测试检查有关业务活动时,未发现任何差错或仅发现极少的差错,审计人员可相应地减少实质性测试的范围。可信赖程度低的标志是内部控制制度不健全、不合理,或虽有良好的内部控制制度,却并没有执行,在测试检查有关业务活动时,差错发生率很高,这样审计人员应相应地扩大实质性测试的范围。介于可信赖程度高和低之间的为中信赖程度,在这种情况下,审计人员应降低信赖度,扩大实质性测试的程度和范围。

4.1.5 内部控制的局限性

审计人员在确定内部控制的可信赖程度时,应当保持足够的职业谨慎,充分关注内部控制的固有局限性。

(1)内部控制是否有效,受制于执行人员的专业胜任能力和可信赖度。即使是设计完善的内部控制,也可能由于执行人员判断失误、对指令误解、粗心大意或者精力分散而失效。例如,良好的存货盘点程序要求两位员工独立盘点,但是在执行时,若两个人都不明白盘点指令的含义,或者在工作时心不在焉,盘点结果与事实不符是很有可能的。

(2)内部控制的成本不能超过预计的收益。管理当局在设计内部控制时,需要权衡强化内部控制的利弊得失,顾及内部控制的执行成本,因为增加控制环节不仅会增加企业内部的不信任感,造成不和谐的气氛,还会降低办事效率。

(3)内部控制一般仅仅针对常规业务活动而设计,对于特殊的、非常规的业务活动可能不适用。

(4)内部控制可能因为有关人员相互勾结、内外串通而失效。例如,在存货盘点时,员工可能为了掩盖存货被窃而虚增数量。

(5)内部控制可能因执行人员滥用职权或屈从于外界压力而失效。例如,管理当局为了虚增经营收益,可能强迫盘点人员根据其意愿篡改盘点记录。又如,政企不分、行政干预可能导致股份有限公司的董事会、监事会形同虚设,丧失对企业管理当局的监控职能。

(6)内部控制可能因经营环境、业务性质的改变而削弱。内部控制是针对特定的经营环境、业务性质而设计的,内部控制的改变通常滞后于经营环境和业务性质的变迁。当经营环境和业务性质发生重大变化后,旧的内部控制可能不再适用,从而被削弱或失效。企业应适时对内部控制作出相应的调整。

由于上述固有局限性的存在,无论内部控制设计多么优良,控制风险总是存在的,永远不会等于零。审计时要对各个重要的会计账户进行审计,除了审查相应的内部控制外,还应取得额外的审计证据,即实施实质性测试。

【任务检查】

(1)简述内部控制的目标。
(2)简述内部控制的三大组成要素。
(3)简述内部控制制度的三大描述方法。
(4)简述评价内部控制有效性的方法。
(5)简述内部控制的局限性。

任务4.2 熟知风险导向审计

【任务分析】

随着社会上针对注册会计师的诉讼案件的不断增加,风险导向审计应运而生。风险导向审计全面、动态的考虑风险因素,是提高工作质量,降低审计风险的有效手段。在我国推行风险导向审计应该有步骤的进行。了解风险导向审计产生原因,区分风险导向审计与其他审计的特点,挖掘其存在的弊端对促进风险导向审计的发展非常有益。

【知识准备】

4.2.1 风险导向审计的概念及其产生的原因

风险导向审计是一种新型的、多维的审计模式,它以审计风险理论作为基础,在审计过程的各个阶段都利用审计风险模型,对各种审计风险进行全面的、动态的分析与控制,并以此为基础恰当地计划和指导审计工作,从而高质量、低风险地完成审计任务,达到设计的审计目标。

进入新世纪后,世界范围内出现大量的诉讼注册会计师案件,索赔的金额越来越大,面对世界范围内的诉讼浪潮,风险导向审计不失为一种全新有效的思路。风险导向审计通过对被审计单位风险的评价,有利于回避高风险的委托业务,寻找高风险的审计事项,将有限的审计资源重点分配到风险较高的被测试事项上或最大限度地降低检查风险,使重大的差错和弊端暴露出来,使审计风险降低到可接受的水平。

1) 高风险的审计执业环境是风险导向审计产生的直接原因

众多企业的倒闭,已审报表的使用者将经营失败等同于审计失败。他们认为,企业濒临破产,注册会计师进行财务报表审计时应提前发出警告,这使审计结果与公众期望的差距越来越大。期望差距的加大,表明社会公众对审计的需求日益增加,为弥补审计期望差距就得寻找途径,主动出击,迎合这种需求,承担一定的法律责任——发现并防止错弊责任。随着企业规模的不断扩大,业务的复杂化和计算机的应用,会计、审计业务趋于复杂,险恶的企业经营环境必然意味着严峻的、高风险的审计执业环境,因此迫切需要一种新的审计技术——风险导向审计。

2) 严格的法律环境是风险导向审计产生的外部驱动力

现代社会在某种程度上是一种契约经济,各种契约界定人与人之间的关系。法律保护契约双方,一切纠纷的处理需通过法律的手段解决。证券法对投资人的责任保护意识越来越强,因而当投资人的利益受到伤害时,如被投资企业破产倒闭,投资人无法收回投资或者债务人收回债务无望时,都极有可能诉讼注册会计师。

3) 会计师事务所的经济压力和组织形式是风险导向审计产生的内在驱动力

随着市场竞争的加剧,会计师事务所要生存必须降低审计成本,寻找一种成本小而效率高的方法模式。面临着审计严峻的执业环境,审计人员不得不选择全新的审计模式——风险导向审计。风险导向审计将降低审计风险贯穿于整个审计过程,理智地分析并重视审计风险产生的各个重要环节,一旦认为审计风险已经控制在可容忍的范围内,就发表审计意见。风险导向审计为更有效地控制和提高审计效果和效率提供了完整的结构,有利于进一步弥合公众期望差距,减轻审计人员的责任,使审计人员由被动地承受审计风险到主动地控制审计风险。

4.2.2 风险导向审计的主要程序

（1）实施分析性程序。确定重要性标准,初步评价可接受审计风险和固有风险,了解内部控制结构和评价控制风险。

（2）依据审计风险模型,确定检查风险水平,制订审计总体计划和具体计划。

（3）如果初步评价控制风险水平较低,则实施控制测试,依据结构确定是否扩大交易的实质性测试；如果初步评价控制风险水平较高,则应直接转入交易的实质性测试,评价财务报表的可能性。

（4）实施分析程序和账户余额的实质性测试。在这种模式下,除采用账项导向审计和系统导向审计模式下的审计方法外,还大量采用分析性程序的方法,如趋势分析法、比率分析法、绝对额比较法、垂直分析法等。

4.2.3 风险导向审计的特点

风险导向审计与传统的账项基础审计、制度基础审计相比较,具有如下四个方面的特点。

1) 全面、动态地考虑风险因素

审计业务的整个过程一般可以被划分为接受审计委托、制订审计计划、审计实施和审计报告四个阶段。在制度基础审计中,审计师通常在计划阶段确定期望审计风险和固有风险；在实施阶段中的符合性测试阶段确定控制风险,并在符合性测试结束后和实质性测试开始前,根据已确定的期望审计风险、固有风险和控制风险的值计算出检查风险的值,从而确定实质性测试的性质、时间和范围。在这种模式下,期望审计风险、固有风险、控制风险和检查风险都是针对账户余额层次一次确定的,而且在各个审计阶段,审计师最多也只评价一个或两个风险因素。这种做法并不能使审计师在审计全过程的各个阶段全面分析和控制审计风险。在风险导向审计模式中,审计风险诸要素在账户余额和财务报表两个层次被分别评估,充分体现了风险因素立体分布的特点。审计师在各个审计阶段分别评价报表项目的期望审计风险、固有风险、控制风险和检查风险。而在评价各种风险要素时,审计师在各个阶段考虑的内容是不一样的。如在第一、四两个阶段,审计师仅仅针对财务报表整体评价各项审计风险,而在第二、三两个阶段则针对具体的项目余额或交易事项进行评价,而随着审计工作的深入,审计人员能够获得的与风险要素相关的信息越来越多,对相关事项进行考察的程度也不断加深,其对风险要素水平的评价也更加准确和客观。可以看出,制度基础审计在审计全过程中对风险要素的评估与控制是孤立的、静态的,而风险导向审计对风险要素的评估与控制是全面和动态的。

2）在各个阶段都利用审计风险模型作出决策

在制度基础审计中,审计师仅仅通过评估期望审计风险、固有风险和控制风险来确定账户余额可接受检查风险的水平,从而决定在实质性测试阶段所需收集的证据量。在该模式下审计模型应用被局限于单一的决定实质性测试的证据量这一审计决策之中,未能发挥更大的作用。而在风险导向审计中,审计师在各个审计阶段,都分别以审计风险模型为主,分析评价各自的期望审计风险、固有风险、控制风险和检查风险,并在此基础上作出各项决策,从而能够全面控制审计风险。在接受审计委托阶段,审计师需要作出事关全局的接受或拒绝审计委托的战略决策,决策的关键是要将报表层次的可接受审计风险和通过分析固有风险、控制风险和检查风险后评估得出的报表审计层次的可达到审计风险水平进行比较;在审计计划阶段,审计师的主要任务是通过对账户余额的可接受审计风险、固有风险、控制风险的评估来确定可容忍的检查风险水平,并通过分析比较控制风险和检查风险来选择确定恰当的审计方法;在审计实施阶段,审计师按照计划阶段确定的审计方法进行控制测试和实质性测试。在进行控制测试的同时对账户余额的控制风险进行重新评估,如果评估结果与前一阶段的评估结果不一致,审计师还应当修改和完善已确定的审计方法。在所有审计测试工作完成之后,审计师需要利用审计风险模型就某账户余额的可达到审计风险水平进行评估,并将其与账户余额的可接受审计风险水平进行比较,以确定能否合理保证各账户余额认定的真实公允性。审计报告阶段是审计师进行风险控制的最后环节,也是对审计质量和风险程度的最后把关。在该阶段,审计师需要根据风险程度对财务报表整体的真实公允性做出最终判断,其主要方法是根据新情况和新资料重新评估财务报表层次的可接受审计风险水平,然后将两者进行比较。可以认为,制度基础审计模式中的审计风险模式是一维的,它只有一个决策目标——确定实质性测试所需的证据量,所涉及的风险层次和范围比较狭窄;而风险导向审计模式中的审计风险模型是二维的,它既包含了不同的风险要素,而且在不同的审计阶段给各风险要素赋予了不同的内涵。

3）审计模式转变为以风险为导向的模式

制度基础审计是以内部控制制度评审为基础所进行的审计,虽然制度基础审计也以审计风险理论为指导,但在实务中,审计人员分不清固有风险和控制风险的各自程度是多少,在这种情况下,审计师更偏重利用控制风险的评审作用。在制度基础审计中,审计是以制度为导向,即整个审计的重心是评价内部控制制度,以内部控制制度的评价确定审计的重点,为进一步审计指明方向;而在风险导向审计中,审计却以风险为导向。两者的区别在于制度基础审计只注重影响经济业务的内部环境,即内部控制制度;而风险导向审计除注重影响经济业务的内部环境以外,还注重外部环境,即它是以经济业务整体为重点,综合分析评价企业经营所处的内外环境,根据评价结果确定审计水平,最终目的是要将审计风险控制在社会可接受的水平之下。

4）对内部控制运用更加全面

在制度基础审计中,一般只考虑内部会计控制;系统导向审计模式下考虑两个因素,即内部会计控制和内部管理控制;发展到风险导向审计模式下则考虑三个因素,即控制环境、会计系统和控制程序,然后又扩展到五个因素,即控制环境、管理部门的风险评价、会计信息与传递系统、控制行为和监督。由于内容的扩展,内部控制制度在风险导向审计模式下演变为内部控制结构。

4.2.4 风险导向审计的利弊

风险导向审计方法体现的审计思路,是以项目的审计风险为质量控制依据,首先研究理解企业经营及所从事经济活动、企业的内部控制及其运行。然后,通过对有关数据、信息的分析和检查,由概括到具体、由表及里地认识财务报表披露的信息与企业实际状况关系,确定会计准则的遵守状况。审计全过程所搜集到的证据、信息,构成审计意见的合理保证。同时,风险导向审计虽然比以往的审计模式优越有效,但毕竟现今的风险导向审计模式仍处于发展的初期,相继爆发的审计失败事件更是暴露出其缺陷。

1) 风险导向审计的优点

(1) 风险导向审计方法有利于审计人员全面认识被审计单位。审计过程是审计人员不断加深对被审计单位的认识过程。审计人员从被审计单位某种认定出发(如存在或发生、完整性、权利和义务、估价或分摊和表达与披露),通过调查了解、搜集证据,从各个角度逐步地验证某项认定,最终以合理的保证某认定是否正确,形成审计意见。客观地讲,审计人员的认识过程应该是一个由表及里、逐步深入的过程,风险审计模型合理地体现了这个过程。

(2) 风险导向审计方法注重在保证质量的前提下提高效率。在风险审计模式中,对被审计单位的了解,到内部控制的研究与评价,分析性测试(复核)均属于效率较高的审计手段,可以有效地降低审计风险,并有效地减少效率较低的细节测试工作。

(3) 风险导向审计方法有助于合理确定重要性水平。根据审计风险模型可知,在固有风险和控制风险一定的条件下,检查风险和期望的审计风险成正向关系。如果期望的审计风险较低,那么就必须接受较低的检查风险水平,以便扩大实质性测试的样本规模或追加审计程序,收集更多的审计证据,也就是说,应该确定较低的重要性水平,才能满足较低的期望审计风险的要求。如果审计人员确定的重要性水平过高,即允许存在的错报过大,则将承受过高的审计风险。因此,从这一方面来说,重要性与期望的或可接受的审计风险成正向关系。这种正向关系还可以联系审计证据来理解,即重要性与审计证据成反向关系,期望的审计风险与审计证据成反向关系,则重要性与期望的审计风险成正向关系。重要性与审计风险之间的关系要求审计人员在确定重要性水平时,不仅要考虑实际的或评估的审计风险以确保审计质量,也要考虑期望的或可接受的审计风险以提高审计效率。

2) 风险导向审计的缺点

(1) 固有风险概念内涵与外延不一致,逻辑上不能一贯。我们理论上认为,固有风险是指假定不存在相关内部控制时,某一账户或交易类别单独或连同其他账户、交易类别产生重大错报或漏报的可能性。而我们在评估固有风险时(涉及会计报表层次的)又必须从内部控制(控制环境)入手,固有风险这种内涵与外延的不一致使得风险模型的科学性受到了极大的损害。

(2) 把控制风险要素作为审计风险的乘积因子藏有隐患。由于控制风险作为该模型的一个乘积因子,因此,理论上认为,如果注册会计师能把控制风险评估得比较低就可以大大减少实质性测试的工作量。于是注册会计师只要通过控制测试得到了一个比较满意的结果,就理所当然地认为他们已经有了一个比较高的可接受检查风险水平。然而,殊不知这样就可能为注册会计师的审计埋下了一个很大的隐患。原因很简单,首先控制测试得到的是内部证据,既然是内部证据就可以被管理当局操纵。有关这方面的问题,从我国近十几年所发生的上市公司舞弊案件中可以找到很多例证。因此,把控制风险单独作为风险模型的一个乘积因子,为审计失败埋下了一个很大的隐患。

(3) 不能用于财务报表整体,无法满足对财务报表审计整体审计风险的把握和控制。理论上认为,审计风险模型不是对财务报表整体上使用的,因为这无助于作出审计证据的决策,而必须在每一种业务循环,每一个账户,并且经常是每一个审计目标上进行分析计算。虽然该风险模型要求在评估固有风险时应当从会计报表层次和账户余额层次两个方面加以考虑,但在评估控制风险时却并不涉及报表层次,只能要求注册会计师对各重要账户或交易类别的相关认定所涉及的控制风险进行评估。这一点充分地体现在我们按此模型所演变出来的所谓的"初步审计策略"理论之中。

【任务检查】

(1) 简述风险导向审计产生的原因。
(2) 简述风险导向审计的特点。
(3) 阐述风险导向审计的利与弊。

【项目小结】

内部控制是审计质量要求的主要内容之一。确保适当的授权,提高会计信息的可靠性;确保经营活动的效率性和效果性;确保会计记录及财务报告的可靠性;确保交易相关审计目标的一致性是内部控制的主要关注目标。内部环境、会计系统和控制活动是内部控制的组成要素。加强内部控制测试与评价,同时也要认识到内部控制的局限性。风险导向审计全面、动态地考虑风险因素,是提高工作质量,降低审计风险的有效手段。内外部的推动使得风险导向审计应运而生,其与传统的账项基础审计、制度基础审计相比较,具有不同特点。风险导向审计具有自身优势,同时也存在弊端,需要不断完善。

【能力训练】

一、单项选择题

1. 下列关于内部控制的说法中错误的是( )。
   A. 内部控制的思想是以风险为导向的控制
   B. 内部控制是控制的一个过程,这个过程需要全员的参与,包括董事会、管理层、监事会都要参与进来,但不包括员工
   C. 内部控制是一种管理,是对风险的管理
   D. 内部控制是一种合理保证

2. 内部控制的目标是（　　）。
   A. 绝对保证财务报表是公允的，是合法的
   B. 合理保证财务报表是公允的，是合法的
   C. 绝对保证经营合规、资产安全、财务报告及相关信息真实完整、经营有效性，促进企业实现发展
   D. 合理保证经营合规、资产安全、财务报告及相关信息真实完整、经营有效性，促进企业实现发展

3. 在确定控制测试的范围时，注册会计师在风险评估中对控制运行有效性的拟信赖程度越高，需要实施控制测试的范围就（　　）。
   A. 越大　　　　B. 越小　　　　C. 没关系　　　　D. 都可能

4. 以下有关审计方法的表述中，不正确的是（　　）。
   A. 风险导向审计是以重大错报风险的识别、评估与应对为重心
   B. 风险导向审计是以审计风险的防止或发现并纠正为重心
   C. 制度基础审计是以内部控制为基础的抽样审计为重心
   D. 账项基础审计是以发现和防止资产负债表错弊为重心

5. 按照风险导向审计的基本要求，注册会计师应当将审计资源分配到（　　）。
   A. 最容易导致企业资产损失的内部控制方面
   B. 最容易导致财务报表出现重大错报的领域
   C. 最容易导致审计意见与事实不符的账项上
   D. 最容易产生重大错报的经济业务和财务资料上

6. 下列关于财务报表审计方法的说法中，不正确的是（　　）。
   A. 风险导向审计综合考虑企业与财务报表审计相关的各个方面，以全面降低审计风险
   B. 制度基础审计以企业内部控制作为审计的重点，花费大量时间进行控制测试
   C. 账项基础审计主要针对会计账簿进行，将大部分审计时间花费在过账、汇总方面
   D. 在审计历史上，先有账项基础审计，才有制度基础审计，最后形成风险导向审计

二、多项选择题

1. 内部控制制度的基本描述方法有（　　）。
   A. 文字说明法　　B. 调查表法　　C. 流程图描述法　　D. 抽样法
   E. 分析性复核法

2. 控制环境是实施内部控制的基础。下列有关控制环境的表述中，正确的有（　　）。
   A. 企业文化是企业在经营管理过程中形成的、影响内部控制环境的精神和理念，包括高级管理人员的管理理念、经营风格与职业操守，企业的整体价值观，员工的行为守则等
   B. 健全的治理结构、科学的内部机构设置和权责分配时内部控制的基本前提，是控制环境的重要内容
   C. 科学合理的人力资源政策是内部控制的人才和工作机制保证，有利于调动员工

的积极性、主动性和创造性

  D. 有效的反舞弊机制是发现和处理舞弊行为的制度安排,有利于及时防范因舞弊而导致的内部控制措施失效

3. 被审计单位内部控制的局限性,主要表现在(　　)。
  A. 内部控制一般仅针对常规业务活动而设计
  B. 因执行人员的粗心大意、判断失误而导致内部控制失效
  C. 内部控制可能因有关人员相互勾结、内外串通而失效
  D. 因执行人员滥用职权或屈从于外部压力而失效

4. 关于审计风险模型,下列说法正确的是(　　)。
  A. 控制风险是某类交易、账户余额或披露的某一认定发生错报,该错报单独或连同其他错报可能是重大的,但没有被内部控制及时防止或发现并纠正的可能性
  B. 审计风险是指当财务报表存在重大错报时注册会计师发表不恰当审计意见的可能性
  C. 固有风险是在考虑相关的内部控制之前,某类交易、账户余额或披露的某一认定易于发生错报的可能性
  D. 检查风险是指如果存在某一错报,该错报单独或连同其他错报可能是重大的,注册会计师为将审计风险降至可接受的低水平而实施审计程序后没有发现这种错报的风险

5. 下列关于审计方法的表述中,正确的是(　　)。
  A. 账项基础审计方法是指以控制测试为基础的抽样审计
  B. 制度基础审计方法是指以控制测试为基础的抽样审计
  C. 风险导向审计方法是以审计风险模型为基础进行的审计
  D. 审计方法从账项基础审计发展到风险导向审计,都是注册会计师为了适应审计环境的变化而作出的调整

6. 以下对风险导向审计方法的理解中恰当的是(　　)。
  A. 风险导向审计方法更加关注固有风险的影响因素,而且通过评估诸如管理人员的品行和能力、行业所处环境等非财务信息将审计的视野大大扩展到财务报表之外
  B. 风险导向审计方法同样关注控制风险影响因素,而且当通过实施实质性程序无法收集到充分适当的认定层次的审计证据时必须依赖对内部控制的测试结果
  C. 风险导向审计方法不再依赖控制测试,而是要通过抽样审计更加依赖实质性程序收集的审计证据
  D. 风险导向审计方法通过审计模型的修订,要求注册会计师将审计资源分配到最容易导致财务报表出现重大错报的领域

三、案例分析题

巴林银行案

1995年2月,英国历史上最悠久的巴林银行宣布破产。这一破产事件是由该行在新加

坡的期货交易发生的巨额亏损引发的。1992年，新加坡巴林银行期货交易公司开始进行金融期货交易，尼克·里森身兼前台交易和后台结算的主管，两个至关重要的岗位都由其一人把持。翻开尼克·里森的档案可以发现，在他被派遣到新加坡并成为新加坡国际货币交易所的交易员之前，由于两项总额达3 000英镑的于他不利的县法院裁决被曝光，巴林银行曾取消了他成为伦敦交易员的申请，却又对此事件保持缄默并支持他成为新加坡的交易员的申请。在尼克·里森成为新加坡巴林的衍生产品交易的主管之前，他对衍生产品的经验很少，参与交易的时间相对较短。尼克·里森以其前台首席交易员和后台结算主管的双重身份，开立了误差账户"8888"。开户表格上注明该账户只能用于冲销错账，他却用这个账户进行交易。通过假账调整，使实际亏损隐藏在该误差账户中，反映在总行的其他交易账户则始终显示盈利。1994年8月，一份内部审计报告曾指出，新加坡期货公司没有对交易和结算这两个重要岗位进行职务分离。但巴林银行集团高级管理人员漠然视之。更为令人费解的是，在长达几年的时间里，内部审计部门始终未能及时发现尼克·里森利用误差账户进行越权违规和发生严重亏损的问题。

该风险案例留给我们的教训是：

（1）放松了职员的品质控制。巴林银行派遣尼克·里森担任新加坡期货公司的首席交易员和结算主管之前，知道他有隐瞒法院不利裁决的品行问题，也清楚他缺乏进行衍生产品交易的适当经验，但仍然对他委以重任，酿成大错。

（2）忽视了不相容职务的分离控制。交易和结算属于不相容职务，由一人兼任容易发生错弊，并增加错弊得以掩盖的机会，巴林银行却偏偏对交易和结算这两个重要岗位没有予以分离，导致重大亏损得以转移到误差账户进行隐藏。

（3）缺少有效的内部审计。有效的内部审计至少可以在事后及时发现问题，但巴林银行的内部审计部门居然在长达几年的时间里始终未能发现尼克·里森越权违规交易和交易的实际亏损状况，使局面终致不可收拾。

（4）授权控制形同虚设。尼克·里森开立的误差账户"8888"未经授权是不能用于交易的，但巴林银行放松了账户的授权控制，使尼克·里森得以利用这枚关键性的棋子将错误延续下去。

讨论和思考题：

（1）结合案例，理解内部控制存在的局限性。

（2）如何使内部控制有效发挥作用以实现某目标？

项目 5　销售与收款循环审计

【学习目标】

- 知识目标
  (1) 了解销售与收款循环的特性及所包含的主要业务活动。
  (2) 掌握销售与收款循环内部控制内容及符合性测试程序。
  (3) 掌握主营业务收入、应收账款实质性测试程序。
- 能力目标
  (1) 能够进行销售与收款循环内部控制测试。
  (2) 能够实施主营业务收入、应收账款实质性测试程序。

【引导案例】

审计人员在对甲公司 2013 年收入、成本及利润审计中发现,公司会计凭证中有大量的退货业务,红字冲销当年收入、成本及利润。审计人员决定进一步审查,以查明原因。

(1) 审计人员仔细查阅了公司 2013 年 2 月至 12 月的全部退货凭证(共 9 张)。发现该公司开具红字发票,对江苏太仓市某商厦、陕西某公司、郑州某公司等 5 家发生的 36 780 辆×产品销售业务,以客户要求退货为由办理了退货手续,并冲销了其全部的销售收入、销售成本及销售利润(48 959 914.45 元)。公司的会计处理如下:

① 冲销销售收入的汇总分录:

　　借:应收账款　　　　　－187 379 708.07
　　　　贷:主营业务收入　　　　　－160 153 596.65
　　　　　　应交税费　　　　　　　－27 226 111.42

② 冲销库存商品、商品销售成本的汇总分录:

　　借:主营业务成本　　　－111 193 682.20
　　　　贷:库存商品　　　　　　　－111 193 682.20

③ 商品销售收入、商品销售成本转入本年利润分录(略)

经审核,至退货之日起,该公司尚未发货。因此,上述业务既无采购方退货单,也无本公司退货入库单,更无任何合同或协议。

(2) 审计人员采取了追踪审计方式,审查了公司 2012 年的有关会计凭证及其成本、利润结转业务的会计处理。发现了以下 3 笔业务的会计处理:

① 销货

借：应收账款　　　　　　　　　　187 379 708.07
　　　贷：主营业务收入　　　　　　　　　160 153 596.65
　　　　　应交税费　　　　　　　　　　　 27 226 111.42
② 库存商品、商品销售成本结转
　　借：主营业务成本　　　　　　　111 193 682.20
　　　贷：库存商品　　　　　　　　　　　111 193 682.20
③ 商品销售收入、商品销售成本转入本年利润分录(略)

(3) 审计人员进一步审查有关原始单据,发现以上 5 家公司的声明函(格式一致)："……已办理退货手续,该产品所有权已归公司,现委托某公司中转站代为保管。"未发现公司向这 5 家公司发货及收款的任何单据。

根据上述资料,分析:

甲上市公司人为调节年度利润该如何审计?

任务 5.1　认知销售与收款循环审计

【任务分析】

按会计报表项目组织实施的审计称为分项审计,按业务循环组织实施的审计称为业务循环审计。销售与收款循环是企业交易循环中的一个重要环节,通常可以相对独立于其他业务循环而单独进行。销售与收款循环的特性主要包括两部分的内容,一是本循环所涉及的主要凭证和会计记录;二是本循环中的主要业务活动。

【知识准备】

5.1.1　业务循环审计概述

在审计过程中,交易和账户余额的实质性测试既可以按会计报表项目进行,也可以按业务循环组织实施。按会计报表项目组织实施的称为分项审计,按业务循环组织实施的称为业务循环审计。

1) 业务循环及业务循环审计

业务循环是指处理某一类经济业务的工作程序和先后顺序。一般来说,可将企业的交易和账户余额划分为销售与收款循环、采购与付款循环、生产与费用循环、筹资与投资循环,由于货币资金与上述多个业务循环均密切相关,所以货币资金既是业务循环的有机组成部分,又是相对独立的一个重要环节。

业务循环审计是指运用业务循环法了解、审查和评价被审计单位内部控制系统及其执行情况,从而对其会计报表的合法性、公允性进行审计的方法。内部控制测试通常按照业务循环采用审计抽样的方法进行,采用业务循环审计的目的在于确保审计工作质量,提高审计工作效率。

2) 分项审计与业务循环审计的关系

一般而言,分项审计与多数被审计单位账户设置体系及会计报表格式相吻合,所以具有操作方便的优点,但它与按业务循环进行的内部控制测试严重脱节,导致符合性测试与实质性测试相背离,影响审计效率和效果,所以分项审计逐渐被业务循环审计所替代。业务循环审计不仅可与按业务循环进行的内部控制直接联系,加深注册会计师对被审计单位经济业务的理解,而且便于注册会计师的合理分工,将特定业务循环所涉及的会计报表项目分配给一个或数个注册会计师,使其能够对不同会计报表项目进行交叉复核,以提高审计的效率和效果。

5.1.2 销售与收款循环概述

销售与收款循环的审计,通常可以相对独立于其他业务循环而单独进行,但注册会计师在审计时必须综合考虑会计报表各项目的性质及其相互关系,即注册会计师在最终判断被审计单位会计报表是否公允反映时,必须综合考虑审计发现的各业务循环的错误对会计报表产生的影响。因此,即使在单独执行销售与收款循环审计时,注册会计师仍然应经常地将该循环与其他循环的审计情况结合起来加以考虑。

销售与收款循环主要包括两部分的内容,一是本循环所涉及的主要凭证和会计记录;二是本循环中的主要业务活动。

1) 销售与收款循环中的主要凭证和会计记录

在内部控制系统比较健全的企业,处理销售与收款业务通常需要使用很多凭证和会计记录。典型的销售与收款循环所涉及的主要凭证和会计记录有以下几种:

(1) 顾客订货单 顾客订货单就是顾客提出的书面采购要求。企业可以通过销售人员或其他途径,如采用电话、信函和向现有的及潜在的顾客发送订货单等方式接受订货,取得顾客订货单。

(2) 销售单 销售单是列示顾客所订商品的名称、规格、数量以及其他与顾客订货单有关的资料的表格,作为销售方内部处理顾客订货单的依据。

(3) 发运凭证 发运凭证即在发运货物时编制的,用以反映发出商品的规格、数量和其他有关内容的凭据。发运凭证的一联寄送给顾客,其余联由企业保留。这种凭证可用作向顾客开票收款的依据。

(4) 销售发票 销售发票是一种用来表明已销售商品的规格、数量、销售金额、运费和保险费的价格以及开票日期、付款条件等内容的凭证。销售发票的第一联寄送给顾客,其余联由企业保留。销售发票也是在会计账簿中登记销售业务的基本凭证。

(5) 商品价目表 商品价目表是列示已经授权批准的、可供销售的各种商品的价格清单。

(6) 贷项通知单 贷项通知单是一种用来表示由于销货退回或经批准的折让而引起的应收销货款减少的凭证。这种凭证的格式通常与销售发票的格式相同,只不过它不是用来说明应收账款的增加,而是用来说明应收账款的减少。

（7）应收账款明细账　应收账款明细账是用来记录每个顾客各项赊销、现金收入、销货退回及折让的明细账。各应收账款明细账的余额合计数应与应收账款总账的余额相等。

（8）主营业务收入明细账　主营业务收入明细账是一种用来记录销货业务的明细账。它通常记载和反映不同类别（如按销售商品的品种、类别等）的销货总额。

（9）折扣与折让明细账　折扣与折让明细账是一种用来核算企业销售商品时，按销售合同规定为了及早收回货款而给予顾客的销货折扣和因为商品品种、质量等原因而给予顾客的销货折让情况的明细账。

（10）汇款通知书　汇款通知书是一种与销售发票一起寄给顾客，由顾客在付款时再寄回销货单位的凭证。这种凭证注明顾客的姓名、销售发票号码、销货单位开户银行账号以及金额等内容。如果顾客没有将汇款通知书随同货款一并寄回，一般应由收受邮件的人员在开拆邮件时再代编一份汇款通知书。采用汇款通知书能使现金立即存入银行，可以改善对资产保管的控制。

（11）库存现金日记账和银行存款日记账　库存现金日记账和银行存款日记账是用来记录应收账款的收回或现销收入以及其他各种库存现金、银行存款收入和支出的日记账。

（12）库存现金盘点表　库存现金盘点表列示收银机内的现金和支出的明细表，用来调节其总数和收银机打印出的总数。

（13）坏账审批表　坏账审批表是用来批准将某些应收款项注销为坏账的，仅在企业内部使用的凭证。

（14）顾客月末对账单　顾客月末对账单是一种定期寄送给顾客的用于购销双方定期核对账目的凭证。顾客月末对账单上应注明应收账款的月初余额、本月各项销货业务的金额、本月已收到的货款、各贷项通知单的数额以及月末余额等内容。

（15）转账凭证　转账凭证是指记录转账业务的记账凭证，它是根据有关转账业务的原始凭证编制的。

（16）收款凭证　收款凭证是指用来记录库存现金和银行存款收入业务的记账凭证。

2）销售与收款循环中的主要业务活动

了解企业在销售与收款循环中的主要业务活动对销售与收款循环审计十分必要。企业的销售与收款循环主要是由企业同顾客交换商品或劳务、收回现金等经营活动组成，涉及销售业务、收款业务（包括现销和应收账款收回）、销售调整业务（包括销售折扣、折让和退回，坏账准备的提取和冲销）等内容。每一业务均需经过若干步骤（或程序）才能完成。

（1）接受顾客订单　顾客向企业寄送订单，提出订货要求是整个销售与收款循环的起点。订单管理部门应区分现购和赊购，赊购订单只有在符合企业管理当局授权标准的情况下，才能接受。企业管理当局一般都列出了已准予赊销的顾客名单。订单管理部门的职员在决定是否同意接受某顾客的订单之前，应追查该顾客是否已被列在该名单中。如果顾客未被列入该名单，则通常需要订单管理部门的主管来决定是否接受该订单。企业在批准了顾客订单之后，通常均应编制一式多联的销售单。

（2）批准赊销信用　赊销批准是由信用管理部门根据管理当局的赊销政策和对每个顾客已授权的信用额度来进行的。信用管理部门的职员在收到订单管理部门的销售单后，应将销售单的金额同该顾客已被授权的赊销信用额度扣除其迄今尚欠账款余额后的差额进行比较,以决定是否继续给予赊销。执行人工赊销信用检查时,应合理划分工作责任,以切实避免销售人员为增加销售而使企业承受不适当的信用风险。

企业应对每个新顾客进行信用调查,包括获取评信机构对顾客信用等级的评定报告。批准或不批准赊销,都要求被授权的信用部门人员在销售单上签署意见,其后再将签署意见后的销售单返回订单管理部门。

(3) 按销售单供货　企业管理当局通常要求仓库只有在收到经过批准的销售单时供货。设计这项控制程序的目的是为了防止仓库在未经授权情况下擅自发货。因此,已批准销售单的副联通常应送达仓库,作为仓库按销售单供货和发货给装运部门的授权依据。

(4) 按销售单发运　发运部门职员应在经授权的情况下装运产品,使企业按销售单装运与按销售单供货的职责相分离。发运部门职员在装运之前,还必须进行独立验证,以确定从仓库收到的商品都附有已批准的销售单,并且所发运商品与销售单相符。

(5) 向顾客开具账单　开具账单包括编制和向顾客寄送事先连续编号的销售发票。

为了降低开具账单过程中出现遗漏、重复、错误计价或其他差错的风险,应设立以下的控制程序:

① 开具账单部门职员在编制每张销售发票之前,应独立检查是否存在装运凭证和相应的经批准的销售单。

② 应依据已授权批准的商品价目表编制销售发票。

③ 独立检查销售发票计价和计算的正确性。

④ 将装运凭证上的商品总数与相对应的销售发票上的商品总数进行比较。

(6) 记录销售　在手工会计系统中,记录销售的过程包括区分赊销、现销,按销售发票编制转账凭证或库存现金、银行存款收款凭证,再据以登记销售明细账和应收账款明细账或库存现金、银行存款日记账。

记录销售的控制程序包括以下内容:

① 只依据附有有效装运凭证和销售单的销售发票记录销售。这些装运凭证和销售单应能证明销货交易的发生及其发生的日期。

② 控制所有事先连续编号的销售发票。

③ 独立检查已处理销售发票上的销售金额同会计记录金额的一致性。

④ 记录销售的职责应与前面说明的处理销货交易的其他功能相分离。

⑤ 对记录过程中所涉及的有关记录的接触予以限制,以减少未经授权批准的记录的发生。

⑥ 定期检查应收账款的明细账与总账的一致性。

(7) 办理和记录库存现金、银行存款收入　这项功能涉及的是有关货款收回,库存现金、银行存款的记录以及应收账款减少的活动。在办理和记录库存现金、银行存款收入时,最应关心的是货币资金失窃的可能性。货币资金失窃可能发生在货币资金收入登记入账之前或入账之后。处理货币资金收入时最重要的是要保证全部货币资金都必须如数、及时地记入库存现金、银行存款日记账或应收账款明细账,及时地将库存现金存入银行。在这方面,汇款通知单起着很重要的作用。

(8) 办理和记录销货退回、销货折扣与折让 顾客如果对商品不满意,销货企业一般都会同意接受退货,或给予一定的销货折让;顾客如果提前支付货款,销货企业则可能会给予一定的销货折扣。发生此类事项时,必须经授权批准,并应确保与办理此事有关的部门和职员各司其职,分别控制实物流和会计处理。在这方面,严格使用贷项通知单无疑会起到关键的作用。

(9) 注销坏账 不管赊销部门的工作如何主动,顾客因宣告破产、死亡等原因而不支付货款的事仍时有发生。销货企业若认为某项货款再也无法收回,就必须注销这笔货款。对这些坏账,正确的处理方法应该是获取货款无法收回的确凿证据后,经审批手续后及时做会计调整。

(10) 提取坏账准备 坏账准备提取的数额必须能够抵补企业以后无法收回的本期销货款。

【任务检查】

(1) 什么是业务循环?什么是业务循环审计?
(2) 阐述销售与收款循环中的主要凭证和会计记录。
(3) 阐述销售与收款循环中的主要业务活动。

任务 5.2 销售与收款循环的控制测试

【任务分析】

为了正确处理销售与收款循环业务,保证各种有关记录、凭证的真实可靠,必须建立健全销售与收款循环的内部控制。销售与收款循环的内部控制包括:职责分离控制、授权审批控制、会计记录控制、销售款的催收和定期核对控制、内部检查程序控制。通过抽取一定数量的销售发票、出库单或提库单、会计记录、会计凭证、记账凭证、应收账款明细账等对内部控制进行测试,对其控制风险进行评价,并对其内容作出相应的调整。

【知识准备】

5.2.1 销售与收款循环的内部控制

销售与收款循环的内部控制主要包括以下几个方面:

1) 职责分离控制

适当的职责分离有助于防止各种有意的或无意的错误。例如,接受顾客订货单、填制销售单、批准赊销、发运货物、结算开票、会计记录及账目核对等,必须由不同的职能部门或人员负责办理。明确的职责分工,可保证销售业务处理的有效性和可靠性。

2) 授权审批控制

销售发票和发货单须经企业有关负责部门和人员审核,对顾客的赊销及其销售价格、付款条件、运费和销售退回、折让与折扣等的确定要经过适当的授权批准；对确实无法收回的应收账款,按规定程序批准后,方可作为坏账处理。

3) 会计记录控制

对内部控制来说,只有具备充分的记账手续、充分的凭证和记录,才有可能实现其各项控制目标。例如,有的企业收到顾客订货单就立即编制一份预先编号的一式多联的销售单,分别用于批准赊销、审批发货记录与发货数量以及向顾客开具账单等。

4) 销售款的催收和定期核对控制

应收账款总账、明细账与主营业务收入的总账、明细账等应定期核对。应收账款要有定期核对催收制度。由不负责现金、销售及应收账款记账的人员按月向客户寄送对账单,核对双方的账面记录,便于客户在发现应付账款余额不正确后及时反馈有关信息。对双方账面记录结果的差异指定一位不掌管货币资金也不记录主营业务收入和应收账款账目的人员及时调整处理,按月编制对账情况汇总报告并提交管理层审阅。对于已超过正常信用期限、长时间拖欠货款的客户还要以其他方式催促,使其尽快还款,在必要的情况下调整这类客户的信用限额。

5) 内部检查程序控制

内部检查程序控制是指内部审计人员或其他独立人员核查销货业务的处理和记录,是实现内部控制目标不可缺少的一项控制措施。注册会计师可以采用检查内部审计人员的报告,或其他独立人员在他们检查的凭证上签字等方式实施控制测试。

5.2.2 销售与收款循环内部控制测试

内部控制测试是为了确定内部控制的设计和执行是否有效而实施的审计程序。审计人员可以通过查阅客户的有关制度、材料和文件,结合实地观察及向有关人员调查和询问,了解被审计单位销售与收款循环的内部控制状况,并用适当方法(调查表法、流程图法、文字描述法等)将其记录下来,纳入审计工作底稿。销售与收款循环的内部控制测试主要包括以下内容：

(1) 抽取一定数量的销售发票,作如下检查：

① 检查发票是否连续编号,作废发票的处理是否正确。

② 核对销售发票与销售订单、销售通知单、出库单(或提货单)所载明的品名、规格、数量、价格是否一致。

③ 检查销售通知单上是否有信用部门的有关人员核准赊销的签字。

④ 销售发票中所列的数量、单价和金额是否正确。这包括将销售发票中所列商品的单价与商品价目表的价格进行核对,验算发票金额的正确性。

⑤ 从销售发票追查至有关的记账凭证、应收账款明细账及主营业务收入明细账,确定被审计单位是否正确、及时地登记了有关的凭证、账簿。

(2) 抽取一定数量的出库单或提货单,并与相关的销售发票相核对,检查已发出的商品是否均已向顾客开出发票。

(3) 从主营业务收入明细账中抽取一定数量的会计记录,并与有关的记账凭证、销售发票进行核对,以确定是否存在收入高估或低估的情况。

(4) 抽取一定数量的销售调整业务的会计凭证,检查销售退回、折让、折扣的核准与会计核算,主要包括以下几项:

① 销售退回与折让的批准与贷项通知单的签发职责是否分离。

② 确定现金折扣是否经过适当授权,授权人与收款人的职责是否分离。

③ 检查销售退回和折让是否附有按顺序编号并经主管人员核准的贷项通知单。

④ 检查退回的商品是否具有仓库签发的退货验收报告(或入库单),并将验收报告的数量、金额与贷项通知单等进行核对。

⑤ 确定退货、折扣、折让的会计记录是否正确。

(5) 抽取一定数量的记账凭证、应收账款明细账,作如下检查:

① 从应收账款明细账中抽取一定的记录并与相应的记账凭证进行核对,比较二者登记的时间、金额是否一致。

② 从应收账款明细账中抽查一定数量的坏账注销的业务,并与相应的记账凭证、原始凭证进行核对,确定坏账的注销是否合乎有关法规的规定、企业主管人员是否核准等。

③ 确定被审计单位是否定期与顾客对账,在可能的情况下,将被审计单位一定期间的对账单与相应的应收账款明细账的余款进行核对,如有差异,则应进行追查。

(6) 观察职员获得或接触资产、凭证和记录(包括存货、销售通知单、出库单、销售发票、凭证与账簿、现金及支票)的途径,并观察职员在执行授权、发货、开票等职责时的表现,确定被审计单位是否存在必要的职务分离、内部控制的执行过程中是否存在弊端。

在对被审计单位的内部控制系统进行了必要的了解与测试之后,注册会计师应当对其控制风险做出评价,并对实质性测试的内容做出相应的调整。同时,对测试过程中发现的问题,应当在工作底稿中做出记录,并以适当的形式告知被审计单位的管理当局。

【任务检查】

(1) 销售与收款循环的内部控制主要包括哪些内容?

(2) 阐述销售与收款循环的内部控制测试的内容。

任务 5.3 主营业务收入审计

【任务分析】

主营业务收入核算企业在销售商品、提供劳务及让渡资产使用权等日常活动中所产生的收入。要实现主营业务收入审计目标,必须对主营业务收入进行实质性测试。

【知识准备】

5.3.1 主营业务收入审计目标

主营业务收入是指企业在销售商品、提供劳务及让渡资产使用权等日常活动中所产生的收入。其审计目标一般包括：确定主营业务收入的内容、数额是否合理、正确、完整；确定对销货退回、销售折扣与折让的处理是否适当；确定主营业务收入的会计处理是否正确；确定主营业务收入的披露是否恰当。

5.3.2 主营业务收入实质性测试程序

（1）取得或编制主营业务收入项目明细表，复核加计正确，并与报表数、总账数和明细账合计数核对相符。

（2）查明主营业务收入的确认原则、方法，注意是否符合会计准则和会计制度规定的收入实现条件，前后期是否一致。

① 采用交款提货方式销售，应于货款已经收到或取得收取货款的权利，同时已将发票、账单和提货单交给采购单位时确认收入的实现。注册会计师应检查被审计单位是否收到货款或取得收取货款的权利，并已将发票账单和提货单交付采购单位，特别注意有无扣压结算凭证，将当期收入转入下期入账，或者开假发票，将虚列的收入记账，在下期予以冲销的情况。

② 采用预收账款方式销售，在商品已经发出时，确认收入实现。注册会计师应检查被审计单位是否收到了货款，是否在货物发出之后确认收入，是否存在开具虚假出库凭证，提前确认收入的情况。

③ 采用托收承付结算方式，在商品已经发出、劳务已经提供并已将发票账单提交银行办妥收款手续时确认收入实现。注册会计师应检查被审计单位是否发货，托收手续是否办妥，货物发运凭证是否真实，托收承付结算回单是否正确。

④ 委托其他单位代销商品的，应在代销商品已经销售，并收到代销清单时确认收入实现。注册会计师应查明有无编制虚假代销清单、虚增本期收入的情况。

⑤ 采用分期收款结算方式，应按合同约定的收款日期分期确认收入。注册会计师应检查本期是否收到价款，查明合同约定的本期应收款日期是否真实，是否存在已提前确认的收入不入账、少入账或缓入账的情况。

⑥ 对长期工程合同收入，应根据完工进度或完工合同合理确认收入。注册会计师应审查收入的计算、确认方法是否符合规定，并核对应计收入与实计收入是否一致，查明有无随意确认收入、虚增或虚减本期收入的情况。

⑦ 委托外贸代理出口实行代理制方式的，应在收到外贸企业代办的发运凭证和银行交款凭证时确认收入实现。注册会计师应审查代办发运凭证和银行交款单是否真实，注意查明有无内外勾结，出具虚假发运凭证或虚假银行交款凭证的情况。

⑧ 对外转让土地使用权和销售商品房的，在土地使用权和商品房已经移交，并将发票结算账单提交对方时，确认收入的实现。注册会计师应审查已办理的移交手续是否符合规定要求，发票账单是否已交对方，查明被审计单位有无编造虚假移交手续，采用"分层套写"开具虚假发票的行为，防止其高价出售、低价入账，从中贪污货款。

（3）实施分析性复核。注册会计师应实施分析性复核程序，检查主营业务收入是否有异常变动和重大波动，从而在总体上对主营业务收入的真实性做出初步判断。注册会计师通常在以下几方面作比较分析：

① 将本期与上期的主营业务收入进行比较，分析产品销售的结构和价格的变动是否正常，并分析异常变动的原因。

② 比较本期各月各种主营业务收入的波动情况，分析其变动趋势是否正常，并查明异常现象和重大波动的原因。

③ 计算本期重要产品的毛利率，分析比较本期与上期同类产品毛利率变化情况，注意收入与成本是否配比，并查清重大波动和异常情况的原因。

④ 计算重要客户的销售额及其产品毛利率，分析比较本期与上期有无异常变化。

(4) 审查售价是否合理。注册会计师应当获取产品价格目录，抽查售价是否符合价格政策，并注意销售给关联方或关系密切的重要客户的产品价格是否合理，有无低价或高价结算以转移收入的现象。

(5) 审查主营业务收入的会计处理是否恰当。注册会计师应抽取企业被审计期间内一定数量的销售发票，进行从原始凭证到记账凭证、主营业务收入明细账的全过程审查，核实其记录、过账、加总是否正确，并将抽取的收入与应收账款明细账、库存现金或银行存款日记账、产成品明细账相核对，以进一步确定发货日期、销售数量、品名、单价、金额等是否相符。

(6) 实施销售的截止测试。截止测试是实质性测试中常用的一种具体审计技术，被广泛运用于货币资金、往来款项、存货、长短期投资、主营业务收入和期间费用等项目的审计中，尤以在主营业务收入审计中的运用更为典型。对主营业务收入实施截止测试，其目的主要在于确定被审计单位主营业务收入的会计记录归属期是否正确，应记入本期或下期的主营业务收入是否被推延至下期或提前至本期。

我国《企业会计准则》规定："企业应当合理确认营业收入的实现，并将已实现的收入按时入账。企业应当在发出商品提供劳务，同时收讫价款或者取得索取价款的凭据时，确认营业收入。"根据这一收入确认的基本原则，注册会计师在审计中应该注意把握三个与主营业务收入确认有着密切关系的日期：一是发票开具日期或者收款日期；二是记账日期；三是发货日期（服务业则是提供劳务的日期）。这里的发票开具日期是指开具增值税专用发票或普通发票的日期；记账日期是指被审计单位确认主营业务收入实现并将该笔经济业务记入主营业务收入账户的日期；发货日期是指仓库开具出库单并发出库存商品的日期。检查三者是否归属于同一适当会计期间是营业收入截止测试的关键所在。

(7) 查找未经认可的大额销售。注册会计师应结合对资产负债表日应收账款的函询程序，查明有无未经认可的大额销售。若有，应做出记录并提请被审计单位做出相应调整。

(8) 检查销售折扣、销售退回与折让业务是否真实，内容是否完整，相关手续是否符合规定，折扣与折让的计算和会计处理是否正确。

企业在销售业务中，往往会因产品品种不符、质量不符合要求以及结算方面的原因发生销售折扣、销售退回与折让业务。尽管引起销售折扣、退回与折让的原因不尽相同，其表现形式也不尽一致，但都是对收入的抵减，直接影响收入的确认和计量。因此，注册会计师应重视折扣与折让的审计。

(9) 检查有无特殊的销售行为。对于特殊的销售行为，如附有销售退回条件的商品销售、委托代销、售后回购、以旧换新、商品需要安装和检验的销售、分期收款销售、出口销售、售后租回等,应确定恰当的审计程序进行审核。

(10) 确定主营业务收入是否在利润表上恰当披露。注册会计师应审查利润表中主营业务收入项目、数字是否与审定数相符,主营业务收入确认所采用的会计政策是否已在会计报表附注中披露。

【任务检查】

(1) 阐述主营业务收入审计的目标。
(2) 阐述主营业务收入实质性测试程序。

任务 5.4 应收账款审计

【任务分析】

应收账款是指企业因销售商品、产品或提供劳务而形成的债权,即由于企业销售商品、产品或提供劳务等原因,应向采购客户或接受劳务的客户收取的款项或代垫的运杂费,是企业在信用活动中所形成的各种债权性资产。

企业的应收账款是在销货业务中产生的。企业的销售如果属于赊销,即销售实现时没有立即收取现款,而是获得了要求客户在一定条件下和一定时间内支付货款的权力,就产生了应收账款。因此,应收账款的审计应结合销货业务来进行。

【知识准备】

5.4.1 应收账款的审计目标

应收账款的审计目标一般包括:确定应收账款是否存在;确定应收账款是否归被审计单位所有;确定应收账款增减变动的记录是否完整;确定应收账款是否可收回,坏账准备的计提方法和比例是否恰当,坏账准备的计提是否充分;确定应收账款和坏账准备期末余额是否正确;确定应收账款和坏账准备在会计报表上的披露是否恰当。

5.4.2 应收账款的实质性测试程序

1) 获取或编制应收账款明细表

注册会计师首先应获取或编制应收账款明细表,复核是否正确,并与报表数、总账数和明细账合计数核对相符。

2) 分析应收账款账龄

应收账款的账龄,是指资产负债表中的应收账款从销售实现,产生应收账款之日起,至资产负债表日止所经历的时间。编制应收账款账龄分析表时,可以选择重要的顾客及其余额列示,不重要的或余额较小的,可以汇总列示。注册会计师可以通过编制或获取应收账款账龄分析表来分析应收账款的账龄,以便了解应收账款的可收回性。

3) 向债务人函证应收账款

应收账款函证就是直接发函给被审计单位的债务人,要求核实被审计单位应收账款的记录是否正确的一种审计方法。函证应收账款的目的是证实应收账款账户余额的真实性、正确性,防止或发现被审计单位及其有关人员在销售业务中发生的差错或弄虚作假、营私舞弊行为。询证函由注册会计师利用被审计单位提供的应收账款明细账户名称及客户地址编制,但询证函的寄发一定要由注册会计师亲自进行。

(1) 函证的范围和对象 注册会计师不需要对被审计单位所有的应收账款进行函证。函证数量的大小、范围是由诸多因素决定的,主要有以下几个方面:

① 应收账款在全部资产中的比重:如果应收账款在全部资产中所占的比重较大,则函证的范围应相应大一些。

② 被审计单位内部控制的强弱:如果内部控制制度较健全,则可以相应减少函证量;反之,则应相应扩大函证范围。

③ 以前年度的函证结果:若以前年度函证中发现过重大差异,或欠款纠纷较多,则函证范围应相应扩大一些。

④ 函证方式的选择:若采用肯定式函证,则可以相应减少函证量;若采用否定式函证,则要相应增加函证量。

一般情况下,注册会计师应选择以下项目作为函证对象:大额或账龄较长的项目;与债务人发生纠纷的项目;关联方项目;余额为零的项目;非正常的项目。

(2) 函证的方式 函证方式分为肯定式函证和否定式函证两种。

① 肯定式函证:又称正面式、积极式函证,就是向债务人发出询证函,要求其证实所函证的欠款是否正确,无论对错都要求复函。财政部、中国人民银行制订的肯定式询证函参考格式如下:

企业询证函

(公司)　　　　　　　　编号　　　　日

本公司聘请的××会计师事务所正在对本公司会计报表进行审计,按照《中国独立审计准则》的要求,应当询证本公司与贵公司的往来账项等事项。下列数据出自本公司账簿记录,如与贵公司记录相符,请在本函下端"数据证明无误"处签章证明;如有不符,请在"数据不符"处列明不符金额。回函请直接寄至××会计师事务所。

通信地址:

邮编:　　　　　　　　电话:　　　　　　　　传真:

1. 本公司与贵公司的往来账项列示如下:

截止日期	贵公司欠本公司	本公司欠贵公司	备注

2. 本函仅为复核账目之用,并非催款结算。若款项在上述日期之后已经付清,仍请及时函复为盼。

(公司签章)(日期)

结论：1. 数据证明无误

(签章)(日期)

2. 数据不符,请列明不符金额

(签章)(日期)

② 否定式函证：又称反面式、消极式函证,它也是向债务人发出询证函,但所函证的款项相符时不必复函,只有在所函证的款项不符时才要求债务人向注册会计师复函。

注册会计师采用哪种函证方式,可以根据下述情形做出选择：

当债务人符合下列情况时,采用肯定式函证较好：被审计单位个别账户的欠款金额较大;注册会计师有理由相信欠款可能会存在争议、差错等问题。

当债务人符合以下所有条件时,可以采用否定式函证：相关的内部控制是有效的,固有风险和控制风险评估为低水平;预计差错率较低;欠款余额小的债务人数量很多;注册会计师有理由确信大多数被函证者能认真对待询证函,并对不正确的情况予以反馈。

有时候两种函证方式结合起来使用可能更适宜：对于大金额账项采用肯定式函证,对于小金额账项则采用否定式函证。

(3) 函证时间的选择　为了充分发挥函证的作用,通常应选择与资产负债表日接近的时间进行函证。

(4) 函证的控制　注册会计师应直接控制询证函的发送和回收。对于因无法投递而退回的信函要进行分析、研究、处理,查明是由于被函证者地址迁移、差错而致使信函无法投递,还是这笔应收账款本来就是一笔假账。对于采用肯定式函证方式未回函的,可再次复询,由注册会计师发出第二封甚至第三封询证函。如果仍然得不到答复,注册会计师应考虑采用必要的替代审计程序。例如检查与销售有关的文件,包括销售合同、销售订单、销售发票副本及发运凭证等,以验证这些应收账款的真实性。

(5) 函证结果差异的分析　收回的询证函中如有差异,注册会计师应查明原因做出记录或适当调整。产生差异的原因主要有以下几种：

① 购销双方入账的时间存在差异(即未达账项)。具体包括：债务人已经付款,而被审计单位尚未收到款项;被审计单位已经发出货物,并登记了应收账款,债务人尚未收到货物,因此也未确认应付款项;债务人由于种种原因已将货物退回,并冲减了应付款项,而被审计单位尚未收到货物,也未对应收账款做出调整;债务人对收到的货物的数量、规格等不满意而全部或部分拒付。

② 购销一方或双方存在记账差错或舞弊行为。

4) 检查已收回账款

请被审计单位协助,在应收账款明细表上标出至审计时已收回的应收账款金额。对已收回金额较大的款项进行常规检查,如核对收款凭证、银行对账单、销售发票等,并注意凭证发生日期的合理性。

5) 检查未函证应收账款

由于注册会计师不可能对所有应收账款进行函证,因此,对于未函证应收账款,注册会计师应抽查有关原始凭据,如销售合同、销售订单、销售发票副本及发运凭证等,以验证与其相关的这些应收账款的真实性。

6) 检查坏账的确认和处理

首先,注册会计师应检查有无因债务人破产或者死亡,以破产或以遗产清偿后仍无法收回的应收账款,或者债务人长期未履行清偿义务的应收账款。其次,应检查被审计单位坏账的处理是否经授权批准,有关会计处理是否正确。

7) 抽查有无不属于结算业务的债权

不属于结算业务的债权,不应在应收账款中进行核算。因此,注册会计师应抽查应收账款明细账,并追查有关原始凭证,查证被审计单位有无不属于结算业务的债权。如有,应做记录或建议被审计单位作适当调整。

8) 检查外币应收账款的折算

对于用非记账本位币(通常为外币)结算的应收账款,注册会计师应检查被审计单位外币应收账款的增减变动是否按业务发生时的市场汇率或期初市场汇率折合为记账本位币金额,所选折合汇率前后各期是否一致;期末外币应收账款余额是否按期末市场汇率折合为记账本位币金额;折算差额的会计处理是否正确。

9) 分析应收账款明细账余额

应收账款明细账的余额一般在借方。在分析应收账款明细账余额时,注册会计师如果发现应收账款出现贷方明细余额的情形,就应查明原因,必要时建议作分类调整。

10) 检查应收账款在资产负债表上是否已恰当披露

注册会计师应检查被审计单位的资产负债表上是否恰当地披露了应收账款。

5.4.3 坏账准备审计

坏账是指企业无法收回或收回的可能性极小的应收款项(包括应收账款和其他应收款)。由于发生坏账而产生的损失称为坏账损失。

企业通常应采用备抵法按期估计坏账损失,形成坏账准备。与直接转销法相比,备抵法将预计不能收回的应收款项作为坏账损失及时计入费用,能够避免企业虚增利润;在会计报表上列示应收款项的净额,有助于会计报表使用者了解企业真实的财务状况,并且使得应收款项实际占用资金更接近实际,消除了虚列的应收款项,有利于加快企业资金周转,提高企业经济效益。

坏账准备的实质性测试程序一般包括以下几项:

(1) 审查坏账准备的计提 注册会计师主要应查明坏账准备的计提方法和比例是否符合制度规定,计提的数额是否恰当,会计处理是否正确,前后期是否一致。

(2) 审查坏账损失 对于被审计期间内发生的坏账损失,注册会计师应检查其原因是否清楚,是否符合有关规定,有无授权批准,有无已作坏账损失处理后又重新收回的应收款项,相应的会计处理是否正确。

(3) 审查长期挂账应收账款　注册会计师应审查应收账款明细账及相关原始凭证,查找有无会计报表日后仍未收回的长期挂账应收账款,如有,应提请被审计单位做适当处理。

(4) 检查函证结果　对债务人回函中反映的例外事项及存在争执的余额,注册会计师应查明原因并做记录,必要时应建议被审计单位作相应的调整。

(5) 执行分析性复核程序　通过计算坏账准备余额占应收款项余额的比例,并和以前期间的相关比例核对,检查分析其重大差异,以发现有重要问题的审计领域。

(6) 确定坏账准备的披露是否恰当　企业应当在会计报表附注中清晰地说明坏账的确认标准、坏账准备的计提方法和计提比例,并应区分应收账款和其他应收款项目,按账款披露坏账准备的期末余额。

5.4.4　其他相关账户审计

在销售与收款循环中,除以上介绍的会计报表项目或会计科目之外,还有应收票据、预收账款、应交税费、其他应交款、营业税金及附加、销售费用和其他业务利润(包括其他业务收入与其他业务成本)等项目。对这些项目审计的阐述,一般只直接列示其相应的实质性测试审计程序。

1) 应收票据审计

如果企业销售实现时没有收到现款,而是收到了客户的商业汇票,包括商业承兑汇票和银行承兑汇票,便产生了应收票据。应收票据是以书面形式表现的债权资产,其款项具有一定的保证,经持有人背书后可以提交银行贴现,具有较大的灵活性。由于应收票据是在企业赊销业务中产生的,因此对应收票据的审计也必须结合赊销业务一起进行。

应收票据的实质性测试程序如下:

(1) 获取或编制应收票据明细表　注册会计师获取或编制应收票据明细表,复核加计正确,并核对其期末余额合计数与报表数、总账数和明细账合计数是否相符。

(2) 监盘库存票据　注册会计师监盘库存票据时,应注意票据的种类、号数、签收的日期、到期日、票面金额、合同交易号、付款人、承兑人、背书人姓名或单位名称,以及利率、贴现率、收款日期、收回金额等是否与应收票据登记簿的记录相符,是否存在已作抵押的票据和银行退回的票据。

(3) 函证应收票据　必要时,抽取部分票据向出票人函证,以证实应收票据的存在性和可收回性,并编制函证结果汇总表。

(4) 审查应收票据的利息收入　如果注册会计师计算的应计利息金额与账面所列金额不符,则应加以分析,特别要对"财务费用——利息收入"账户中那些与应收票据账户中所列任何票据均不相关的贷方金额加以注意,因为这些贷方项目可能代表据以收取利息的票据未曾入账。

(5) 审查已贴现的应收票据　对于已贴现的应收票据,注册会计师应审查其贴现额与贴现息的计算是否正确,会计处理方法是否适当。

(6) 确定应收票据在会计报表上的披露是否恰当　注册会计师应检查被审计单位资产

负债表中应收票据项目的数额是否与审定数相符,是否删除了已贴现票据;在会计报表附注中应披露的内容是否充分。

2) 预收账款审计

预收账款是在企业销售业务成立以前,预先收取的部分货款。由于预收账款是随着企业销货业务的发生而发生的,注册会计师应结合企业销售业务对预收账款进行审计。预收账款的实质性测试程序一般包括:

(1) 获取或编制预收账款明细表,复核加计是否正确,并核对其期末余额合计数与报表数、总账数和明细账合计数是否相符。

(2) 请被审计单位协助,在预收账款明细表上标出截至审计日止已转销的预收账款,对已转销金额较大的预收账款进行检查,核对记账凭证、仓库发运凭证、销售发票等,并注意这些凭证发生日期的合理性。

(3) 抽查预收账款有关的销售合同、仓库发运凭证、收款凭证,检查已实现销售的商品是否及时转销预收账款,确保预收账款期末余额的正确性和合理性。

(4) 选择预收账款的若干重大项目函证,根据回函情况编制函证结果汇总表。

函证测试样本通常应考虑选择大额或账龄较长的项目、关联方项目以及主要客户项目。对于回函金额不符的,应查明原因并做出记录或建议被审计单位作适当调整;对于未回函的,应再次函证或通过检查资产负债表日后已转销的预收账款是否与仓库发运凭证、销售发票相一致等替代程序,确定其是否真实、正确。

(5) 检查预收账款是否存在借方余额,是否决定建议作分类调整。

(6) 检查预收账款长期挂账的原因,并做出记录,必要时提请被审计单位予以调整。

(7) 检查预收账款是否已在资产负债表上作恰当披露。

3) 应交税费审计

企业形成销售收入和实现利润后,要交纳各种税金,对税金的核算,在权责发生制的基础上,形成应交税费;实际交纳税金后,再从该账户转出。企业交纳的主要税种为增值税和所得税,它们与企业的销售业务关系较为密切,尤其是增值税中的销项税,对其审计应放在销售与收款循环中。应交税费的实质性测试程序如下:

(1) 获取或编制应交税费明细表,复核其加计数是否正确,并核对其期末余额与报表数、总账数和明细账合计数是否相符。注意印花税、耕地占用税等有无误入应交税费项目。

(2) 审查被审计单位纳税的相关规定,应获取的纳税通知书及征、免、减税的批准文件,了解被审计单位适用的税种、计税基础、税率,以及征、免、减税的范围与期限,确认其在被审计期间内的应纳税的内容。对重要的减、免、抵、退税收批文应索取复印件,作为审计工作底稿。

(3) 检查应交增值税的计算是否正确。获取或编制应交增值税明细表,加计复核其正确性,并与明细账核对相符。将"应交增值税明细表"与"企业增值税纳税申报表"核对,检查进项、销项的入账与申报期间是否一致,金额是否相符,对销项税的复核可以结合主营业务收入明细表来进行。

复核国内采购物、进口货物、购进的免税产品、接受投资或捐赠、通过非货币性交易取得的存货、接受应税劳务等应计的进项税额是否按规定进行了会计处理。

复核存货销售,非货币性交易换出的存货,或将存货用于投资、无偿赠与他人、分配给股东或投资人应计的销项税额,以及将自产、委托加工的产品用于非应税项目应计的销项税额的计算是否正确,是否按规定进行了会计处理。

复核因存货改变用途或发生非常损失应计的进项税额转出数的计算是否正确,是否按照有关规定进行了会计处理;检查出口货物退税的计算是否正确,是否进行了合理的会计处理。

对营业税金及附加的审计最好与应交增值税的审计结合起来,因营业税金及附加的计税基数绝大多数为本期应交的增值税,根据增值税审定表来计算核定企业营业税金及附加是否正确。

(4) 审查企业应交的所得税。确定所得税的应交金额和税率,复核应缴企业所得税的计算是否正确,是否按有关规定进行了会计处理;是否存在偷逃税款的行为,有无乱用所得税的优惠政策。

(5) 确定应交税费是否已在资产负债表上作恰当披露。

4) 其他应交款审计

其他应交款包括教育费附加、矿产资源补偿费、其他暂收及应付款等应交款项。其他应交款的实质性测试程序如下:

(1) 获取或编制其他应交款明细表,复核其加计数是否正确,并核对其期末余额合计数与报表数、总账数和明细账合计数是否相符。

(2) 了解被审计单位其他应交款的种类、计算基础与税费率,注意其前后期是否一致。

(3) 结合营业税金及附加和其他业务利润等项目,检查教育费附加等的计算是否正确,是否按规定进行了会计处理。

(4) 抽查上交款项是否与银行付款通知、税务机关缴款单或收款单位单据相符,相关的会计处理是否正确。

(5) 检查其他应交款在资产负债表上的披露是否恰当。

5) 营业税金及附加审计

营业税金及附加是指企业由于销售产品、提供工业性劳务等负担的税金及附加,包括营业税、消费税、城市维护建设税、资源税、土地增值税和教育费附加等。对营业税金及附加的实质性测试,应在查明被审计单位应交纳的税种基础上结合"营业税金及附加"总账、明细账与有关原始凭证,以及与该账户对应的"应交税费"、"其他应交款"等账户进行检查,必要时,应向有关部门、单位和人员进行查询。营业税金及附加的实质性测试程序主要包括:

(1) 取得或编制营业税金及附加明细表,复核加计正确,并与报表数、总账数和明细账合计数核对相符。

(2) 确定被审计单位的纳税范围与税种是否符合国家规定。

(3) 根据审定的当期应纳营业税的主营业务收入,按规定的税率,分项计算、复核本期应纳营业税税额。

(4) 根据审定的应税消费品销售额(或数量),按规定适用的税率,分项计算、复核本期应纳消费税税额。

(5) 根据审定的应税资源税产品的课税数量,按规定适用的单位税额,计算、复核本期应纳资源税税额。

(6) 检查城市维护建设税、教育费附加等项目的计算依据是否和本期应纳增值税、营业税、消费税合计数一致,并按规定适用的税率或费率计算、复核本期应纳城建税、教育费附加等。

(7) 审核各项税费与应交税费、其他应交款等项目的勾稽关系。

(8) 确定被审计单位减免税的项目是否真实,理由是否充分,手续是否完备。

(9) 确定营业税金及附加是否已在利润表上作恰当披露。

6) 销售费用审计

销售费用是指企业在销售商品过程中发生的费用。销售费用的实质性测试程序主要包括:

(1) 获取或编制销售费用的明细表,复核加计正确,与报表数、总账数及明细账合计数核对相符,并检查其明细项目的设置是否符合规定的核算内容与范围,是否划清了销售费用和其他费用的界限。

(2) 检查销售费用各项目开支标准是否符合有关规定,开支内容是否与被审计单位的产品销售等活动有关,计算是否正确。

(3) 将本期销售费用与上期销售费用进行比较,并将本期各月的销售费用进行比较,如有重大波动和异常情况应查明原因,并作适当处理。

(4) 选择重要或异常的销售费用,检查其原始凭证是否合法,会计处理是否正确,必要时,对销售费用实施截止测试,检查有无跨期入账的现象,对于重大跨期项目应建议作必要调整。

(5) 检查销售费用是否已在利润表上恰当披露。

(6) 检查销售费用的结转是否正确、合规,查明有无多转、少转或不转销售费用,以及人为调节利润的情况。

7) 其他业务利润审计

在一般情况下,其他业务利润具有不经常、不定期、数额不稳定的特点。其他业务利润项目包括"其他业务收入"和"其他业务成本"两个账户。其他业务利润的实质性测试程序主要包括:

(1) 获取或编制其他业务收支明细表,复核加计正确,与报表数、总账数和明细账合计数核对相符,并注意其他业务收入是否有相应的业务支出数。

(2) 与上期其他业务利润比较,了解重大波动的原因,分析其合理性。

(3) 抽查大额其他业务收支项目。注册会计师应根据其他业务收支明细表,抽查大额其他业务收支项目,检查原始凭证是否齐全,有无授权批准,会计期间划分是否恰当,会计处理是否正确。注意其他业务收入的内容是否真实、合法,是否符合收入实现原则;其他业务成本的内容(包括相关的成本、税金、费用)是否真实,计算是否正确,是否符合配比原则。

(4) 检查异常的其他业务收支项目,追查其入账依据及有关法律性文件是否充分。

(5) 检查其他业务利润是否已在利润表上恰当披露。

【任务检查】

(1) 阐述应收账款审计的目标。

(2) 阐述应收账款的实质性测试程序。

(3) 函证的主要方式有哪些?

【项目小结】

销售与收款循环是指企业将产品或劳务提供给客户并收取价款的过程。该循环包括接受客户订货、发出货物、收取价款等环节,涉及资产负债表中的应收票据、应收账款、预收账款、应交税费、其他应交款等项目,涉及利润表中的营业收入、营业税金及附加、销售费用、营业利润等项目。销售与收款循环主要包括两部分内容:一是本循环中的主要业务内容;二是本循环中所审计的主要凭证和会计记录。销售与收款循环的内部控制主要包括:职责分离控制、授权审批控制、会计记录控制、销售款的催收和定期核对控制、内部检查程序控制等。通过对主营业务收入的实质性测试程序实现主营业务收入审计目标:确定收入是否发生;确定收入是否记录;取定收入记录是否恰当;确定收入是否在报表中恰当列报。通过对应收账款的实质性程序实现应收账款审计目标:确定应收账款是否存在;确定应收账款是否归被审计单位所有;确定是否记录;确定是否可收回;确定坏账准备的计提方法和计提比例是否恰当;确定其期末余额是否正确;确定其是否在财务报表中正确列报等。

【能力训练】

一、单项选择题

1. 应收账款询证函应由( )签章。

    A. 注册会计师　　　　　　　　B. 会计师事务所

    C. 被审计单位　　　　　　　　D. 被审计单位的总经理

2. 应收账款询证函的回函应当寄给( )。

    A. 被审计单位

    B. 会计师事务所

    C. 被审计单位,并由被审计单位转交给会计师事务所

    D. 被审计单位或会计师事务所均可以

3. 下列凭证中,不属于销售与收款循环的是( )。

    A. 销售发票　　　B. 发货单　　　C. 销售单　　　D. 存货盘点表

4. 检查发货单、销售发票是否事先编号并按编号的先后顺序使用,是为了检验主营业务收入的( )。

    A. 存在或发生　　B. 完整性　　　C. 权利与义务　　D. 计价与分摊

5. 为了确保销售业务记录的真实性,审计人员应从( )中抽取几笔分录进行测试。
   A. 发运凭证　　　　　　　　　B. 主营业务收入明细账
   C. 销售发票　　　　　　　　　D. 客户订单

6. 审计人员实施销售收入截止测试的目的是( )。
   A. 确定已入账销售业务的真实性
   B. 确定主营业务收入的数额是否正确
   C. 查找未入账的销售业务
   D. 确定主营业务收入的会计记录归属是否正确

二、多项选择题

1. 审计人员抽样审查销售发票时,应当核对的文件、资料包括( )。
   A. 相关的销售单　　　　　　　B. 相关的客户订货单
   C. 相关的发运凭证　　　　　　D. 相关的账户记录

2. 肯定式函证主要适用于以下情况( )。
   A. 个别账户的欠款金额较大
   B. 有理由相信欠款可能存在争议、差错或问题
   C. 相关的内部控制是有效的,重大错报风险评估为低水平
   D. 预计差错率较低

3. 审计人员在确定应收账款函证样本数量的大小、范围时应考虑的因素有( )。
   A. 应收账款在全部资产中所占的比重
   B. 被审计单位内部控制的强弱
   C. 以前年度的函证结果
   D. 函证方式的选择

4. 以下各项中,属于主营业务收入审计的内容包括( )。
   A. 审查主营业务收入的会计处理是否正确
   B. 测试主营业务收入的销售截止是否正确
   C. 查明主营业务收入的确认原则和方法是否正确
   D. 检查产品销售退回、折让和折扣是否经授权批准,是否真实、合法并及时入账

5. 在对特定期间的主营业务收入进行审计时,注册会计师应重点关注的与被审计单位主营业务收入确认有密切关系的日期包括( )。
   A. 销售截止测试实施日期　　　B. 开具发票的日期或者收款日期
   C. 登记主营业务收入明细账的日期　　D. 发货日期或提供劳务日期

6. 由于购销双方登记入账的时间不同,而使注册会计师收回的询证函产生差异,其主要表现包括( )。
   A. 货物仍在途中
   B. 债务人拒付货款
   C. 记账错误
   D. 债务人在函证日前已付款,而被审计单位在函证日前尚未收到款项

三、实训题

1. 注册会计师张某和李某于 2013 年 12 月 1—7 日对甲公司销售和收款循环的内部控制进行了了解和测试,并在相关审计工作底稿中记录了了解和测试的事项,摘录如下:

(1) 甲公司产成品发出时,由销售部填制一式四联的销售单。仓库发出产成品后,将第一联留存登记产成品卡片,第二联交销售部留存,第三联、第四联交会计部门由会计人员乙登记产成品总账和明细账。

(2) 会计人员戊负责开具的销售发票。在开具销售发票前,先取得仓库的发货记录和销售商品价目表,然后填写销售发票的数量、单价和金额。

要求:根据上述摘录,请代注册会计师张某和李某指出甲公司在销售与收款循环内部控制方面的缺陷,并提出改进措施。

2. 甲公司 2013 年 12 月 31 日应收账款的部分明细资料如表 5.1 所示。

表 5.1 甲公司应收账款的部分明细资料

客户名称	摘要	销售发票号	账龄	金额(万元)
A	整机销售	0021322	5 个月	1 250 000
B	整机销售	0021418	3 个月	180 000
C	部件、加工	0020199	1 年	320 000
D	部件销售	0009122	2 年零 3 个月	85 000
E	零件销售	0021176	6 个月	580 000
F	整机销售	0010127	2 年	100 000
G	整机销售	0021008	9 个月	1 480 000

要求:如果注册会计师决定对上述顾客进行函证,准备采用肯定式函证和否定式函证两种方法。试说明上述 7 个账户中哪些使用肯定式函证?哪些使用否定式函证?并简单说明理由。

项目 6　采购与付款循环审计

【学习目标】

- 知识目标
  (1) 了解采购与付款循环的主要业务活动内容。
  (2) 掌握采购与付款循环的内部控制内容及符合性测试程序。
  (3) 掌握应付账款、固定资产、累计折旧的实质性测试程序。
- 能力目标
  (1) 能评估采购与付款循环的内部控制。
  (2) 能对采购与付款循环实施控制测试。
  (3) 能对应付账款实施实质性程序。
  (4) 能对固定资产实施实质性程序。

【引导案例】

审计人员在审查某企业"应付账款"项目时,发现有两笔长期挂账的应付账款。其中应付 A 公司 300 万元,账龄 2 年半;应付 B 公司 200 万元,账龄 1 年半,且均未附有关的原始凭证。审计人员就此问题询问了被审计单位的有关人员,被审计单位无法提供充分的证据,证明这两笔经济业务的经济性质。审计人员向 A 公司和 B 公司寄送了询证函。A 公司回函称,该笔账款已于 2 年前收回,而 B 公司没有回函。审计人员通过进一步调查得知,B 公司并不存在。据此,审计人员判定上述两次应付账款均不存在,于是提请被审计单位进行补充会计处理,并对会计报表相关项目的数据进行调整。被审计单位同意进行有关改正。审计人员将该情况和被审计单位的处理情况详细记录于审计工作底稿,同时考虑到两笔负债计金额较大,遂采用沟通函的方式通知了被审计单位管理当局。

根据上述资料,分析:

对虚列应付账款采购业务该如何审计?

任务 6.1　认知采购与付款循环审计

【任务分析】

注册会计师对采购与付款循环审计,实际上是在业务流程层面使用循环法对采购与付款循环的认定层次的重大错报风险进行评估和应对。

在评估采购与付款循环的认定层次的重大错报风险时,需要了解规范的采购与付款循环涉及的主要凭证与会计记录;熟悉其主要业务活动并明确采购与付款循环的审计目标。

【知识准备】

采购与付款循环是企业生产经营活动中购置商品和劳务的付款。本项目主要介绍三个部分的内容:一是本循环所涉及的主要凭证和会计记录;二是循环中的主要业务活动;三是循环的主要审计目标。

6.1.1 采购与付款循环中的主要凭证和会计记录

采购与付款业务通常要经过"请购—订货—验收—付款"这样的程序。同销货与收款业务一样,在内部控制比较健全的企业,处理采购与付款业务通常也需要使用很多凭证和会计记录。采购与付款循环所涉及的主要凭证和会计记录有以下几种:

1)请购单

请购单是由商品制造、资产使用等部门的有关人员填写,送交采购部门申请购买商品、劳务或其他资产的书面凭证。

2)订购单

订购单是由采购部门填写,向另一企业购买订购单上所指定商品、劳务或其他资产的书面凭证。

3)验收单

验收单是收到商品、资产时所编制的凭证,列示从供应商处收到的商品、资产的种类和数量等内容。

4)卖方发票

卖方发票是供应商开具的,交给买方以载明发运的货物或提供的劳务、应付款金额和付款条件等事项的凭证。

5)付款凭单

付款凭单是采购方企业的应付凭单部门编制的,载明已收到商品、资产或接受劳务的厂商、应付款金额和付款日期的凭证。付款凭单是企业内部记录和支付负债的授权证明文件。

6)转账凭证

转账凭证是指记录转账业务的记账凭证,它是根据有关转账业务(即不涉及现金、银行存款收付的各项业务)的原始凭证编制的。

7)付款凭证

付款凭证包括现金付款凭证与银行存款付款凭证,是指用来记录现金和银行存款支出业务的记账凭证。

8)应付账款明细账、库存现金日记账和银行存款日记账

应付账款明细账是按供货单位设置的,用来记录企业向各供货单位的赊购余额、货款支付及应付账款余额等内容。

9) 卖方对账单

卖方对账单是由供货方按月编制的,标明期初余额、本期购买、本期支付给卖方的款项和期末余额的凭证。卖方对账单是供货方对有关业务的陈述,如果不考虑买卖双方在收发货物上可能存在的时间差等因素,其期末余额通常与采购方相应的应付账款的期末余额一致。

6.1.2 采购与付款循环中的主要业务活动

企业应将各项职能活动指派给不同的部门或职员来完成。这样,每个部门或职员都可以独立检查其他部门和职员工作的正确性。下面以采购商品为例,分别阐述采购与付款循环中的主要环节。

1) 请购商品

仓库负责对需要购买的已列入存货清单的项目填写请购单,其他部门也可以对所需要购买的未列入存货的项目编制请购单。大多数企业对正常经营所需物资的购买均作一般授权;但对资本支出和租赁合同,企业政策则通常要求作特别授权,只允许指定人员提出请购。请购单可由手工或计算机编制,由于企业内不少部门都可以填列请购单,不便事先编号,为加强控制,每张请购单必须经过对这类支出负预算责任的主管人员签字批准。

2) 编制订购单

采购部门在收到请购单后,对经过批准的请购单发出订购单。对每张订购单,采购部门应确定最佳的供应来源。对一些大额、重要的采购项目,应采取竞价方式来确定供应商,以保证供货的质量、及时性和成本的低廉。

3) 验收商品

验收部门首先应比较所收商品与订购单上的要求是否相符,然后再盘点商品并检查商品有无损坏。验收后,验收部门应对已收货的每张订购单编制一式多联、预先编号的验收单,作为验收和检验商品的依据。

4) 储存已验收的商品存货

将已验收商品的保管与采购的其他职责相分离,可减少未经授权的采购风险。存放商品的仓储区应相对独立,限制无关人员接近。

5) 编制付款凭单

货物验收后,应核对采购单、验收单和供货发票的一致性,确认负债,编制付款凭单,并将经审核的付款凭单,连同每日的凭单汇总表一起,送到会计部门,以编制有关记账凭证和登记有关明细账和总账账簿。

6) 付款

公司在准备付款前,应核对付款条件,并检查资金是否充足。在签发支票的同时登记支票簿和日记账,以便登记每一笔付款。已签发的支票连同有关发票、合同凭证应送交有关负责人审核签字,并将支票送交供应商。这一环节是付款活动的关键环节,应采用邮寄或其他方式以保证支票安全地送达供应商。

7) 会计记录

根据付款凭单、支票登记簿、付款日记账和有关记账凭证登记相关明细账和总账账簿。

6.1.3　采购与付款循环的审计目标

采购与付款循环审计主要针对应付账款、应付票据、预付账款进行审查,以获得完整的审计证据。

(1) 审查采购与付款业务的账面记录存在的完整性。审查有无少记、漏记或虚构负债业务等会计资料错弊。

(2) 审查采购与付款业务记录的资产是否归被审计单位所有,记录的负债是否属于被审计单位承担的义务。

(3) 审查采购与付款循环的估价或分摊是否正确,主要确定采购金额与付款金额是否一致,再者确定采购与付款涉及的账户期末余额是否正确。

(4) 审查采购与付款业务的相关项目,是否在资产负债表上披露,用以检查原材料、物料用品和应付账款等项目的汇总的恰当性,从而证实资产负债表的真实性。

【任务检查】

(1) 简述采购与付款循环中的主要凭证和会计记录。
(2) 简述采购与付款循环中的主要业务活动。
(3) 简述采购与付款循环的审计目标。

任务6.2　采购与付款循环的控制测试

【任务分析】

在评估采购与付款循环认定层次重大错报风险时,如果预期控制是健全的,运行是有效的,则审计人员应当对其进行控制测试,就控制在相关期间或时点的运行有效性获取充分、适当的审计证据。采购与付款循环的内部控制审计主要包括职责分离控制、请购控制、订货控制、验收控制、应付账款控制和付款控制六个部分。

如果控制测试的结果表明某认定的控制运行有效,能够支持低水平的重大错报风险评估结论,意味着审计人员对其有较高程度的信赖,则只需从采购与收款交易和余额的实质性程序中获取较低程度的保证,适当减少实施实质性程序的样本量;反之,则要获取较高程度的保证,需要增加实施实质性程序的样本量。

【知识准备】

6.2.1　职责分离控制

采购业务环节中所需处理的主要业务有:确定生产和销售的需要,寻求能满足这些需要的供应商和最低的价格,向供应商发出采购订单,检验收到的货物,确定是否接受货物,向供应商退回货物,储存或使用货物,进行会计记录,核准付款等。在这些业务中,需要职务分离的有:生产和销售部门对原料、物品和商品的需要必须由生产或销售部门提出,采购部门采购;付款审批人和付款执行人不能同时办理寻求供应商和索价业务;货物的采购人不能同时担任货物的验收工作;货物的采购、储存和使用人不能担任账务的记录工作;接受各种业务的部门或主管这些业务的人应尽可能地同账簿记录人分离;审核付款的人应同付款人职务分离;记录应付账款的人不能同时担任付款业务。

6.2.2 请购控制

提出货物和劳务请购需要是采购环节的第一步。一个企业可以有若干不同的请购制度,对不同的需要有不同的规定和提出请购的方法。

1) 原材料或零配件购进

一般首先由生产部门根据生产计划或即将签发的生产通知单提出请购单。材料保管人员接到请购单后,应将材料保管卡上记录的库存数同生产部门需要的数量进行比较。当生产所需材料和仓储所需后备数量合计已超过库存数量时,则应同意请购。

2) 临时性物品的购进

请购临时性物品通常由使用者而不需经过仓储部门直接提出,由于这种需要很难列入计划之中,因此,使用者在请购单上一般要对采购需要作出描述,解释其目的和用途,这种请购单须由使用者的部门主管审批同意,并须经资金预算的负责人同意签办采购手续。

6.2.3 订货控制

无论何种需要的请购,采购部门在收到请购单后,在最终发出采购订单之前,都应明确订购多少、向谁订购、何时采购等问题。

(1) 在订购多少的控制方面,采购部门首先应对每一份请购单审查其请购数量是否在控制限额的范围内。其次是检查使用物品和获得劳务的部门主管是否在请购单上签字同意。对于需大量采购的原材料、零配件等,必须作各种采购数量对成本影响的成本分析;其内容是将各种请购项目进行有效的归类;然后利用经济批量法来测算成本。

(2) 关于向谁订购的问题,采购部门在正式填制采购订单前,必须向不同的供应商(通常要求两家以上)索取供应物品的价格、质量指标、折扣和付款条件以及交货时间等资料,比较不同供应商所提供的资料,选择最有利于企业生产和成本最低的供应商,与之签订合同。

(3) 关于何时订货问题,主要由存货管理部门运用经济批量法分析最低存货点来确定,而不是由采购部门确定。当请购单已提出,采购部门应将这些请购单的处理结果及时告知仓储和生产部门。

上述三个方面的决定做出之后,采购部门应及时填制采购订单,并对其进行控制,主要是预先对每份订单进行编号;在采购订单向供应商发出前,必须由专人检查该订单是否得到授权人的签字;由专人复查采购订单的编制过程和内容;采购订单的副本应递交给请购、保管与会计部门等。

6.2.4 验收控制

货物的验收应由独立于请购、采购和会计部门的人员来承担,其控制责任是检验收到货物的数量和质量。

(1) 对于数量,验收部门在货运单上签字之前,应通过计数、过磅或测量等方法来证明货运单上所列示的数量,并要求双方在收货报告单上签字。

(2) 对于质量,验收部门应检验有无因运输损失而导致的缺陷,在货物质量检验需要有较高的专业知识或者必须经过仪器、实验才能进行的情况下,收货部门应将部分样品送交专家和实验室对其质量进行检验。

(3) 每一项收到的货物必须在检验以后填制包括供应商名称、收货日期、货物名称、数量和质量以及运货人名称、原采购订单编号等内容的收货报告单,并将其及时报告请购、采购和会计部门。

6.2.5 应付账款的控制

任何应付账款上的不正确记录和不按时偿还,都会导致交易双方不必要的债务纠纷。对应付账款的控制有:应付账款的记录必须由独立于请购、采购、验收、付款的职员来进行;应付账款的入账还必须在取得和审核各种必要的凭证以后才能进行;对于有预付货款的交易,在收到供应商发票后,应将预付金额冲抵部分发票金额,来记录应付账款;必须分别设置应付账款的总账账户和明细账;对于享有折扣的交易,应根据供应商发票金额减去折扣金额的净额登记应付账款;每月应将应付账款明细账与客户的对账单进行核对。

6.2.6 付款控制

1) 支票准备

支票准备应独立于采购、付款确认和函证程序,所有付款都应有事前编号的支票,对已签发的支票应将其原始凭证加盖"已付款"印章,以避免重复付款,尽可能使用有安全保障的支票书写器或电脑生成的支票,对于空白支票应安全存放,作废的支票应立即注销。

2) 支付

付款前,应复核客户发票上的数量、价格和合计数以及折扣条件等,核对支票的金额,采购和付款应有各自独立的签名,对支票应采取函寄或其他安全方式送交。

3) 会计处理

会计部门及时记录付款业务,定期核对总账、分类账以及日记账,注意未付账款,检查应付账款的明细账和有关文件。

【任务检查】

(1) 简述企业进行订货控制的方法和流程。

(2) 简述企业进行付款控制的方法。

任务 6.3 应付账款审计

【任务分析】

资产负债表中"应付账款"项目的期末余额,应根据"应付账款"和"预付账款"科目所属各明细科目的期末贷方余额合计填列。

在应付账款的审计目标中,首先,确定应付账款记录是否完整,这通常是主要审计目标,而在特定环境下,确定应付账款是否存在可能也会成为重点审计目标。其次,确定应付账款是否计入正确的会计期间,通常是审计的重点领域。再次,应付账款是在采购交易或接受劳务过程中产生的,因此,应付账款的审计应结合采购交易来进行。最后,资产负债表中"应付账款"项目的期末余额填列的复杂性,使应付账款在财务报表中的列报是否恰当这一审计目标也应重点关注。

【知识准备】

应付账款是企业在正常经营过程中,因购买材料、商品或接受劳务供应等而应付给供应单位的款项。可以看出,应付账款业务是随着企业赊购交易的发生而发生的。注册会计师应结合采购业务进行应付账款的审计。

6.3.1 应付账款的审计目标

应付账款的审计目标一般包括:确定应付账款的发生和偿还记录是否完整;确定应付账款期末余额是否正确;确定应付账款在会计报表上的披露是否恰当。

6.3.2 应付账款的实质性测试

(1)获取或编制应付账款明细表,复核加计正确,并与报表数、总账数和明细账合计数核对是否相符。

(2)根据被审计单位实际情况,选择适当的方法对应付账款进行分析性复核。

① 对本期期末应付账款余额与上期期末余额进行比较,分析其波动原因。

② 分析长期挂账的应付账款,要求被审计单位做出解释,判断被审计单位是否缺乏偿债能力或利用应付账款隐瞒利润。

③ 计算应付账款对存货的比率、应付账款对流动负债的比率,并与以前期间对比分析,评价应付账款整体的合理性。

④ 根据存货、主营业务收入和主营业务成本的增减变动幅度,判断应付账款增减变动的合理性。

(3)函证应付账款。一般情况下,应付账款不需要函证,这是因为函证不能保证查出未记录的应付账款,况且注册会计师能够取得采购发票等外部凭证来证实应付账款的余额。

但如果控制风险较高,某些应付账款明细账户金额较大或被审计单位处于财务困难阶段,则应进行应付账款的函证。

(4)查找未入账的应付账款。为了防止企业低估负债,注册计师应检查被审计单位有无故意漏记应付账款行为。检查时,注册会计师应检查被审计单位在资产负债表日未处理的不相符的采购发票(如抬头不符,与合同某项规定不符等)及有材料入库凭证但未收到采购发票的经济业务;检查资产负债表日后应付账款明细发生额的相应凭证,确认其入账时间是否正确。检查时,注册会计师还可以通过询问被审计单位的会计和采购人员,查阅资本预算、工作通知单和基建合同来进行。

如果注册会计师通过这些审计程序发现某些未入账的应付账款,应将有关情况详细记入审计工作底稿,然后根据其重要性确定是否需建议被审计单位进行相应的调整。

(5)检查应付账款是否存在借方余额。如有,应查明原因,必要时建议被审计单位作分类调整。

(6)结合预付账款的明细余额,查明是否有应付账款和预付账款同时挂账的项目;结合其他应付款的明细余额,查明有无不属于应付账款的其他应付款。

(7)检查应付账款长期挂账的原因,做出记录,注意其是否可能发生呆账收益。

(8)查明应付账款在资产负债表上的披露是否恰当。一般来说,"应付账款"项目应根据"应付账款"和"预付账款"科目所属明细科目的期末贷方余额的合计数填列。

【任务检查】

(1)简述应付账款的审计目标。
(2)简述如何对应付账款进行实质性测试。

任务6.4 固定资产审计

【任务分析】

资产负债表中"固定资产"项目,反映企业各种固定资产原价减去累计折旧和累计减值准备后的净额。固定资产项目的期末余额由"固定资产"科目余额扣除"累计折旧"科目余额和"固定资产减值准备"科目余额构成,这三项均属于固定资产的审计范围。

在固定资产的审计目标中,确定固定资产是否存在通常是主要审计目标,而在特定环境下,确定增减固定资产计价和分摊的准确性可能也会成为重点审计目标。其次,确定累计折旧和固定资产减值准备计提和结转是否恰当准确,通常也是审计的重点领域。再次,固定资产是在采购交易过程中产生的,因此,固定资产审计应结合采购交易来进行。最后,资产负债表中"固定资产"项目的期末余额填列的复杂性,使固定资产在财务报表中的列报是否恰当这一审计目标也应被重点关注。

【知识准备】

对于固定资产的审计,一方面由于固定资产使用期长、价值大、更新慢,增减变化发生的频率较之流动资产来说要小得多,相对来说,发生数量上的差错或弊端也较少。因此,审计人员在制订整个审计计划时,通常安排用于固定资产审计的时间较少,审计程序与方法也比较简单。另一方面由于固定资产单位价值高,且其价值总额在资产总额中一般都占有较大的比重,固定资产的安全与完整对企业的生产经营影响极大,所以,对固定资产审计的重要性又必须予以高度重视。另外,固定资产审计通常会涉及累计折旧的审计。

固定资产审计的范围很广。固定资产项目反映企业所有固定资产的原价,累计折旧项目反映企业固定资产的累计折旧数额,固定资产减值项目反映企业对固定资产计提的减值准备数额。这三项无疑属于固定资产的审计范围。

6.4.1 固定资产审计

1) 固定资产的审计目标

固定资产审计的目标一般包括:确定固定资产是否存在;确定固定资产是否归被审计单位所有;确定固定资产及其累计折旧增减变动的记录是否完整;确定固定资产的计价和折旧政策是否恰当;确定固定资产的期末余额是否正确;确定固定资产在会计报表上的披露是否恰当。

2) 固定资产的实质性测试

(1) 索取或编制固定资产及累计折旧分类汇总表　固定资产及其累计折旧分类汇总表,是分析固定资产账户余额变动情况的重要依据,是固定资产审计的重要工作底稿。

(2) 分析性复核　根据被审计单位业务的性质,选择以下方法对固定资产实施分析性复核程序:

① 计算固定资产原值与本期产品产量的比率,并与以前期间比较,可能发现闲置固定资产或已减少固定资产未在账户上注销的问题。

② 计算本期计提折旧额与固定资产总成本的比率,将此比率同上期比较,旨在发现本期折旧额计算上的错误。

③ 计算累计折旧与固定资产总成本的比率,将此比率同上期比较,旨在发现累计折旧核算上的错误。

④ 比较本期各月之间、本期与以前各期之间的修理及维护费用,旨在发现资本性支出和收益性支出,区分以上可能存在的错误。

⑤ 比较本期与以前各期的固定资产增加和减少。由于被审计单位的生产经营情况在不断地变化,各期之间固定资产增加和减少的数额可能相差很大。注册会计师应当深入分析其差异,并根据被审计单位以往和今后的生产经营趋势,判断差异产生的原因是否合理。

⑥ 分析固定资产的构成及其增减变动情况,与在建工程、现金流量表、生产能力等相关信息交叉复核,检查固定资产相关金额的合理性和准确性。

(3) 固定资产增加的审查　被审计单位如果不能正确核算固定资产的增加,将对资产负债表和利润表产生长期的影响,因此,审计固定资产的增加,是固定资产实质性测试中的重要内容。固定资产的增加有购置、自制自建、投资者投入、更新改造增加、债务人抵债增加等多种途径。注册会计师的审计要点如下:

① 审查固定资产增加是否列入计划、是否合法。

a. 审查固定资产购建计划是否合理、合法:主要应查明所确定的购建项目,是否符合经营需要,资金来源是否合法。

b. 审查固定资产购建合同是否严格执行:主要应查明购建合同是否符合合同法的规定,其中所列的项目数量和质量是否符合计划要求,价格是否合理;合同的条款是否严格执行,有无违反的情况。

c. 审查固定资产购建支出是否符合规定:主要应查明固定资产购建的各项支出是否真实、合法,有无非法行为。

d. 审查固定资产利用程度是否符合预定的要求:主要审查有无闲置、未使用、不需要或不按用途使用的新增固定资产,对于存在的问题,应查明原因和追究责任。

另外,对于以投资形式转入的固定资产,应重点查明固定资产的投入是否有相应的审批手续和合同,是否经过了资产评估;投入的固定资产品名、型号、规格、数量是否与合同所规定的一致,投入固定资产是否为企业所需,有无以次充好的现象。

② 审查固定资产的计价是否符合规定。固定资产计价的正确与否,影响折旧的提取、成本的计算,所以要认真审查。固定资产计价一般以历史成本为标准,即企业为取得某项固定资产,按其全新状态所应支付的全部货币金额。但固定资产增加的途径不同,其原始价值计算方法也不同。

③ 审查固定资产的所有权是否归属企业。注册会计师对于房地产类的固定资产,应查明所有权或使用权的证明文件;对融资租入的固定资产,应验证有关合同,证实其并非经营租赁;对汽车等运输设备,应验证有关准购证和执照等,证实其非租入。

(4) 固定资产减少的审查 企业固定资产的减少,大致有以下去向:出售、报废、毁损、向其他单位投资转出、盘亏等。为了保护固定资产的安全和完整,必须对固定资产的减少进行严格的审查,从而确定固定资产减少的合理性、合法性。由于固定资产减少的原因不同,注册会计师在审查时应分辨不同情况,抓住审计重点。对各种固定资产减少的审计重点如下:

① 审查减少固定资产的批准文件。

② 审查减少固定资产是否进行技术检验或评估。

③ 审查减少固定资产的会计账务处理是否正确,累计折旧是否冲销。

④ 审查减少固定资产的净损益,验证其正确性与合法性,并与银行存款、营业外收支、投资收益等有关账户相核对。

(5) 对固定资产进行实地观察 实施实地观察审计程序时,注册会计师可以以固定资产明细分类账为起点,实地追查以证明会计记录中所列固定资产确实存在,并了解其目前的使用状况;也可以以实地为起点,追查至固定资产明细分类账,以获取实际存在的固定资产均已入账的证据。

当然,注册会计师实地观察的重点是本期新增加的重要固定资产,有时,观察范围也会扩展到以前期间增加的固定资产。观察范围的确定需要依据被审计单位内部控制的强弱、固定资产的重要性和注册会计师的经验来判断。如为初次审计,则应适当扩大观察范围。

(6) 调查未使用和不需用的固定资产。

(7) 检查固定资产的抵押、担保情况。

(8) 检查固定资产是否已在资产负债表上恰当披露。

6.4.2 累计折旧审计

企业计提固定资产折旧,是为了把固定资产的成本分配于各个受益期,实现期间收入与费用的正确配比。折旧核算是一个成本分配过程。折旧计提和核算的正确性、合规性就成了固定资产审计中一项重要的内容。固定资产折旧的审查,就是为了确定固定资产折旧的计算、提取和分配是否合法与公允。

1) 累计折旧的审计目标

固定资产折旧的特性决定了累计折旧审计的主要目标在于:确定折旧政策和方法是否符合国家有关的财务会计制度,是否一贯遵循;确定累计折旧增减变动的记录是否完整;确定折旧费用的计算、分摊是否正确、合理和一贯;确定累计折旧的期末余额是否正确;确定累计折旧在会计报表上的披露是否恰当。

2) 累计折旧的实质性测试

(1) 编制或索取固定资产及累计折旧分类汇总表。注册会计师应通过编制或索取固定资产及累计折旧分类汇总表概括了解被审计单位固定资产的折旧计提情况,在此基础上,对表内有关数字进行加以复核并与报表数、总账和明细账进行核对。

(2) 对固定资产累计折旧进行分析性复核。注册会计师首先应对本期增加和减少固定资产、使用年限长短不一和折旧方法不同的固定资产做适当调整,然后,用应计提折旧的固定资产乘以本期的折旧率,如果总的计算结果和被审计单位的折旧总额相近,且固定资产及累计折旧内部控制较健全时,则可以适当减少累计折旧和折旧费用的其他实质性测试工作量。注册会计师还应计算本期计提折旧额与固定资产原值的比率并与工期比较,分析本期折旧计提额的合理性和准确性;计算累计折旧占固定资产原值的比率,评估固定资产的老化率,并估计因闲置、报废等原因可能发生的固定资产损失。

(3) 审查被审计单位固定资产折旧政策的执行情况。主要应检查折旧范围、折旧方法是否符合国家规定,如有无扩大或缩小固定资产折旧范围、随意变更折旧方法的问题。

(4) 固定资产折旧计算和分配的审查。注册会计师应审阅、复核固定资产折旧计算表,并对照记账凭证、固定资产卡片和固定资产分类表,通过核实月初固定资产原值、分类或个别折旧率,复算折旧额的计算是否正确,折旧费用的分配是否合理,分配方法与上期是否一致。

(5) 将"累计折旧"账户贷方的本期计提折旧额与相应的成本费用中的折旧费用明细账的借方相比较,以查明所计提折旧金额是否全部摊入本期产品成本费用。一旦发现差异,应及时追查原因,并考虑是否应建议作适当调整。

(6) 检查累计折旧的披露是否恰当。

6.4.3 固定资产减值准备

1) 固定资产减值准备的审计目标

固定资产的可收回金额低于其账面价值称为固定资产减值。这里的可收回金额应当根据固定资产的公允价值减去处置费用后的净额与资产预计未来现金流量的现值两者之间的较高者确定。固定资产减值准备审计的主要目标在于审查固定资产减值准备是否已按照企业会计准则的规定在财务报表中做出恰当列报。

2) 固定资产减值准备的实质性测试

(1) 获取或编制固定资产减值准备明细表,复核加计是否正确,并与总账数和明细账合计数核对是否相符。

(2) 检查被审计单位计提固定资产减值准备的依据是否充分,会计处理是否正确。

(3) 获取闲置固定资产的清单,并观察其实际状况,识别是否存在减值迹象。

(4) 检查资产组的认定是否恰当,计提固定资产减值准备的依据是否充分,会计处理是否正确。

(5) 计算本期末固定资产减值准备占期末固定资产原值的比率,并与期初该比率比较,分析固定资产的质量状况。

(6) 检查被审计单位处置固定资产时原计提的减值准备是否同时结转,会计处理是否正确。

(7) 检查是否存在转回固定资产减值准备的情况。按照企业会计准则的规定,固定资产减值损失一经确认,在以后会计期间不得转回。

(8) 确定固定资产减值准备的披露是否恰当。

【任务检查】

(1) 简述固定资产审计的内容。

(2) 简述累计折旧审计的内容。

(3) 简述固定资产减值准备审计的内容。

【项目小结】

采购与付款循环的主要业务活动包括请购商品或劳务、编制订购单、验收商品、储存已验收的商品、编制付款凭单、记录采购、付款和记录付款。有效的采购与付款循环的内部控制要求将上述活动分配给不同的部门,并对该循环中的各个业务进行控制。

在应付款项及相关负债审计中,低估负债与高估资产一样,都可能夸大被审计单位的财务状况,因此,审计人员对应付账款实施实质性程序的重点是确认应付账款记录的完整性,为此应检查期后发生的相关交易的记录,确认其是否应该属于资产负债表日前的负债。固定资产的关键内部控制包括建立预算制度、授权批准制度、账簿记录制度、职责分工制度、处置制度、定期盘点制度和维护保养制度。固定资产审计范围较广,包括对"固定资产"、"累计折旧"以及"固定资产减值准备"等科目的实质性测试。但其实质性程序的重点是其整个年度的交易测试,而不是期末余额测试;固定资产减值测试通常采用计算或分析程序。

【能力训练】

一、单项选择题

1. 健全有效的内部控制要求由独立的采购部门负责( )。
   A. 编制请购单　　　　　　　　B. 控制存货水平以免出现积压
   C. 编制订购单　　　　　　　　D. 检验购入存货的数量、质量
2. 采购与付款循环中与"存在"认定相关的关键内部控制是( )。
   A. 已填制的验收单均已登记入账　　B. 注销凭证以防止重复使用
   C. 采购的价格和折扣均经适当批准　D. 独立检查应付账款明细账的内容
3. 审计人员在信赖内部控制的情况下,对应付账款的正确性测试( )。
   A. 用中等规模的抽样函证　　　　B. 采用分析性复核即可
   C. 可以不施行任何核查手续　　　D. 应抽取大样本进行函证
4. 审计人员在对应付账款进行函证时,最好采用( )形式。
   A. 消极式　　　　　　　　　　B. 积极式
   C. 积极式与消极式的结合　　　　D. 根据不同情况选择不同形式
5. 一般情况下,注册会计师实地检查固定资产的重点是( )。
   A. 企业的所有固定资产　　　　B. 在本年度增加的固定资产
   C. 以前年度增加的固定资产　　D. 在用固定资产
6. 注册会计师审计固定资产减少的主要目的在于确定( )。
   A. 新增固定资产是否真实存在
   B. 固定资产账务处理的完整性
   C. 已经减少的固定资产是否已作相应的会计处理
   D. 闲置的固定资产是否存在出租的情况

二、多项选择题

1. 下列能够防止或发现采购与付款循环可能发生错弊的内部控制有( )。
   A. 仓库或资产使用部门编制请购单,并经有关负责人批准
   B. 采购部门根据经批准的请购单编制预先编号的订购单
   C. 验收部门核对订购单与装运单,据以检验到货情况并编制验收单
   D. 独立检查签发支票的金额、收款人与付款凭单的内容是否一致
2. 应付账款项目应按照( )科目所属明细科目的期末贷方余额合计数填列。
   A. 应付账款　　B. 预付账款　　C. 应收账款　　D. 预收账款
3. 审查被审单位是否有未入账的应付账款,审计人员应实施的审计程序有( )。
   A. 检查资产负债表日后处理的不相符的购货发票
   B. 检查有材料入库凭证但未收到购货发票的经济业务

C. 检查资产负债表日后收到的购货发票

D. 检查资产负债表日后应付账款明细账贷方发生额相应凭证

4. 应付账款一般不需要函证,但(　　)时,应考虑实施函证。

A. 应付账款重大错报风险较高

B. 应付账款金额较大

C. 被审计单位陷入财务困境

D. 被审计单位供应商内部控制薄弱

5. 固定资产折旧的审计目标主要是(　　)。

A. 折旧总体是否合理

B. 折旧方法和政策是否符合国家规定

C. 是否所有在用固定资产均已提取折旧

D. 折旧额计算是否正确

6. 固定资产增加的审计主要审查固定资产的(　　)。

A. 入账价格　　　　　　　　B. 折旧年限

C. 入账时间　　　　　　　　D. 使用的会计科目

三、案例分析题

1. 注册会计师在对甲公司应付账款进行审计时需要从表 6.1 所示的应付账款四个明细账户中选择两个进行函证。

表 6.1　甲公司应付账款明细账情况汇总表

供应商名称	应付账款年末余额	本年度进货总额
A 公司	22 650	46 100
B 公司	—	1 980 000
C 公司	6 500	75 000
D 公司	190 000	2 123 000

试问:注册会计师应当选择哪两个供应商进行函证？为什么？

2. 审计人员审查宏达股份有限公司固定资产账簿时发现,该公司 2013 年 10 月从上海购进 S 型机床一台,买价为 30 000 元;同车运回的还有一批材料,共计运杂费 3 000 元;若按重量计算,S 型机床应负担 2 000 元,但该公司将运杂费 2 000 元计入管理费用,同时审计人员还查明该设备安装费 1 500 元也计入 10 月份管理费用。

要求:针对上述情况,提出审计意见,并作调整分录。

项目 7　生产与存货循环审计

【学习目标】

- 知识目标
  (1) 了解生产与存货循环所涉及的主要业务活动内容。
  (2) 掌握生产与存货循环的内部控制及符合性测试程序。
  (3) 掌握存货成本的实质性测试程序及存货监盘程序、存货计价与截止测试程序。
- 能力目标
  (1) 能够实施销售与收款循环内部控制符合性测试程序。
  (2) 能够实施主营业务收入、应收账款实质性测试程序。

【引导案例】

审计人员在审阅某企业2013年的"管理费用"总账下"劳动保险费"明细账时,发现12月24日有一笔金额为580 000元的业务,对方科目为"贷:银行存款。"由于金额较大,审计人员调阅了相应的记账凭证。记账凭证所附的原始凭证为一张付款支票的回单,回单上注明付款理由是预付2014年度的劳动保险费,收款人为市某保险公司。审计人员怀疑该企业将预付保险费不适当地一次性计入了当期。后经了解取证,证明了审计人员的判断是正确的。审计人员提供被审计单位按会计制度进行补充会计处理,修改会计报表相关项目数额,并获得了被审计单位同意。审计人员在审计工作底稿中详细记录了该事项和调整情况。

根据上述资料,分析:

对预付费用一次性抵减当年收益如何审计?

任务 7.1　认知生产与存货循环审计

【任务分析】

注册会计师对生产与存货循环的审计,实际上是在业务流程层面使用循环法对生产与存货循环的认定层次的重大错报风险进行评估和应对。

在评估生产与存货循环的认定层次的重大错报风险时,需要了解不同行业类型的存货性质,规范的生产与存货循环涉及的主要凭证与会计记录并熟悉其主要业务活动。

【知识准备】

生产与存货循环涉及的内容主要是存货的管理。该循环所涉及的资产负债表项目主要是存货、受托代销商品、长期待摊费用等;所涉及的利润表项目主要是营业成本等项目。其中,存货又包括:材料采购或在途物资、原材料、材料成本差异、库存商品、发出商品、商品进销差价、委托加工物资、委托代销商品、受托代销商品、周转材料、生产成本、制造费用、劳务成本、存货跌价准备等。本节包括三部分内容:一是不同行业类型的存货性质;二是本循环涉及的主要凭证和会计记录;三是本循环涉及的主要业务活动。

7.1.1 不同行业类型的存货性质

不同行业类型的存货性质有很大的区别,参见表7.1。

表7.1 不同行业类型的存货性质

行业类型	存货性质
贸易业	从厂商、批发商或其他零售商处采购的商品
一般制造业	采购的原材料、易耗品和配件等,生成的半成品和产成品
金融服务业	一般只有消耗品存货,例如仅有文具、教学器材以及行政用的计算机设备等
建筑业	建筑材料、在建项目成本(一般包括建造活动发生的直接人工成本和间接费用,以及支付给分包商的建造成本等)

总的来说,存货代表了不同企业的类型和交易或生产流程。也就是说,存货的计价和相关销售成本都会对利润表和财务状况产生重大的影响。审计人员应当确认在财务报表中列示的存货金额,存货在财务报表日是否实际存在和归被审计单位所有(满足完整性、存在性、权利和义务认定),金额是否符合计价认定。期末库存价值的高估虚增税前利润,若低估则相反。期末存货单位成本核算不准确,很有可能导致销售价格低于实际成本,长此以往,企业将很难持续经营。

7.1.2 生产与存货循环所涉及的主要凭证与会计记录

生产与存货循环由将原材料转化为产成品的有关活动组成。该循环交易从领料生产到加工、销售产成品时结束。生产与存货循环所涉及的凭证和记录主要包括:

1)生产指令

生产指令又称"生产任务通知单",是企业下达制造产品等生产任务的书面文件,用以通知生产车间组织产品制造,供应部门组织材料发放,会计部门组织费用归集和成本计算。

2)领发料凭证

领发料凭证是企业为控制材料发出所采用的各种凭证,如材料发出汇总表、领料单、限额领料单、领料登记簿、退料单等。

3)产量和工时记录

产量和工时记录是登记工人或生产班组在出勤内完成产品数量、质量和生产这些产品所耗费工时数量的原始记录。常见的产量和工时记录主要有工作通知单、工序进程单、工作班产量报告、产量通知单、产量明细表、废品通知单等。

4) 工资汇总表及工薪费用分配表

工资汇总表是为了反映企业全部工资的结算情况，并据以进行工资结算、总分类核算和汇总整个企业工资费用而编制的，它是企业进行工资费用分配的依据。人工费用分配表反映了各生产车间各产品应负担的生产工人工资及福利费。

5) 材料费用分配表

材料费用分配表是用来汇总反映各车间各产品所耗费的材料费用的原始记录。

6) 制造费用分配汇总表

制造费用分配汇总表是用来汇总反映各生产车间各产品所应负担的制造费用的原始记录。

7) 成本计算单

成本计算单是用来归集某一成本计算对象所应承担的生产费用，计算成本计算对象的总成本和单位成本的记录。

8) 存货明细账

存货明细账是用来反映各种存货增减变动情况和期未库存数量及相关成本信息的会计记录。

7.1.3 生产与存货循环所涉及的主要业务活动

生产与存货循环所涉及的主要业务包括：

1) 计划和安排生产

生产计划部门的职责是根据顾客订单或者对销售预测和存货需求的分析来决定生产授权。如决定授权生产，即签发预先编号的生产通知单。该部门通常应将发出的所有生产通知单编号并加以记录控制。

2) 发出原材料

仓库部门的责任是根据从生产部门收到的领料单发出原材料。领料单上必须列示所需的材料数量和种类以及领料部门的名称。领料单可以一单一料，也可以一单多料，通常需一式三联。仓库发料后，其中一联连同材料交还领料部门，其余两联经仓库登记材料明细账后，送会计部门进行材料收发核算和成本核算。

3) 办理入库手续

生产工人在完成生产任务后，将完成的产品交生产部门查点，然后转交检验员检验，办理产品入库手续或是将所完成的产品移交下一个部门，以进一步加工。

4) 费用归集和成本核算

为了正确地核算产品成本、对在产品进行有效控制，必须建立健全成本会计制度，将生产控制和成本核算有机结合在一起。生产过程中的各种记录、生产通知单、领料单、计工单、入库单等文件资料都要汇集到会计部门，由会计部门对其进行核算和控制。

5) 产成品入库

产成品入库，须由仓库部门先行点验和检查，然后签收，并将实际入库数量通知会计部门。据此,仓库部门确立了本身应承担的责任并对验收部门的工作进行验证。

6)发出产成品

产成品的发出须由独立的发运部门进行。装运产品时必须持有经有关部门核准的发运通知单,并据此编制出库单。出库单至少一式四联,其中一联交仓库部门,一联发运部门留存,一联送交顾客,一联作为发票开具依据。

【任务检查】

(1)简述不同行业类型的存货性质。
(2)简述生产与存货循环所涉及的主要凭证与会计记录。
(3)简述生产与存货循环所涉及的主要业务活动。

任务 7.2　生产与存货循环的控制测试

【任务分析】

在评估生产与存货循环认定层次重大错报风险时,如果预期控制是健全的,运行是有效的,则审计人员应当对其进行控制测试,就控制在相关期间或时点的运行有效性获取充分、适当的审计证据。生产与存货循环的内部控制审计主要包括存货的内部控制和成本会计制度的内部控制及测试两项内容。如果控制测试的结果表明某认定的控制运行有效,能够支持低水平的重大错报风险评估结论,意味着审计人员对其有较高程度的信赖,则只需从采购与收款交易和余额的实质性程序中获取较低程度的保证,适当减少实施实质性程序的样本量;反之,则要获取较高程度的保证,增加实施实质性程序的样本量。

【知识准备】

注册会计师应当通过控制测试获取支持将被审计单位的控制风险评价为中或低的证据。如果能够获取这些证据,注册会计师就可以接受较高的检查风险,并在很大程度上通过实施实质性分析程序获取进一步的审计证据,同时减少对生产与存货交易和营业成本、存货等相关项目的细节测试的依赖。

7.2.1　生产与存货循环的内部控制

以业务活动为起点的生产与存货循环的关键内部控制及常用控制测试见表 7.2。

表 7.2　以业务活动为起点的生产与存货循环的关键内部控制一览表

业务活动	关键内部控制	常用控制测试
计划和安排生产	根据经审批的月度生产计划书,由生产计划经理签发预先按顺序编号的生产指令	

续表

业务活动	关键内部控制	常用控制测试
发出原材料	（1）仓库管理员应把领料单编号、领用数量、规格等信息输入计算机系统，经仓储经理复核并以电子签名方式确认后，系统自动更新材料明细台账 （2）原材料仓库分别于每月、每季和年度终了，对原材料存货进行盘点，会计部门对盘点结果进行复盘。由仓库管理员编写原材料盘点明细表，发现差异及时处理，经仓储经理、财务经理和生产经理复核后调整入账	（1）抽取出库单及相关的领料单，检查是否正确输入并经适当层次复核 （2）抽取原材料盘点明细表并检查是否经适当层次复核，有关差异是否得到处理
生产产品核算成本	（1）生产成本记账员应根据原材料出库单，编制原材料领用凭证，与计算机系统自动生成的生产记录日报表核对材料耗用和流转信息；由会计主管审核无误后，生成记账凭证并过账至生产成本及原材料明细账和总分类账 （2）每月末，由生产车间与仓库核对原材料、半成品、产成品的转出和转入记录，如有差异，仓库管理员应编制差异分析报告，经仓储经理和生产经理签字确认后交会计部门进行调整 （3）每月末，由计算机系统对生产成本中各项组成部分进行归集，按照预设的分摊公式和方法，自动将当月发生的生产成本在完工产品和在产品中按比例分配；由生产成本记账员编制成生产成本结转凭证，经会计主管审核批准后进行账务处理	（1）抽取原材料领用凭证，检查是否与生产记录日报表一致，是否经适当审核，如有差异是否及时处理 （2）抽取核对记录，检查差异是否已得到处理 （3）抽取生产成本结转凭证，检查与支持性文件是否一致并经适当复核。当然，必要时应当考虑利用计算机专家的工作
储存产成品	产成品入库时，质量检验员应检查并签发预先顺序编号的产成品验收单，由生产小组将产成品送交仓库。仓库管理员应检查产成品验收单，并清点产成品数量，填写预先顺序编号的产成品入库单经质检经理、生产经理和仓储经理签字确认后，由仓库管理员将产成品入库单信息输入计算机系统，计算机系统自动更新产成品明细台账并与采购订购单编号核对	抽取产成品验收单、产成品入库单并检查输入信息是否准确

续表

业务活动	关键内部控制	常用控制测试
发出产成品	（1）产成品出库时，由仓库管理员填写预先顺序编号的出库单，并将产成品出库单信息输入计算机系统，经仓储经理复核并以电子签名方式确认后，计算机系统自动更新产成品明细台账并与发运通知单编号核对 （2）产成品装运发出前，由运输经理独立检查出库单、销售订购单和发运通知单，确定从仓库提取的产品附有经批准的销售订购单，并且，所提取产品的内容与销售订购单一致 （3）每月末，生产成本记账员根据计算机系统内状态为"已处理"的订购单数量，编制销售成本结转凭证，结转相应的销售成本，经会计主管审核批准后进行账务处理 （4）产成品仓库分别于每月、每季和年度终了，对产成品存货进行盘点，由会计部门对盘点结果进行复盘。仓库管理员应编写产成品存货盘点明细表，发现差异及时处理，经仓储经理、财务经理和生产经理复核后调整入账	（1）抽取发运通知单、出库单并检查是否一致 （2）抽取发运单和相关销售订购单，检查内容是否一致 （3）抽取销售成本结转凭证检查与支持性文件是否一致并适当复核 （4）抽取产成品存货盘点报告并检查是否经适当层次复核，有关差异是否得到处理

7.2.2 生产与存货循环的控制测试

1）以内部控制目标为起点的成本会计制度控制测试

成本会计制度的目标、关键内部控制和审计测试的关系见表 7.3。

表 7.3 成本会计制度的目标、关键内部控制和审计测试的关系

内部控制目标	关键内部控制	常用的控制测试
生产业务是根据管理层一般或特定的授权进行的（发生）	对以下三个关键点，应履行恰当手续，经过特别审批或一般审批： （1）生产指令的授权批准 （2）领料单的授权批准 （3）工薪的授权批准	检查凭证中是否包括这三个关键点恰当审批
记录的成本为实际发生的而非虚构的（发生）	成本的核算是以经过审核的生产通知单、领发料凭证、产量和工时记录、工薪费用分配表、材料费用分配表、制造费用分配表为依据的	检查有关成本的记账凭证是否附有生产通知单、领发料凭证、产量和工时记录、工薪费用分配表、材料费用分配表、制造费用分配表等，原始凭证的顺序编号是否完整

续表

内部控制目标	关键内部控制	常用的控制测试
所有耗费和物化劳动均已反映在成本中(完整性)	生产通知单、领发料凭证、产量和工时记录、工薪费用分配表、材料费用分配表、制造费用分配表均事先编号并已经登记入账	检查生产通知单、领发料凭证、产量和工时记录、工薪费用分配表、材料费用分配表、制造费用分配表的顺序编号是否完整
成本以正确的金额,在恰当的会计期间及时记录于适当的账户(发生、完整性、准确性、计价和分摊)	采用适当的成本核算方法,并且前后各期一致;采用适当的费用分配方法,并且前后各期一致;采用适当的成本核算流程和账务处理流程;内部核查	选取样本测试各种费用的归集和分配以及成本的计算;测试是否按照规定的成本核算流程进行核算和账务处理
对存货实施保护措施,保管人员与记录、批准人员相互独立(存在、完整性)	存货保管人员与记录人员职务相分离	询问和观察存货与记录的接触控制以及相应的批准程序
账面存货与实际存货定期核对(存在、完整性、计价和分摊)	定期进行存货盘点	询问和观察存货盘点程序

2) 基于成本项目的成本会计制度控制测试

基于成本会计制度的控制测试,包括直接材料成本控制测试、直接人工成本控制测试、制造费用控制测试和生产成本在当期完工产品与在产品之间分配的控制测试四项内容。

(1) 直接材料成本控制测试 对采用定额单耗的企业,可选择某一成本报告期若干种具有代表性的产品成本计算单,获取样本的生产指令或产量统计记录及其直接材料单位消耗定额,根据材料明细账或采购业务测试工作底稿中各该直接材料的单位实际成本,计算直接材料的总消耗量和总成本,与该样本成本计算单中的直接材料成本核对,并注意下列事项:生产指令是否经过授权批准;单位消耗定额和材料成本计价方法是否适当,在当年度有无重大变更。

对未采用定额单耗的企业,可获取材料费用分配汇总表、材料发出汇总表(或领料单)、材料明细账(或采购业务测试工作底稿)中各该直接材料的单位成本,做如下检查:成本计算单中直接材料成本与材料费用分配汇总表中该产品负担的直接材料费用是否相符,分配标准是否合理;将抽取的材料发出汇总表或领料单中若干种直接材料的发出总量和各该种材料的实际单位成本之积,与材料费用分配汇总表中各该种材料费用进行比较,并注意领料单的签发是否经过授权批准,材料发出汇总表是否经过适当的人员复核,材料单位成本计价方法是否适当,在当年有无重大变更。

对采用标准成本法的企业,获取样本的生产指令或产量统计记录、直接材料单位标准用量、直接材料标准单价及发出材料汇总表或领料单,检查下列事项:根据生产量、直接材料单位标准用量和标准单价计算的标准成本与成本计算单中的直接材料成本核对是否相符;直接材料成本差异的计算与账务处理是否正确,并注意直接材料的标准成本在当年度内有无重大变更。

(2) 直接人工成本控制测试　对采用计时工资制的企业,获取样本的实际工时统计记录、职员分类表和职员工薪手册(工资率)及人工费用分配汇总表,做如下检查:成本计算单中直接人工成本与人工费用分配汇总表中该样本的直接人工费用核对是否相符;样本的实际工时统计记录与人工费用分配汇总表中该样本的实际工时核对是否相符;抽取生产部门若干天的工时台账与实际工时统计记录核对是否相符;当没有实际工时统计记录时,则可根据职员分类表及职员工薪手册中的工资率,计算复核人工费用分配汇总表中该样本的直接人工费用是否合理。

对采用计件工资制的企业,获取样本的产量统计报告、个人(小组)产量记录和经批准的单位工薪标准或计件工资制度,检查下列事项:根据样本的统计产量和单位工薪标准计算的人工费用与成本计算单中直接人工成本核对是否相符;抽取若干个直接人工(小组)的产量记录,检查是否被汇总记入产量统计报告。

对采用标准成本法的企业,获取样本的生产指令或产量统计报告、工时统计报告和经批准的单位标准工时、标准工时工资率、直接人工的工薪汇总表等资料,检查下列事项:根据产量和单位标准工时计算的标准工时总量与标准工时工资率之积同成本计算单中直接人工成本核对是否相符;直接人工成本差异的计算与账务处理是否正确,并注意直接人工的标准成本在当年内有无重大变更。

(3) 制造费用控制测试　获取样本的制造费用分配汇总表、按项目分列的制造费用明细账、与制造费用分配标准有关的统计报告及其相关原始记录,做如下检查:制造费用分配汇总表中,样本分担的制造费用与成本计算单中的制造费用核对是否相符;制造费用分配汇总表中的合计数与样本所属成本报告期的制造费用明细账总计数核对是否相符;制造费用分配汇总表选择的分配标准(机器工时数、直接人工工资、直接人工工时数、产量等)与相关的统计报告或原始记录核对是否相符,并对费用分配标准的合理性作出评估;如果企业采用预计费用分配率分配制造费用,则应针对制造费用分配过多或过少的差额,检查其是否作了适当的账务处理;如果企业采用标准成本法,则应检查样本中标准制造费用的确定是否合理,计入成本计算单的数额是否正确,制造费用差异的计算与账务处理是否正确,并注意标准制造费用在当年度内有无重大变更。

(4) 生产成本在当期完工产品与在产品之间分配的控制测试　检查成本计算单中在产品数量与生产统计报告或在产品盘存表中的数量是否一致;检查在产品约当产量计算或其他分配标准是否合理;计算复核样本的总成本和单位成本,最终对当年采用的成本会计制度作出评价。

【任务检查】

(1) 简述生产与存货循环的主要业务活动并分析其关键内部控制。

(2) 简要介绍如何分成本项目对成本会计制度实施控制测试。

任务 7.3 存货审计

【任务分析】

存货指企业在日常活动中持有以备出售的产成品或商品、处在生产过程中的在产品、在生产过程或提供劳务过程中耗用的材料和物料等。资产负债表中的"存货"项目的期末余额,应根据"材料采购"、"原材料"、"低值易耗品"、"库存商品"、"周转材料"、"委托代销商品"、"生产成本"等科目的期末余额合计,减去"代销商品款"、"存货跌价准备"科目期末余额后的金额填列。

存货审计目标一般包括存货的存在、完整性、权利和义务、计价和分摊等等。审计人员需要对直接材料成本、直接人工成本、制造费用和主营业务成本实施实质性测试并进行分析性复核。注册会计师通常在年度审计中通过存货的实地监盘,对有关认定作出评价。进而对被审单位的期末存货实施截止测试,以合理保证存货库存记录与会计记录期末截止的正确性。为验证财务报表上存货余额的真实性,还必须对存货实施计价测试。

【知识准备】

7.3.1 存货审计的目标及测试

1) 存货审计目标

存货成本审计包括直接材料成本的审计、直接人工成本的审计、制造费用的审计和主营业务成本的审计等内容。存货成本的审计目标一般包括:确定存货成本是否真实发生;确定存货的归集和计算是否符合制度规定;确定存货成本的计算对象、计算方法的一致性;确定存货在会计报表上的披露是否恰当。

2) 存货成本的实质性测试

(1)直接材料成本的实质性测试 直接材料成本的实质性测试一般应从审阅材料和生产成本明细账入手,审查有关的费用凭证;验证企业产品直接耗用材料的数量、计价和材料费用是否真实、合理。

① 抽查产品成本计算单,检查直接材料成本的计算是否正确,材料分配标准与计算方法是否合理和适当,是否与材料费用分配汇总表中该产品的直接材料费用相符。

② 检查直接材料耗用数量的真实性,有无将非生产用材料计入直接材料。

③ 分析比较同一产品前后各年度的直接材料成本,如有重大波动应查明原因。

④ 抽查材料发出及领用的原始凭证,检查领料单的签发是否记入材料发出汇总表,是否经过适当的人员的复核;材料单位成本计价方法是否适当、正确,是否及时入账。

⑤ 对采用定额成本或标准成本的企业,应检查直接材料成本差异的分配与会计处理是否正确,并查明直接材料的定额成本、标准成本在本年有无重大变更。

(2) 直接人工成本的实质性测试　直接人工成本的实质性测试主要包括以下内容：

① 抽查产品成本计算单，检查直接人工成本计算是否正确，人工费用的分配标准与计算方法是否合理和适当，是否与人工费用分配汇总表中该产品分摊的直接人工费用相符。

② 将本年度直接人工成本与前期进行比较，查明异常波动的原因。

③ 分析比较本年度各个月份的人工费用发生额，如有异常波动，应查明原因。

④ 结合应付职工薪酬的检查，抽查人工费用会计记录及会计处理是否正确。

⑤ 对采用标准成本法的企业，应抽查直接人工成本差异的计算、分配与会计处理是否正确，并查明直接人工的标准成本在本年度内有无重大变更。

(3) 制造费用的实质性测试　制造费用是企业为生产产品或提供劳务而发生的间接费用，即生产单位为组织和管理生产而发生的费用，包括分厂和车间管理人员的工资、提取的职工福利费、折旧费、修理费、办公费、水电费、取暖费、租赁费、机物料消耗、低值易耗品摊销、劳动保护费、保险费、设计制图费、实验检验费、季节性和修理期间的停工损失以及其他制造费用。

制造费用的实质性测试包括以下基本要点：

① 获取或编制制造费用汇总表，并与明细账、总账核对相符。

② 审阅制造费用明细账，检查其核算内容及范围是否正确，并应注意是否存在异常会计事项，如有，则应追查至记账凭证及原始凭证，重点查明被审计单位有无将不应列入成本费用的支出（如投资支出、被没收的财物、支付的罚款、违约金、技术改造支出等）计入制造费用。

③ 必要时，对制造费用实施截止测试，即检查资产负债表日前后若干天的制造费用明细账及其凭证，确定有无跨期入账的情况。

④ 检查制造费用的分配是否合理。重点查明制造费用的分配方法是否符合被审计单位自身的生产技术条件，是否体现受益原则，分配方法一经确定，是否在相当期间内保持稳定，有无随意变更的情况；分配率和分配额的计算是否正确，有无以人为估计数代替分配数的情况。对按预定分配率分配费用的被审计单位，还应查明计划与实际差异是否及时调整。

⑤ 对于采用标准成本法的被审计单位，应抽查标准制造费用的确定是否合理，计入成本计算单的数额是否正确，制造费用的计算、分配与会计处理是否正确，并查明标准制造费用在本年度内有无重大变动。

(4) 主营业务成本的实质性测试　主营业务成本是指企业对外销售商品、产品或对外提供劳务等发生的实际成本。它是由期初库存产品成本加上本期入库产品成本，再减去期末库存产品成本求得的。对主营业务成本的实质性测试，应通过审阅主营业务收入明细账、产成品明细账等记录并核对有关原始凭证和记账凭证进行。其实质性测试程序包括以下几项：

① 获取或编制主营业务成本明细表，与明细账和总账核对相符。

② 编制生产成本及销售成本倒轧表，与总账核对相符。

③ 分析比较本年度与上年度主营业务成本总额以及本年度各月份的主营业务成本金

额,如有重大波动和异常情况,应查明原因。

④ 结合生产成本的审计,抽查销售成本结转数额的正确性,并检查其是否与销售收入配比。

⑤ 检查主营业务成本账户中重大调整事项(如销售退回等)是否有其充分理由。

⑥ 确定主营业务成本在利润表中是否已恰当披露。

3) 对存货实施分析性复核

分析性复核在存货成本审计中普遍采用。在生产与费用循环的分析性复核中,注册会计师通常运用的方法有简单比较法和比率比较法两种。其中简单比较法主要进行以下分析:

(1) 比较前后各期及本年度各个月份存货余额及其构成、存货成本差异率、生产成本总额及单位生产成本、直接材料成本、工资费用的发生额、制造费用、待摊费用、预提费用、主营业务成本总额及单位销售成本等,以评价其总体合理性。

(2) 将存货余额与现有的订单、资产负债表日后各期的销售额和下一年度的预测销售额进行比较,以评估存货滞销和跌价的可能性。

(3) 将存货跌价准备与本年度存货处理损失的金额相比较,判断被审计单位是否计提足额的跌价准备。

(4) 将与关联企业发生的存货交易的频率、规模、价格和账款结算条件,与非关联企业对比,判断被审计单位是否利用关联企业的存货交易虚构业务、调节利润。

在生产与费用循环的分析性复核中,注册会计师通常运用的比率主要是存货周转率和毛利率。存货周转率是用以衡量销售能力和存货是否积压的指标。利用存货周转率进行纵向比较或与其他同行企业进行横向比较时,要求存货计价持续一致。存货周转率的异常波动可能意味着被审计单位存在有意或无意地减少存货储备,存货管理或控制程序发生变动,存货成本项目或核算方法发生变动以及存货跌价准备计提基础或冲销政策发生变动等情况。毛利率是反映盈利能力的主要指标,用以衡量成本控制及销售价格的变化。毛利率的异常变动可能意味着被审计单位存在销售、产品总体结构、单位产品成本发生变动等情况。

7.3.2 存货监盘

注册会计师对存货监盘是存货审计必不可少的一项审计程序。具体来讲,为了达到比较好的效果,存货监盘应做好盘点前的计划工作、盘点过程的监督工作以及盘点工作结束后的记录工作。具体程序如下:

1) 制订计划前应考虑的问题

存货监盘不同于货币资金的突击盘点,有效的存货监盘工作,必须建立在事前周密的计划基础上。注册会计师应参与被审计单位存货盘点的事前规划,或向委托人索取存货盘点计划。具体来讲,注册会计师应考虑监盘时间、监盘的样本量、项目选取等问题。一般来讲,监盘时间以会计期末以前为优,如果企业的盘点在会计期末以后的时间进行,那么就必须编制从期末到盘点日的存货余额调节表,但尽量使盘点时间靠近会计期末。在考虑选取大样本量进行盘点时,应考虑有关实地盘点、永续记录的可靠性、存货的总金额及种类、不同的重要存货的存放位置及其数量,以及以前年度发现的误差性质及其内部控制等。至于样本选取则应将重要项目或典型存货项目作为对象,同时对可能过时或损坏的项目要仔细查询,并与管理人员就疑虑问题交换意见。

同步实施盘点既无可能也无必要,所以分次盘点几乎是必然的,但分次盘点有先后之分,后盘点的地点等同于预告盘点。为防止被盘点单位弄虚作假,有必要对其实行封存,封存可以采取贴封条、上锁、请人看守、请人代为保管等方式。注册会计师应了解有关财产物资的内部控制和管理制度,对各项制度的遵循情况进行评价,发现存在的薄弱环节,明确盘点的重点;做好盘点的人员准备,盘点是整个企业的大事,各级领导、有关人员都参加,通过召开盘点预备会议,将盘点计划或指令贯彻到每一个参与人员;最后,通知被查部门,并要求其将有关物资盘点日的账面数轧出,将已经发现的错误数剔除,并做好盘点的器具和表格文具的准备,对一些特殊物资的盘点还需要准备特殊的器具,如对贵重金属的盘点需要准备衡器等。

2) 实施盘点

注册会计师进入现场后,应察看被盘点部门和有关人员是否进入状态,有关手续是否已办理完毕。在监督盘点下,注册会计师不能离开盘点现场,同时应把握盘点的进度,对有关人员所实施的盘点清查要实行全过程监控,不能只看其结果而不观察其过程;对一些重要的盘点环节还要细看,必要时要求其放慢速度或重复操作,演示其过程或者要求其解释盘点的结果,也可以对有关盘点结果进行复核和清点;要防止有关人员对注册会计师玩弄"障眼法",趁注册会计师不注意时串换物资,搞"调包";如果发现此类情况,注册会计师应提出严肃批评,严重时应改为注册会计师实施直接盘点;在盘点过程中,要严格记录程序,对盘点出现的结果要如实记录在案,并执行有关手续,填写相关表格,写明盘点的实际数额,并签字为证。

3) 进行抽点

企业盘点人员盘点后,注册会计师应根据观察的情况,在盘点标签尚未取下之前,进行复盘抽点。抽点的样本一般不得低于存货总量的10%。在比较抽点结果与盘点单上的记录时,不仅要核对数量,还应该核对存货的编号、品种、规格及产品品质等。在抽点在产品时,还应扩大抽点范围。如发现差错过大,则应要求企业重新盘点。抽点结束后,应将全部盘点标签或盘点清单按编号顺序归总并据以登记盘点表。归总时,注册会计师应注意盘点标签或盘点清单编号的连续性,以免有缺号、重号现象。所有的盘点标签、盘点清单均应由企业参与人员和监盘注册会计师签名,并复印两份,企业与会计师事务所各留一份。同时,注册会计师还应向企业索取存货盘点前的最后一张验收报告单(或入库单)、最后一张货运文件(或出库单),以便审计时作截止测试之用。

4) 总结盘点结果

盘点的手续完毕之后,还应将盘点的结果与有关账簿记录进行核对,确定其是否账实相符。账实不符的原因有多种,有的属于在物资材料收发过程中正常的、小额的短少,即为正常的"盘盈"或"盘亏",但超过正常的幅度和范围,事情就不那么简单,对此类账实不符的情形,注册会计师不能轻易下结论,而要结合其他审计环节,进行深一步的调查研究。最初的调查是询问被审计单位有关人员,让其解释账实不符的原因并查找理由,如果能作出令人信服的说明,即可消除注册会计师疑虑,可不作进一步追查;如果不能自圆其说,说明问题仍然存在,则应作跟踪检查,直到得出满意的结论为止。

5) 其他注意事项

观察盘点和抽点过程中,注册会计师还应检查有无代人保存和来料加工的存货,有无未作账务处理而置于(或寄存)他处的存货,这些存货是否正确列示于存货盘点表中。同时,注册会计师还应注意观察存货的残次冷背情况,确定其对损益的影响。对于企业存放或寄销在外地的存货,也应纳入盘点的范围。但盘点的方法可以选择,如委托当地会计师事务所负责监盘抽点或本所注册会计师亲自前往监盘,如存货量不大,也可以向寄存寄销单位函证或采用其他替代程序予以确认。

7.3.3 存货计价审计和截止测试

1) 存货计价审计

监盘程序只能对存货的结存数量予以确认。为验证会计报表上存货余额的真实性,还必须对存货的计价进行审计。

(1) 样本的选择 计价审计的样本,应从已经盘点、单价和总金额已经记入存货汇总表的结存存货中选择。选择样本时应着重选择结存余额较大且价格变化比较频繁的项目,同时考虑所选样本的代表性。抽样方法一般采用分层抽样法,抽样规模应足以推断总体的情况。

(2) 计价方法的确认 存货的计价方法多种多样,企业可结合国家法规要求选择符合自身特点的方法。注册会计师除应了解掌握企业的存货计价方法外,还应对这种计价方法的合理性与一贯性予以关注,没有足够理由,计价方法在同一会计年度内不得变动。

(3) 计价审计 进行计价审计时,注册会计师首先应对存货价格的组成内容予以审核,然后按照了解的计价方法对所选择的存货样本进行计价审计。审计时,应排除企业已有计算程序和结果的影响,进行独立审计。待审计结果出来后,应与企业账面记录对比,编制对比分析表,分析形成差异的原因。如果差异过大,应扩大范围继续审计,并根据审计结果做出审计调整。

2) 存货截止测试

所谓存货截止测试,就是检查截至12月31日所购入并已包括在12月31日存货盘点范围内的存货。存货正确截止的关键在于存货实物纳入盘点范围的时间与存货引起的借贷双方会计科目的入账时间都处于同一会计期间。如果当年12月31日购入货物,并已包括在当年12月31日的实物盘点范围内,而购货发票是次年1月2日才收到,并已记入次年1月份账内,当年12月份账上并无进货和对应的负债记录,这就少计了存货和应付账款;相反,如果在当年12月31日就收到一张购货发票,并记入当年12月份账内,而这张发票所对应的存货实物却在次年1月2日才收到,未包括在当年年底的盘点范围内,这样就有可能虚减本年的利润。

按照存货正确截止的基本要求,若未将年终在途货物列入当年存货盘点范围内,只要相应的负债亦同时记入次年账内,对会计报表的影响就并不重要。

存货截止审计的主要方法是抽查存货盘点日期前后的购货发票与验收报告(或入库单),档案中的每张发票均附有验收报告(或入库单)。12月底入账的发票如果附有12月31日或之前的验收报告(或入库单),则货物肯定已经入库,并包括在本年的实地盘点存货范围内;如果验收报告日期为次年1月份的日期,则货物不会列入年底实地盘点存货范围内;反之,如果仅有验收报告(或入库单)而并无购货发票,则应认真审核每一验收报告单上面是否加盖暂估入库印章,并以暂估价记入当年存货账内,待次年年初以红字冲销。

存货截止测试的另一种方法是审阅验收部门的业务记录,在确定截止审计样本时,一般以截止日为界限,分别向前倒推或向后顺推若干日,按顺序选取较大金额购货业务发票或验收报告作审计样本。截止测试完成后,对于发现的截止错误,应提请被审计单位进行必要的账务调整。

【任务检查】

(1) 简要介绍如何进行存货审计。
(2) 简要介绍如何进行存货监盘。
(3) 简要介绍如何进行存货的截止和计价测试。

【项目小结】

生产与存货循环的主要业务包括:计划和安排生产;发出原材料;生产产品;核算产品成本;储存产成品;发出产成品等。生产与存货循环的内部控制主要包括存货的内部控制和成本会计制度的内部控制。存货的内部控制包括存货的数量和计价两个关键因素的控制。

了解生产与存货循环的内部控制所涉及的会计记录和主要活动是生产与存货循环审计的首要环节,然后针对可信赖的生产与存货交易的内部控制实施控制测试,进而对生产与存货交易的相关余额实施实质性程序。存货的实质性程序包括存货的监盘,存货的计价审计和存货的截止测试,其中存货的监盘对于确认存货的存在、完整性以及权利和义务的认定非常重要;存货的计价审计应通过选择样本,确认审计方式进而进行计价审计这一程序。

【能力训练】

一、单项选择题

1. 仓库部门根据从生产部门收到的连续编号的(　　)向生产部门发货。
   A. 入库单　　　B. 验收单　　　C. 领料单　　　D. 保管单
2. 对存货实施定期盘点属于(　　)。
   A. 注册会计师的审计责任　　　B. 被审计单位管理层的责任
   C. 会计师事务所的质量控制要求　　　D. 被审计单位财务部门的责任
3. 在审计企业存货时,审计人员应当(　　)。
   A. 亲自盘点存货　　　B. 现场指挥客户进行盘点
   C. 监督客户盘点　　　D. 观察客户盘点并适当抽点

4. 存货截止测试的方法不包括( )。
   A. 抽查存货截止日前后的采购发票,并与验收单或入库单核对
   B. 观察存货的验收入库地点和装运出库地点
   C. 抽查存货截止日前后出库单,并与销售发票核对
   D. 检查成本计算单
5. 下列费用中,不应当包括在存货成本中的是( )。
   A. 制造企业为生产产品而发生的人工费用
   B. 商品流通企业在商品采购过程中发生的包装费
   C. 商品流通企业进口商品支付的关税
   D. 库存商品发生的仓储费用
6. 生产与存货循环有关交易的实质性程序不包括( )
   A. 成本会计制度的测试   B. 存货的截止测试
   C. 存货的监盘   D. 存货的计价测试

二、多项选择题

1. 资产负债表中"存货"项目包括以下( )科目内容。
   A. 材料采购   B. 材料成本差异
   C. 生产成本   D. 其他资产
2. 基于成本项目的成本会计制度控制测试包括( )控制测试。
   A. 直接材料成本
   B. 直接人工成本
   C. 制造费用
   D. 生产成本在当期完工产品与在产品之间分配
3. 对期末存货进行监盘,其作用是( )。
   A. 能取得口头证据   B. 能取得实物证据
   C. 可以确定存货是否与实物相符   D. 可以确定存货的完整性
4. 对存货实施截止测试,能够确认的管理层认定有( )。
   A. 存在   B. 权利和义务   C. 完整性   D. 计价和分摊
5. 有关存货审计的下列表述中,不正确的有( )。
   A. 对存货进行监盘是证实存货"完整性"、"计价和分摊"认定的重要程序
   B. 存货截止测试的主要方法是抽查存货盘点日前后的购货发票与验收报告(或入库单),确定每张发票均附有验收报告(或入库单)
   C. 存货计价审计的样本应着重选择余额较大且价格变动较频繁的存货项目,同时考虑所选样本的代表性
   D. 对难以盘点的存货,应根据企业存货收发制度确认存货数量
6. 下列项目中,应确认为购货企业存货的有( )。
   A. 销售方已确认销售,但尚未发运给购货方的商品
   B. 购销双方已签协议约定,但尚未办理商品购买手续的商品

C. 未收到销售方结算发票,但已运抵购货方并验收入库的商品

D. 购货方已付款购进,但尚在运输途中的商品

三、案例分析题

1. 审计人员于 2014 年 3 月 16 日完成了对 A 公司 2013 年会计报表审计外勤工作。在复核工作底稿时,发现存在以下情况:

(1) 公司 160 万元的存货放于外地仓库,未能实地盘点,向存放地发出的询证函尚未收到回复。

(2) 审计人员认为存货中有 4 万元的存货已经毁损,应予以冲销,但 A 公司未作调整。

要求:分析以上事项对审计报告意见类型的影响。

2. 注册会计师对 A 公司进行年度报表审计,已经完成外勤审计工作。在复核工作底稿时发现,除下列事项外,A 公司会计报表其他内容均符合会计准则规定,注册会计师均认可。公司年末资产总额为 400 万元。

(1) A 公司上年末产成品期末余额多计 1.5 万元,注册会计师提请该公司调整,公司未接受,并且该存货在审计年度已销售。

(2) A 公司从当年度 5 月份开始存货计价方法由加权平均法改为后进先出法,使得年度销售成本上升 1.5 万元. 这一变化未在会计报表中说明,也未作纳税调整。

要求:确定注册会计师审计报表意见类型,并写出审计报告的说明段和意见段。

项目 8　人力资源与工薪循环审计

【学习目标】

- 知识目标
  (1) 了解人力资源与工薪循环主要活动及其内部控制。
  (2) 熟悉人力资源与工薪循环的控制测试程序。
  (3) 掌握应付职工薪酬实质性程序。
- 能力目标
  (1) 能分辨不同行业的工薪性质,审核相关凭证及经济活动。
  (2) 能对人力资源与工薪循环实施控制测试。
  (3) 能对应付职工薪酬实施实质性程序。

【引导案例】

注册会计师在审计工作底稿中记录了所了解的有关甲公司人力资源与工薪交易的内部控制,部分内容摘录如下:

(1) 甲公司内部审计人员将工薪费用分配表、工薪汇总表、工薪结算表与有关费用明细账核对,以确定工薪费用的发生或存在;

(2) 甲公司支票由有关专职人员签字,工薪的计算与发放由财务部实施;

(3) 甲公司规定有权雇佣和解雇员工的人员可兼管工薪的编制和记录;

(4) 甲公司内部审计人员认为,为了防止向员工过量支付工薪而实施的最有效的内部控制措施是对工薪交易进行适当的授权。

要求:请逐项指出上述内部控制在设计上存在的缺陷,简要说明理由,并提出改进建议。

任务 8.1　认知人力资源与工薪循环审计

【任务分析】

注册会计师对人力资源与工薪循环的审计,实际上是在业务流程层面使用循环法对人力资源与工薪循环的认定层次的重大错报风险进行评估和应对。

在评估人力资源与工薪循环的认定层次的重大错报风险时,需要了解不同行业类型的工薪性质;规范的人力资源与工薪循环涉及的主要凭证与会计记录并熟悉其主要业务活动。

【知识准备】

人力资源与工薪循环是指企业雇佣员工、记录工时、分配工薪费用和发放工薪的过程。接受员工提供劳务与向员工支付报酬都在短期内发生,所以,人力资源与工薪循环涉及的资产负债表项目是应付职工薪酬。

8.1.1 不同行业工薪的性质

无论在哪种行业,工薪都具有重要性。例如,在服务业中,企业属于劳动密集型,工薪支出在所有支出中占有重要比例。在高科技行业中,企业支付的工薪取决于员工的技能,这些企业可能设计出一套复杂的补偿方案雇用和留住最好的员工,以保持良好的持续经营能力。在制造业中,企业支付的工薪支出取决于产品生产过程的劳动密集程度。

在计划审计工作时,注册会计师需要了解工薪费用的重要性:

一是人力资源政策的相对重要性以及它们对工薪费用和工薪负债的影响。

二是所支付补偿的性质和复杂程度,包括小时工薪、月薪。

三是企业在处理和保持员工记录时对计算机程序的依赖程度,以及是否工薪工作外包给了服务商。

四是可能使管理层和高级员工产生对财务成果进行错报动机的性质,如与利润目标挂钩的股票期权和奖金。

在分析人力资源风险时,注册会计师应当考虑业绩指标。假如雇佣政策或补偿政策不能够吸引到具有较高技能的员工,或不能留住这些员工,则企业持续经营的能力将面临风险。管理层应当很好地识别出关键职位,以及该职位所必需的人员数量与资格,并要求就这些关键职位的空缺程度提供定期报告。

8.1.2 人力资源与工薪循环涉及的主要凭证与会计记录

人力资源与工薪循环开始于对员工的雇用,一般结束于对员工支付工薪。典型的人力资源与工薪循环涉及的主要凭证与会计记录有以下几种:

1) 人事和雇用记录

(1) 人事记录　包括雇用日期、工薪率、业绩评价、雇佣关系终止等方面的记录。

(2) 扣款核准表　核准工薪预扣款的表格,包括预先扣除个人所得税。

(3) 工薪率核准表　根据工薪合同、管理层的授权、董事会对管理层的授权,核准工薪率的一种表格。

2) 工时记录和工薪表

(1) 工时卡　记录员工每天上下班时间和工时数的书面凭证。对大多数员工来说,工时卡是根据时钟或打卡机自动填列的。

(2) 工时单　记录员工在既定时间内完成工作的书面凭证。通常在员工从事不同岗位的工作,或没有固定部门时使用。

(3) 工薪交易文件　由计算机生成的文件,包括一定期间(如一个月)内,通过会计系统处理的所有工薪交易。该文件含有输入系统的所有信息和每项交易的信息,如员工的姓名、日期、支付总额和支付净额、各种预扣金额、账户类别。

(4) 应付职工薪酬明细账或清单　由工薪交易文件生成的报告,主要包括每项交易的员工的姓名、日期、工薪总额及工薪净额、预扣金额、账户类别等信息。

(5) 工薪主文档　记录每位员工的每一工薪交易和保留已付员工总额的一种计算机文件。记录包括每个工薪期间的工薪总额、预扣金额、工薪净额、支票号、日期等。

3) 支付工薪记录

向员工支付劳务的转账资金应等于工薪总额减去税金和其他预扣款。

4) 个人所得税纳税申报表

个人所得税纳税申报表,即向税务部门申报的纳税表。

8.1.3　人力资源与工薪循环涉及的主要业务活动

人力资源与工薪循环是不同企业之间最可能具有共同性的领域,涉及的主要业务活动通常包括批准招聘、记录工作时间或产量、计算工薪总额和扣除、工薪支付等。

1) 批准招聘

批准雇用的文件,应当由负责人力资源与工薪相关事宜的人员编制,最好由在正式雇用过程中负责制订批准雇用、支付率和工薪扣除等政策的人力资源部门履行该职责。人力资源部门同时还负责编制支付率变动及员工合同期满的通知。

2) 记录工作时间或产量

工作时间或产量记录是员工工作的证据,以工时卡或考勤卡的形式产生,通过监督审核和批准程序予以控制。如果支付工薪的依据是产量而不是时间,数量也同样应经过审核,并且与产量记录或销售数据进行核对。

3) 计算工薪总额和扣除

在计算工薪总额和扣除时,需要将每名员工的交易数据,即本工薪期间的工作时间或产量记录与基准数据进行匹配。在确定相关控制活动已经执行后,应当由一名适当的人员批准工薪的支付。同时由一名适当的人员审核工薪总额和扣除的合理性,并批准该金额。

4) 支付工薪净额

利用电子货币转账系统,将工薪支付给员工,有时也会使用现金支出方式。批准工薪支票,通常是工薪计算中不可分割的一部分,包括比较支票总额和工薪总额。有关使用支票支付工薪的职能划分,应该与使用现金支出的职责划分相同。

【任务检查】

(1) 简述不同行业类型的工薪性质。

(2) 简述人力资源与工薪循环所涉及的主要凭证与会计记录。

(3) 简述人力资源与工薪循环所涉及的主要业务活动。

任务 8.2　人力资源与工薪循环的控制测试

【任务分析】

与其他循环相比,与工薪相关的内部控制通常是有效的,因此,注册会计师在评估人力资源与工薪循环认定层次重大错报风险时,通常预期人力资源与工薪循环内部控制的运行是有效的,此时,应安排对其进行控制测试。包括以内部控制目标为起点的控制测试和针对工薪汇总表和工薪单的控制测试。

【知识准备】

8.2.1　人力资源与工薪循环的内部控制

人力资源与工薪循环的内部控制主要包括以下几个方面:

1) *适当的职责分离*

为了防止向员工过量支付工薪,或向不存在的员工虚假支付工薪,责任分离非常重要。人力资源部门应独立于工薪职能,负责确定员工的雇用、解雇及其支付率和扣减额的变化。

2) *适当的授权*

人力资源部门应当对员工的雇用与解雇负责。支付率和扣减额也应当进行适当授权。每一个员工的工作时间,特别是加班时间,都应经过主管人员的授权。所有工时卡都应表明核准情况,例外的加班时间也应当经过核准。

3) *适当的凭证和记录*

适当的凭证和记录依赖于工薪系统的特性。例如,工时卡或工时记录只针对计时工薪,有些员工的工薪以计件工薪为基础。

4) *资产和记录的实物控制*

应当限制接触未签字的工薪支票。支票应由有关专职人员签字,工薪应当由独立于工薪和考勤职能之外的人员发放。

5) *工作的独立检查*

工薪的计算应当独立验证,包括将审批工薪总额与汇总报告进行比较。管理层成员或其他负责人应当复核工薪金额,以避免明显的错报和异常的金额。

8.2.2　以内部控制目标为起点的控制测试

人力资源与工薪循环的内部控制目标、关键内部控制及常用控制测试见表 8.1。

表 8.1 工薪内部控制的控制目标、内部控制和测试一览表

内部控制目标	关键的内部控制	常用的控制测试
工薪账项均经恰当的批准（发生）	对以下五个关键点，应履行恰当的批准手续，经过特别审批或一般审批：批准上工；工作时间，特别是加班时间；工薪、薪金或佣金；代扣款项；工薪结算表和工薪汇总表	检查人事档案；检查工时卡的有关核准；检查工薪记录中有关内部检查标记；检查人事档案中的授权；检查工薪记录中有关核准的标记
记录的工薪为实际发生的而非虚构的（发生）	工时卡经领班核准；用生产记录钟记录工时	检查工时卡的核准说明；检查工时卡；复核人事政策、组织结构图
所有已发生的工薪支出已记录（完整性）	工薪分配表、工薪汇总表完整反映已发生的工薪支出	检查工薪分配表、工薪汇总表、工薪结算表，并核对员工工薪手册、员工手册等
工薪以正确的金额，在恰当的会计期间及时记录于适当的账户（发生、完整性、准确性、计价和分摊）	采用适当的工薪费用分配方法，并且前后各期一致；采用适当的账务处理流程	选取样本测试工薪费用的归集和分配；测试是否按照规定的账务处理流程进行账务处理
从事考勤、工薪发放、记录之间相互分离（准确性）	从事考勤、工薪发放、记录等职务相互分离	面向和观察各项职责执行情况

8.2.3 针对工薪汇总表和工薪单的控制测试

1) 针对工薪汇总表的控制测试（核对总额）

（1）应选择若干月份工薪汇总表，计算复核每一份工薪汇总表。

（2）检查每一份工薪汇总表是否已经授权批准。

（3）检查应付工薪总额与人工费用分配汇总表中的合计数是否相符。

（4）检查其代扣款项的账务处理是否正确。

（5）检查实发工薪总额与银行付款凭单及银行存款对账单是否相符，并正确过入相关账户。

2) 针对工薪单的控制测试（核对具体事项）

（1）从工薪单中选取若干个样本（应包括各种不同类型人员），检查员工工薪卡或人事档案，确保工薪发放有依据。

（2）检查员工工薪率及实发工薪额的计算是否正确。

（3）检查实际工时统计记录（或产量统计报告）与员工工时卡（或产量记录）是否相符。

（4）检查员工加班记录与主管人员签名的月度加班费汇总表是否相符。

（5）检查员工扣款依据是否正确。

（6）检查员工的工薪签收证明。

(7)实地抽查部分员工,证明其确在本公司工作,如已离开本企业,需获得管理层证实。

【任务检查】

(1)简述企业如何进行人力资源与工薪循环的内部控制。
(2)简述如何以内部控制目标为起点进行控制测试。
(3)简述如何针对企业的工薪汇总表和工薪单进行控制测试。

任务8.3 应付职工薪酬审计

【任务分析】

工薪交易和相关余额主要的重大错报风险是对费用的高估,如向虚构员工发放工薪、对未实际发生工时支付工薪或以未授权的工薪率发放工薪等(存在和发生以及准确性认定)。由于严格的监管环境,以及工薪活动的敏感性和保密性,未遵守法律法规可能受到的严厉惩罚,管理层针对工薪系统实施严格的控制,在大多数情况下能够有效且预先发现并纠正错误和舞弊。因此,注册会计师在测试了关键控制后将工薪交易和余额中的重大错报风险评估为低。这将导致调整审计策略以获取为实施分析程序所需要的大多数实质性审计证据,减少细节测试。针对剩余重大错报风险,注册会计师应当采用细节测试对期末应付工薪和工薪负债的完整性、准确性、计价以及权利和义务进行测试。

【知识准备】

8.3.1 审计目标

应付职工薪酬的审计目标一般包括:确定资产负债表中记录的应付职工薪酬是否存在;确定所有应当记录的应付职工薪酬是否均已记录;确定记录的应付职工薪酬是否为被审计单位应当履行的现时义务;确定应付职工薪酬是否以恰当的金额包括在财务报表中,与之相关的计价调整是否已恰当记录;确定应付职工薪酬是否已按照企业会计准则的规定在财务报表中作出恰当列报。

8.3.2 应付职工薪酬的实质性程序

应付职工薪酬的实质性程序通常包括以下几个方面:

1)获取或编制应付职工薪酬明细表

获取或编制应付职工薪酬明细表,复核加计是否正确,并与报表数、总账数和明细账合计数核对是否相符。

2)实施实质性分析程序

(1)针对已识别需要运用分析程序的有关项目,并基于对被审计单位及其环境的了解,通过进行以下比较,同时考虑有关数据间关系的影响,以建立有关数据的期望值。

① 比较被审计单位员工人数的变动情况,检查被审计单位各部门各月工薪费用的发生额是否有异常波动,若有,则查明波动原因是否合理。

② 比较本期与上期工薪费用总额以及预期的工薪费用总额,要求被审计单位解释其增减变动或差异原因,或取得公司管理层关于员工工薪标准的决议。

③ 比较社会保险费(包括医疗、养老、失业、工伤、生育保险费)、住房公积金、工会经费、职工教育经费和辞退福利等项目的本期实际计提数与按照相关规定独立计算的预期计提数,要求被审计单位解释其增减变动或差异原因。

④ 核对下列相互独立部门的相关数据:工薪部门记录的工薪支出与出纳记录的工薪支付数;工薪部门记录的工时与生产部门记录的工时。

⑤ 比较本期应付职工薪酬余额与上期应付职工薪酬余额,是否有异常变动。

(2) 确定可接受的差异额。

(3) 将实际的情况与期望值相比较,识别需要进一步调查的差异。

(4) 如果其差额超过可接受的差异额,调查并获取充分的解释和恰当的佐证审计证据(如通过检查相关的凭证)。

(5) 评估实质性分析程序的测试结果。

3) 检查工薪、奖金、津贴和补贴

(1) 计提是否正确,依据是否充分。

① 将执行的工薪标准与有关规定核对,并对工薪总额进行测试。

② 被审计单位如果实行工效挂钩的,应取得有关主管部门确认的效益工薪发放额认定证明,结合有关合同文件和实际完成的指标,检查其计提额是否正确,是否应作纳税调整。

③ 结合员工社保缴纳情况,明确被审计单位员工范围,检查是否与关联公司员工工薪混淆列支。

(2) 检查分配方法与上年是否一致。除因解除与职工的劳动关系给予的补偿直接计入管理费用外,被审计单位是否根据职工提供服务的受益对象,分别下列情况进行处理:

① 应由生产产品、提供劳务负担的职工薪酬,计入产品成本或劳务成本。

② 应由在建工程、无形资产负担的职工薪酬,计入相关资产成本。

③ 被审计单位为外商投资企业,按规定从净利润中提取的职工奖励及福利基金,是否以董事会决议为依据,是否相应记入"利润分配——提取的职工奖励及福利基金"科目。

④ 其他职工薪酬,是否计入当期损益。

(3) 检查发放金额是否正确,代扣的款项及其金额是否正确。

(4) 检查是否存在属于拖欠性质的职工薪酬,并了解拖欠的原因。

4) 检查社会保险费等

检查社会保险费(包括医疗、养老、失业、工伤、生育保险费)、住房公积金、工会经费和职工教育经费等计提(分配)和支付(使用)的会计处理是否正确,依据是否充分。

5) 检查辞退福利

(1) 对于职工没有选择权的辞退计划,检查按辞退职工数量、辞退补偿标准计提辞退福利负债金额是否正确。

（2）对于自愿接受裁减的建议，检查按接受裁减建议的预计职工数量、辞退补偿标准（该标准确定）等计提辞退福利负债金额是否正确。

（3）检查实质性辞退工作在一年内完成、但付款时间超过一年的辞退福利，是否按折现后的金额计量，折现率的选择是否合理。

（4）检查计提辞退福利负债的会计处理是否正确，是否将计提金额计入当期管理费用。

（5）检查辞退福利支付凭证是否真实正确。

6）检查非货币性福利

（1）检查以自产产品发放给职工的非货币性福利，是否根据受益对象，按照该产品的公允价值，计入相关资产成本或当期损益，同时确认应付职工薪酬；对于难以认定受益对象的非货币性福利，是否直接计入当期损益和应付职工薪酬。

（2）检查无偿向职工提供住房的非货币性福利，是否根据受益对象，将该住房每期应计提的折旧计入相关资产成本或当期损益，同时确认应付职工薪酬。对于难以认定受益对象的非货币性福利，是否直接计入当期损益和应付职工薪酬。

（3）检查租赁住房等资产供职工无偿使用的非货币性福利，是否根据受益对象，将每期应付的租金计入相关资产成本或当期损益，并确认应付职工薪酬。对于难以认定受益对象的非货币性福利，是否直接计入当期损益和应付职工薪酬。

7）检查应付职工薪酬的期后付款情况

检查应付职工薪酬的期后付款情况，并关注在资产负债表日至财务报表批准报出日之间，是否有确凿证据表明需要调整资产负债表日原确认的应付职工薪酬事项。

8）检查应付职工薪酬是否已按照企业会计准则的规定在财务报表中做出恰当的列报

检查应付职工薪酬是否已按照企业会计准则的规定在财务报表中做出恰当的列报。检查是否在附注中披露与职工薪酬有关的下列信息：

（1）应当支付给职工的工薪、奖金、津贴和补贴，及其期末应付未付金额。

（2）应当为职工缴纳的医疗、养老、失业、工伤和生育等社会保险费，及其期末应付未付金额。

（3）应当为职工缴存的住房公积金，及其期末应付未付金额。

（4）为职工提供的非货币性福利，及其计算依据。

（5）应当支付的因解除劳动关系给予的补偿，及其期末应付未付金额。

（6）其他职工薪酬。

【任务检查】

（1）简要介绍应付职工薪酬的审计目标。

（2）简述如何对应付职工薪酬实施实质性测试。

【项目小结】

人力资源与工薪循环的主要业务活动有批准招聘、记录工作时间或产量、计算工薪总额和扣除、工薪支付等。人力资源与工薪循环的内部控制主要包括适当的职责分离、适当的授权、适当的凭证与记录、资产和记录的实物控制、工作的独立检查等。当预期人力资源与工薪循环内部控制的运行是有效的,可以实施以内部控制目标为起点的控制测试或针对工薪汇总表和工薪单的控制测试。为实现应付职工薪酬的审计目标,注册会计师应当对应付职工薪酬实施实质性分析程序和一定的细节测试,以获取充分适当的审计证据。

【能力训练】

一、单项选择题

1. 下列程序中,实现记录的工薪为实际发生的而非虚构的目标最佳的实质性程序是( )。

   A. 将有关费用明细账与工薪费用分配表、工薪汇总表、工薪结算表相核对

   B. 将工薪费用分配表、工薪汇总表、工薪结算表与有关费用明细账相核对

   C. 检查工时卡

   D. 检查工薪的计提是否正确,分配方法是否与上期一致

2. 对本期工薪费用实施分析程序不相关的认定是( )。

   A. 发生   B. 完整性

   C. 准确性   D. 分类和可理解性

3. 关于人力资源与工薪循环的内部控制和审计测试,以下说法中不正确的是( )。

   A. 将工薪费用分配表、工薪汇总表、工薪结算表与有关费用明细账核对可以实现完整性

   B. 支票应由有关专职人员签字,工薪应当由独立于工薪和考勤职能之外的人员发放

   C. 有权雇用和解雇员工的人员可兼管工薪的编制和记录

   D. 在对人力资源与工薪循环实施审计时,管理层在实施监控程序时实施的高层次控制是注册会计师拟信赖的特别重要的控制

4. 为了防止向员工过量支付工薪,或向不存在的员工虚假支付工薪,下列最有效的内部控制措施是( )。

   A. 资产和记录的实物控制   B. 适当的凭证和记录

   C. 适当的授权   D. 适当的职责分离

5. 下列关于人力资源与工薪循环的内部控制中,恰当的是( )。

   A. 甲职员负责考勤制度的审核、工资的计算,乙职员负责工资的发放和审核

   B. 甲职员负责考勤制度的管理、审核和工资的计算,同时对乙职员的工资发放过程进行监督

   C. 甲职员负责工薪支付的批复,乙职员负责工薪总额的计算审核和扣除额审核,并批准该金额

   D. 甲职员负责工资支付的全过程

6. 注册会计师在审计被审计单位应付职工薪酬时,发现了被审计单位的会计将下列项

目均计入了应付职工薪酬,其中注册会计师不应当认可的是( )。

A. 职工工资 B. 辞退福利
C. 医疗保险费 D. 职工出差报销的飞机票

二、多项选择题

1. 下列可能导致工薪交易和余额产生重大错报风险的有( )。

   A. 将工薪支付给错误的员工
   B. 在工薪单上虚构员工
   C. 在进行工薪处理过程中出错
   D. 电子货币转账系统的银行账户不正确

2. 对本期工薪费用实施分析程序,检查工薪的计提是否正确、分配方法是否与上期一致,可以实现的审计目标有( )。

   A. 完整性 B. 发生 C. 准确性 D. 计价和分摊

3. 通常核对相互独立部门的相关数据的效果会更好一些,下列属于这种类型的分析程序有( )。

   A. 比较本期与上期工薪费用总额
   B. 工薪部门记录的工薪支出与出纳记录的工薪支付数
   C. 比较本期应付职工薪酬余额与上期应付职工薪酬余额
   D. 工薪部门记录的工时与生产部门记录的工时

4. 应付职工薪酬的核算内容包括( )。

   A. 职工福利费 B. 现金结算的股份支付
   C. 职工教育经费 D. 住房公积金

5. 注册会计师正在对被审计单位的应付职工薪酬实施分析程序,下列分析可能发现数据异常波动的有( )。

   A. 比较被审计单位员工人数的变动情况,检查被审计单位各部门各月工资费用的发生额
   B. 比较本期与上期工资费用总额
   C. 结合员工社保缴纳情况,明确被审计单位员工范围
   D. 比较本期应付职工薪酬余额与上期应付职工薪酬余额

6. 检查应付职工薪酬是否已按照企业会计准则的规定在财务报表中作出恰当的列报时,注册会计师应检查被审计单位是否在附注中披露与职工薪酬有关的下列( )信息。

   A. 应当支付给职工的工薪、奖金、津贴和补贴及其期末应付未付金额
   B. 应为职工缴纳的医疗、养老、失业、工伤和生育等社会保险费及其期末应付未付金额
   C. 应当为职工缴存的住房公积金及其期末应付未付金额
   D. 为职工提供的货币性福利

三、案例分析题

资料一:2013年初,甲公司董事会决定将每月薪酬发放日由当月最后1日推迟到次月5

日,同时将员工薪酬水平平均上调10%。甲公司2013年员工队伍基本稳定。

资料二:A注册会计师在审计工作底稿中记录了所获取的甲公司合并财务数据,部分内容摘录如下(金额单位:万元):

项目	未审数	已审数
	2013年	2012年
应付职工薪酬	12	10

资料三:A注册会计师在审计工作底稿中记录了实施的相关实质性程序,部分内容摘录如下:

根据不同类别员工的薪酬标准和平均人数,估算2013年度应计提的员工薪酬,与2013年度实际计提的金额进行比较。

要求:(1)针对资料一,结合资料二,假定不考虑其他条件,指出资料一所列事项是否可能表明存在重大错报风险。如果认为存在,简要说明理由,并说明该风险主要与哪些账务报表项目有关。

(2)针对资料三所列示的实质性程序,假定不考虑其他条件,指出该实质性程序与已识别的重大错报风险是否直接相关,并简要说明理由。

项目 9　筹资与投资循环审计

【学习目标】

● 知识目标

(1) 了解筹资与投资循环的主要业务活动内容。

(2) 掌握筹资与投资循环的内部控制内容及符合性测试程序。

(3) 掌握借款审计的实质性测试程序。

(4) 掌握所有者权益审计的实质性测试程序。

(5) 掌握长期股权投资审计的实质性测试程序。

● 能力目标

(1) 能够确定筹资与投资循环审计相关报表项目的审计目标并设计合理的实质性审计程序。

(2) 熟练编制筹资与投资循环审计的工作底稿。

【引导案例】

注册会计师何某对甲公司 2013 年度会计报表进行审计时,了解到甲公司 2013 年 7 月 1 日向银行借入"专项借款"2 000 万元,年利率 9%,拟出资建设厂房,工程于当年 10 月 10 日正式开工,2013 年 11 月 1 日支付承建单位工程款 1 500 万元,公司 2013 年资本化金额为 90 万元。

《企业会计制度》规定,因专项借款而发生的利息,必须同时具备"资产支出已经发出,借款费用已经发生和为使资产达到稳定可使用状态,所必要的购建活动已经开始"三项条件时,才能开始资本化。甲公司借款费用的发生日为当年的 7 月 1 日,工程开工时间为当年的 10 月 10 日,而为该工程垫支的支出发生于预付工程款日,即 11 月 1 日。由上可见,该公司专项借款利息的资本化应从 11 月 1 日开始。这样,2013 年资本化的金额就应为 1 500×9%×2/12=22.5 万元,其余的 67.5 万元应计入当期损益。

据此,注册会计师何某认为被审计单位 2013 年度的借款费用多资本化了,应予调整,调整分录为:

借:财务费用　　　　　　　　　　　675 000
　　贷:在建工程——借款费用　　　　　　　　　　675 000

根据上述资料,分析:对借款利息资本化该如何审计?

任务 9.1　认知筹资与投资循环审计

【任务分析】

筹资与投资循环是由筹资活动和投资活动的经济业务所构成的。筹资活动是指企业为满足生存和发展的需要而筹集资金的活动,包括向银行贷款、发行债券、发行股票等。投资活动是指企业为通过分配来增加财富,或为谋求其他利益而将资产让渡给其他单位所获得的另一项资产的活动。其内容包括短期投资和长期投资。

【知识准备】

9.1.1　筹资与投资循环的特征

筹资与投资循环的业务与前述三种循环的业务相比,具有如下特征:
(1) 审计年度内筹资与投资循环的交易数量较少,而每笔业务交易的金额通常都较大。
(2) 漏记或不恰当地进行会计处理,将会导致重大错误,从而对会计报表的公允反映产生较大的影响。
(3) 筹资与投资业务的发生必须遵守国家法律、法规和有关契约的规定。

由于存在这些特点,审计人员必须充分重视对筹资与投资循环业务的审计,对某些发生次数较少的业务如所有者权益可以采用详查的方式。

9.1.2　筹资与投资循环中的主要凭证与会计记录

1) 筹资活动的凭证与会计记录
(1) 债券　是公司依据法定程序发行,允诺在一定期限内还本付息的书面凭证。
(2) 股票　是股份有限公司签发的证明股东所拥有股份数的书面凭证。
(3) 债券契约　是明确债券持有人与发行企业双方所拥有的权利与义务的法律文件。
(4) 股东名册　是记载每一位股东姓名,反映其所拥有的全部股份及其变动情况的书面凭证。
(5) 公司债券存根簿　它详细记载已发行债券的持有者、债券交易及其变动情况。
(6) 承销或包销协议　公司向社会公开发行股票或债券时,应当由依法设立的证券经营机构承销或包销,公司应与其签订承销或包销协议。
(7) 贷借款合同或协议　指公司向银行或其他金融机构借入款项时与其签订的合同或协议。
(8) 有关记账凭证。
(9) 有关总账和明细分类账。

2) 投资活动的凭证和会计记录
(1) 股票或债券。

(2) 经纪人通知书。
(3) 债券的契约。
(4) 企业的章程及有关协议。
(5) 投资协议。
(6) 有关记账凭证。
(7) 有关总账和明细分类账。

9.1.3 筹资与投资循环中的主要业务活动

1) 筹资所涉及的主要业务活动

(1) 审批授权　企业通过借款筹集资金必须经当局的授权与批准,其中债券的发行每次均要由董事会授权。申请发行债券时,应履行审批手续,向有关机关递交相关文件。凡涉及投入资本的增减业务,都必须依据国家有关法规或企业章程的规定,报经企业最高权力机构和国家有关管理部门批准。因此,企业的股票发行必须依据国家有关法规或企业章程的规定,报经企业最高权力机构及国家有关管理部门批准。

(2) 签订合同或协议　企业向银行或其他金融机构借款必须签订借款合同或协议。企业发行债券必须签订债券契约和债券承销或包销合同。

(3) 取得资金　企业向银行或其他金融结构借入的款项,企业通过发行债券、发行股票所得款项应及时如数存入其开户银行。

(4) 计算利息或股利　企业应按有关合同、协议或债券契约的规定及时计算借款或债券利息,根据公司章程和董事会决定计算应付股东的股利。

(5) 偿还本息或发放股利　对于银行借款或债券,应按有关合同、协议或债券契约的规定支付利息,到期偿还本金,融入的股本根据股东大会的决定发放股利。

2) 投资所涉及的主要业务活动

(1) 审批授权　投资业务必须经过企业的高层管理机构进行审批。

(2) 取得证券或进行其他投资　企业可以通过购买股票或债券等进行证券投资,也可以通过与其他单位联合形成投资。

(3) 转让证券或收回其他投资　企业可以通过转让证券实现投资的收回。对于其他投资,如果已经投出,则除联营合同期满,或由于其他特殊原因导致联营企业解散外,一般不得抽回投资。

【任务检查】

(1) 筹资的主要业务活动包括哪些?
(2) 投资的主要业务活动包括哪些?

任务 9.2　筹资与投资循环的控制测试

【任务分析】

筹资活动是企业资金活动的起点,也是整个经营活动的基础。筹资活动的内部控制,不仅决定着企业能否顺利筹集生产经营和未来发展所需要资金,而且决定着企业能以什么样的筹资成本和什么样的筹资风险筹集所需资金,并决定着企业所筹集资金最终的使用效益。企业投资活动决定了企业要"做什么",为企业生产经营决定了方向和目标。加强投资活动的内部控制,合理组织和使用资金,可以保证投资项目或资产的正常运转,实现预期目标。

【知识准备】

9.2.1　筹资活动的内部控制测试

1)筹资活动的内部控制

筹资活动的内部控制系统一般包括下列内容:

(1)筹资的授权审批控制　适当授权及审批可明显提高筹资活动的效率,降低筹资风险,防止由于缺乏授权、审批而出现的舞弊现象。

(2)筹资循环的职务分离控制　职责分工,明确责任是筹资循环内部控制的重要手段。筹资业务中需分离的职务包括:

① 筹资计划编制人与审批人分离;

② 经办人员不能接触会计记录;

③ 会计记录人员同负责收、付款的人员相分离;

④ 证券保管人员同会计记录人员分离。

(3)筹资收入款项的控制　为了能使企业的内部控制系统有效执行,客观、公正的证实企业会计记录的可信性,防止以筹资业务为名进行不正当活动或以伪造会计记录来掩盖不正当活动的事项发生,企业最好委托独立的代理机构筹资。

(4)付出款项的控制　无论何种筹资形式都面临利息的支付或股利的发放等支付款项的问题。由于企业受息人比较分散,企业可开出单张支票,委托有关代理机构代发,这样,可以减少支票签发的次数,降低舞弊的可能。

(5)实物保管的控制　债券和股票都应设立相应的登记簿,详细登记已核准发行的债券和股票有关事项,如签发日期、到期时间、支付方式、支付利率、当时市场利率、金额等。

(6)会计记录的控制　企业应及时地按正确的金额、合理的方法,在适当的账户和合理会计期间予以正确记录,审计人员应通过询问、观察、查阅有关资料等方法来了解筹资循环内部控制的完善程度。

2) 筹资活动的符合性测试

筹资活动由借款业务和所有者权益业务组成。所有者权益增减变动的业务较少,金额较大,因而,审计人员在审计中一般直接对其进行实质性测试,而较少使用符合性测试。企业的借款通常涉及短期借款、长期借款和应付债券,但他们的内部控制基本类似。这里仅以应付债券为例,说明其内部控制的符合性测试。应付债券的符合性测试通常包括如下内容:

(1) 了解应付债券的内部控制　审计人员一般可通过查阅内部资料、询问和观察、绘制流程图、撰写内部控制说明,设计调查表方式,来了解被审计单位应付债券的内部控制。具体的,可以从下面几个方面对应付债券内部控制进行典型调查:

① 债券的发行是否经董事会授权并符合有关法律规定?
② 债券的发行是否履行审批手续?
③ 是否聘请独立机构承销或包销债券?
④ 债券发行所得款项是否立即存入银行?
⑤ 是否按照债券契约的规定及时支付债券利息?
⑥ 是否将应付债券记入恰当的账户?
⑦ 是否指定专人保管未发行的债券?
⑧ 是否指定专人保管债券持有人明细账?
⑨ 债券持有人明细账是否与总账定期核对?
⑩ 债券的偿还和购回是否根据董事会授权办理?

(2) 测试应付债券的内部控制　审计人员在了解了企业应付债券内部控制后,应运用以下程序测试其健全及有效程度:

① 取得被审计单位债券发行的法律文件,检查债券发行是否经董事会授权,是否履行了适当的审批手续,是否符合法律规定;
② 检查债券发行的收入是否立即存入银行;
③ 取得债券契约,检查企业是否根据契约的规定支付利息;
④ 检查债券发行的会计处理是否正确;
⑤ 检查债券溢(折)价的会计处理是否正确;
⑥ 取得债券偿还和购回的董事会决议,检查债券偿还和购回是否按董事会的授权进行。

(3) 分析评价应付债券的内部控制　审计人员在完成上述程序后,应对被审计单位应付债券的内部控制进行分析、评价,以确定其对实质性测试工作的影响,并针对薄弱环节提出改进建议。

9.2.2　投资活动的内部控制测试

1) 投资活动的内部控制

投资活动的内部控制应包括以下几个方面:

(1) 投资计划的审批授权控制　投资必须编制投资计划,详细说明投资对象、投资目的、影响投资收益的风险。投资计划在执行前必须严格审核。审查的内容主要有：证券市场的估计是否合理；投资收益的估算是否正确；投资的理由是否恰当；计划购入的证券能否达到投资目的等。所有投资计划及其审批应当用书面文件予以记录。

(2) 投资业务的职责分工控制　合法的投资业务应在业务的授权、执行、会计记录以及资产的保管等方面都有明确的分工，任何一项投资业务的全过程或过程中的某一重要环节不得由一人或一个机构独立负责。这样形成的相互牵制机制有利于避免或减少投资业务中发生错误或舞弊的可能性；即使一旦发生，也能及时发现，从而将企业的损失控制到最低限度。

(3) 投资资产的安全保护控制　企业对投资资产（股票和债券）一般有两种保管方式：一种方式是由独立的专门机构保管。例如：企业在拥有数额较大投资资产的情况下，委托银行、证券公司、信托投资公司等进行保管。这些机构拥有专门的保存和防护措施，可以防止各种证券的失窃和毁损，并且由于它们与投资业务的会计记录工作是完全分离的，可以大大降低舞弊的可能性。另一种方式是由企业自行保管，在这种情况下，必须建立严格的相互牵制制度，即至少要有两名以上人员共同控制，不得一人单独接触证券。对于任何证券的存入和取出，要将证券名称、数量、价值及存取的日期、数量等详细记录于证券登记簿内，并有在场经手人员签名。

(4) 投资业务会计记录控制　对于股票和债券类投资，无论是企业自行保管的还是由他人保管的，都要进行完整的会计记录，并对其增减变动及投资收益的实现情况进行相关会计核算。应对每一种股票和债券分别设立明细分类账，并详细记录其名称、面值、数量、取得日期、经纪人名称、购入成本、收取的股息或利息等。对于联营投资类的其他投资也应设置明细账，核算其他投资的投出及其投资收益和投资收回等业务，并对投资的形式、投向、投资的计价及投资收益等作出详细的记录。

(5) 投资收益控制　不同投资形成的投资收益内容是不同的。短期投资因为主要是购买有价证券，所以对投资收益的监控就是及时掌握证券市场的行情变动，或者由投资管理部门，或者由财务部门进行该项控制；而对于长期投资，若以非证券购买方式进行投资，应对接受投资方行使所有权进行监督；若以证券购买方式进行投资，则应对证券市场行情和投资的使用情况进行控制。

2) 投资活动的符合性测试

投资活动内部控制的符合性测试一般包括如下内容：

(1) 了解投资的内部控制　审计人员可以采用查阅内部资料、设计调查表等形式，了解被审计单位是否存在投资内部控制制度，弄清其内容，并做出适当记录，以便进行正常测试。具体地，可以从以下几个方面对投资活动的内部控制进行典型调查：

① 有价证券的买卖是否经授权批准？
② 是否委托独立机构保管投资证券？
③ 自行保管是否由两人以上共同控制？
④ 投资证券是否以企业的名义登记？
⑤ 证券保管人员是否处理会计记录？

⑥ 其他投资项目是否经授权批准？
⑦ 是否与被投资单位签订投资合同、协议？
⑧ 是否获得被投资单位出具的投资证明？
⑨ 投资的核算方法是否符合有关财务会计制度的规定？
⑩ 投资的金额是否及时入账？核实的投资收益会计处理是否正确？手续是否齐全？是否定期盘点所有投资证券？

（2）进行简易抽查　审计人员应抽查部分投资业务的会计记录，从原始凭证到明细账、总账顺序核对有关数据和情况，判断其会计处理过程是否合规完整，并据以核实上述了解的有关内部控制是否得到有效的执行。

（3）审计内部盘点报告　审计人员应审阅内部审计人员或其他授权人员对投资资产进行盘点的报告。重点审阅其盘点方法是否恰当，盘点结果与会计记录核对情况以及出现差异的处理是否合规。

（4）分析企业投资业务管理报告　对于企业的长期投资，审计人员应对照有关投资方面的文件和凭据，分析企业投资业务管理报告。企业投资业务会形成一系列的投资文件或凭据，如可行性研究报告，联营投资中的投资协议、合同及章程，证券投资的各类证券、负责投资业务的财务经理定期提交的投资业务管理报告等。审计人员应认真分析这些投资管理报告的具体内容，并对照有关文件和凭据资料，从而判断企业长期投资业务的管理情况。

（5）评价投资内部控制　审计人员完成上述各步骤工作后，取得了有关内部控制是否健全、有效的证据，并在工作底稿中标明内部控制的强弱点，即可对内部控制进行评价，确认对投资内部控制的可信赖程度，进而确定实质性测试的程序和重点。

【任务检查】

（1）筹资的内部控制包括哪些？
（2）投资的内部控制包括哪些？

任务 9.3　借款审计

【任务分析】

借款是企业承担的一项经济义务，是企业的负债项目。为了正确反映财务状况和经营成果，企业必须将其负债完整地列示在资产负债表中，并正确地予以计价。在一般情况下，被审计单位不会高估负债，因为这样做对自身不利，且难以与债权人的会计记录相互印证，故除少数情况外，负债的余额都是属实的。审计人员对于负债项目的审计，主要是防止企业低估或漏列债务。因为低估或漏列负债通常和低估费用、多计利润连带发生。例如，企业在年底不计提长期借款的应付利息，将导致资产负债表中负债少计，费用少计，当年的利润虚增。

【知识准备】

9.3.1 借款的审计目标

具体来说,借款的审计目标一般包括以下几项:

(1) 确定被审计单位的借款在特定期间是否确实存在,是否为被审计单位所承担。

(2) 确定被审计单位在特定期间内发生的借款业务是否记录完整。

(3) 确定被审计单位所有借款的借入、偿还及计息和付息的会计处理是否正确。

(4) 确定被审计单位各项借款的发生是否符合有关法律法规的规定,被审计单位是否履行了有关债务契约的规定。

(5) 确定被审计单位借款余额在会计报表上的列示与披露是否恰当。

9.3.2 借款的实质性测试

1) 短期借款的实质性测试

短期借款是指企业借入的期限在一年以内的各种借款。短期借款一般是企业为维持正常的生产所需的资金而借入的或为抵偿某项债务而借入的。审计人员应根据被审计单位短期借款年末余额的大小、占负债总额的比重、以前年度发现问题的多少以及相关内部控制制度的强弱等,确定短期借款的实质性测试的程序和方法。短期借款的实质性测试一般应包括以下内容:

(1) 获取或编制短期借款明细表　审计人员应首先获取或编制短期借款明细表,复核其加计数是否正确,并与明细账和总账核对是否相符。

(2) 函证重大的短期借款项目　为了确定短期借款的实有数,审计人员应对余额较大或认为重要的短期借款,向银行或其他债权人函证。这种函证可以结合银行存款余额的函证进行。为了控制函证的情况,审计人员应该编制银行借款函证汇总控制表,列明所发函证的银行等债权人名称、函证金额、发函日期、回函金额。如果回函金额不符,应查明原因并调节相符;如果询证函未能收回,应实施替代审计程序。

(3) 审查短期借款的增减情况　对年度内增加的短期借款,审计人员应检查借款合同和授权批准,了解借款数额、借款条件、借款日期、还款期限、借款利率,并与相关会计记录相核对。对年度内减少的银行借款,审计人员应重点检查相关会计记录和原始凭证,核实还款数额。

(4) 检查有无到期未偿还的短期借款　审计人员应审查相关记录和原始凭证,检查被审计单位年末有无到期未偿还的借款。如果有逾期未还的借款,应查明原因,同时了解逾期借款是否办理了延期手续,并作适当的记录。

(5) 验算短期借款利息　审计人员应根据短期借款的利率和期限,验算被审计单位短期借款的利息计算是否正确,有无多算或少算利息的情况。如有未计利息或多计利息,应作出记录,必要时应请被审计单位进行账项调整。

(6) 审查外币借款的折算 如果企业有外币短期借款,应检查非记账本位币折合记账本位币采用的折算汇率是否正确,折算差额是否按规定进行了会计处理,折算方法前后期是否保持一致。

(7) 确认短期借款在资产负债表上反映的恰当性 企业的短期借款通常在资产负债表上以"短期借款"项目单独列示,对于采用抵押方式获得的短期借款,应在资产负债表附注中揭示。审计人员应注意被审计单位对短期借款项目的披露是否恰当充分。

2) 长期借款的实质性测试

长期借款是企业由于扩大生产经营规模的需要而借入的期限在一年以上的各种款项。长期借款同短期借款一样,都是企业向银行或其他金融机构借入的款项,因此长期借款的实质性测试同短期借款的实质性测试较为相似。但应该注意的是,一旦形成长期借款,在其偿还期内,除了按规定计提利息以外,相关的经济业务一般不再发生。如果审计人员在上一审计年度已对相关的长期借款进行了审查,可以简化本年度的程序,审计的重点应放在各项长期借款本年度的变动上。这样可以节约大量的审计时间。长期借款的实质性测试一般需要执行以下程序:

(1) 获取或编制长期借款明细表。审计人员应首先获取或编制长期借款明细表,复核其加计数是否正确,并与明细账和总账的余额核对是否相符。

(2) 了解金融机构对被审计单位的授信情况以及被审计单位的信用等级评估情况;了解被审计单位获得短期借款和长期借款的抵押和担保情况,评估被审计单位的信誉和融资能力。

(3) 检查年度内长期借款的增减情况。对年度内增加的长期借款,审计人员应检查借款合同和授权批准,了解借款数额、借款条件、借款日期、还款期限、借款利率,并与相关会计记录相核对。对年度内减少的长期借款,审计人员应检查相关记录的原始凭证,核实还款数额。

(4) 向银行或其他金融机构函证重大的长期借款。

(5) 检查一年内到期的长期借款是否已转列为流动负债。

(6) 检查借款费用的会计处理是否正确,利息支出是否正确。

(7) 检查企业抵押长期借款抵押资产的所有权是否属于企业,其价值和现实状况是否与抵押契约中的规定相一致。

(8) 检查长期借款是否已在资产负债表上充分披露。长期借款在资产负债表上列示于长期负债类下,该项目应根据"长期借款"科目的期末余额扣减将于一年内到期的长期借款后的数额填列。该项扣除数应在流动负债类下以"一年内到期的长期借款"项目单独反映。审计人员应根据审计结果,确定被审计单位长期借款在资产负债表上列示是否恰当、充分,并注意长期借款的抵押和担保情况是否已在会计报表注释中作了充分的说明。

3) 应付债券的实质性测试

应付债券是企业为了扩大生产经营规模的需要,举借长期债务额发行的一种书面债务的凭证,一般称为企业债券或公司债券。通常企业发行债券的业务并不多,但每笔业务都可能是重要的。因此,审计人员应重视应付债券的测试工作。应付债券的实质性测试程序一般包括以下内容：

(1) 取得或编制应付债券明细表　审计人员应首先取得或编制应付债券明细表,并与有关明细账、备查簿以及总账余额核对是否相符。必要时,询证债权人及债券的承销人或包销人,以验证应付债券的正确性。

(2) 审查被审计单位债券业务是否真实与合法　审计人员应着重审查被审计单位发行债券有无经过有关部门的批准,发行债券所形成的负债是否及时记录等。

(3) 审查应计利息、债券折(溢)价摊销及其会计处理是否正确　债券的利息费用必须认真验算,并与有关账户记录项核对。此项工作一般可通过审查应付利息、债券溢价、债券折价等明细账户分析表来进行。同时,审计人员应审查其摊销方法是否适当,摊销金额是否正确。

(4) 审查到期债券的偿还　对到期债券的偿还,审计人员应审查用以偿还债券的支票存根,确定已偿还债券数额同应付债券借方发生额是否相符。

(5) 确定应付债券是否已在资产负债表上充分披露　应付债券在资产负债表中列示于长期负债类下,该项目应根据应付债券账户的期末余额扣除将于一年内到期的应付债券后的数额填列,该扣除数应当填列在流动负债类下的"一年内到期的长期负债"项目单独反映,审计人员应根据审计结果,确定被审计单位应付债券在资产负债表的反映是否充分,应注意有关应付债券类别是否在资产负债表附注中做了充分的说明。

4) 财务费用的实质性测试

财务费用是指企业为筹集生产经营资金而发生的费用,包括利息支出(减利息收入)、汇兑损失(减汇兑收益)以及金融手续费等。对财务费用的实质性测试,一般包括以下内容：

(1) 获取或编制财务费用明细表。检查其明细项目的设置是否符合规定的核算内容与范围,并与明细账和总账、报表的余额核对是否相符。

(2) 将本年度财务费用与上年度财务费用进行比较,并对本年度各个月份的财务费用进行比较,如有重大波动和异常情况应查明原因,分析变动趋势是否正常。

(3) 选择重要或异常的财务费用项目,检查其原始凭证是否合法,计算是否准确,会计处理是否正确。检查有无跨期入账的记录,必要时应作调整。

(4) 审查汇总损益明细账,检查汇总损益的计算是否正确,核对所用汇率是否适当,会计处理是否正确。

(5) 确定财务费用是否已在会计报表上恰当披露。

【任务检查】

借款审计的具体审计目标包括哪些?

任务9.4 所有者权益审计

【任务分析】

所有者权益是指投资者对企业净资产的所有权,它包括企业所有者投入资本以及企业存续过程中形成的资本公积、盈余公积和未分配利润。所有者权益审计,就是对投资人所拥有的净资产的合法性、真实性、准确性进行审查,以保护投资者的利益。在资产负债表上,所有者权益数额等于全部资产减去全部负债后的余额,即企业净资产数额,因此,审计资产负债表时,审计人员只要对其列示的资产和负债进行充分的审计,验证两者的期初余额,本期变动额和期末余额都是正确的,便可以从侧面为所有者权益的期末余额和本期变动额提供有力的证据,同时,所有者权益和长期负债相同,其增减变动的业务较少,金额较大,因此,在审计实务中,审计人员在审计了企业的资产和负债之后,往往只花费相对较少的时间对所有者权益进行审计。尽管如此,由于所有者权益对会计报表的公允反映有重大影响,对所有者权益的实质性测试仍然是十分必要的。

9.4.1 所有者权益审计目标

所有者权益审计的目标主要包括以下内容:

(1)确定被审计单位有关所有者权益内部控制制度是否健全、有效且一贯遵守,包括对投资的有关协议、合同和企业章程条款、利润分配的决议和方案、会计处理程序等方面的审查,并针对内部控制的薄弱环节提出改进建议。

(2)确定投入资本和资本公积的形成、增减变动的真实性、合法性及其会计记录的完整性。

(3)确定盈余公积和未分配利润的形成、增减变动的真实性、合法性及其会计记录的正确性。

(4)确定所有者权益在会计报表上的披露是否恰当。

9.4.2 所有者权益的实质性测试

1)投入资本的实质性测试

投入资本是所有者权益中的主要部分,它根据企业的组织形式的不同,分为股本和实收资本,两者在审计的具体内容上有所不同。

(1)股本的实质性测试 股本是股份有限公司按照公司章程、合同和投资协议的规定向股东募集的资本,代表股东对公司净资产的所有权。股份有限公司的股本,是在核定的资本总额及核定的股份总额的范围内,通过向股东发行股票的方式募集的。通常股本不发生变化,只有在股份有限公司设立、增资扩股和减资时发生变化。

对于股本的实质性测试,审计人员可以通过"股本"账户对股本及其变动运用详查法进

行实质性测试,其测试程序一般包括以下内容:

① 审阅公司章程、实施细则、合同或协议和股东大会、董事会会议记录:审计人员初次审计企业股本时,应获取公司章程,实施细则和股东大会、董事会会议记录的副本,认真研究其中有关股本的规定。被审计单位每次发行股票、收回股票或从事其他类型的股票交易,均须经过股东大会或董事会的授权批准。这时,审计人员应审阅公司的核定股份和已发行的股份、股票面值、股票收回、股票分割及认股权证等。我国法律规定,股份有限公司的出资可以采用货币资金、实物、无形资产等形式,但无形资产出资的金额不得超过股份有限公司注册资本的20%。

同时,规定采用募集式设立的股份有限公司,发起人认购的股份不得少于公司股份的35%。审计人员审计时,应当了解企业章程、合同、协议中出资方式、出资比例,确定其内容的合法性。如果企业在实际募股时存在与公司章程、合同、协议差异的情况,应与公司有关人员协商,对有关问题进行处理,并以适当的方式记录于审计工作底稿。

② 索取或编制股本明细表:初次审计时,审计人员应向被审计单位索取或自行编制股本明细表,作为永久档案存档,以供本年度和以后年度检查股本时使用。对股本进行审计必须认真分析被审计单位自注册创办以来股本账户的全部变动情况、核实的核准文件和记录。对于本期的股本变动情况,应与有关的原始凭证和会计账户核对,并追查至有关的授权批准文件。

③ 检查股票的发行、收回等交易活动:检查与股票发行、收回有关的原始凭证和会计记录,是验证股票发行、收回是否确实存在的重要步骤。应检查的原始凭证包括已发行股票的登记簿,向外界收回的股票、募股清单、银行对账单等。会计记录则主要包括银行存款日记账与总账、股本明细账与总账等。在检查过程中,应注意审核来自股票发行的全部资金收入是否按时缴足;如果股票发行是交换非货币资产,则必须认真核对整个交易过程,特别要查明投入资产的计价是否合理。

④ 函证发行在外的股票:审计人员应检查已发行的股票数量是否真实、是否均已收到股款或资产。我国目前股票发行和转让大多由企业委托证券交易所和金融机构进行,由证券交易所和金融机构对发行在外的股票份数进行登记和控制。因为这些机构一般既了解公司发行股票的总数,又掌握公司股东的个人记录以及股票转让情况。所以在审计时可采取向证券交易所和金融机构函证及查阅的方法来验证发行股份的数量,并与股本账面数额进行核对,确定是否相符,有些企业自己发行股票并进行有关股票发行数量、金额及股东情况的登记。由于这些企业自己已在股票登记簿和股东名单上进行了记录,在进行股本审计时,审计人员可根据资产负债表日股票登记簿最后一张股票编号,参照上年审计工作底稿列示的最后一张发行股票,按其连续编号算出本年度发行的全部股票。

⑤ 检查股票发行的会计处理:审查发行股票时,一般要检查发行股票的印刷费和委托其他单位发行股票的手续费、佣金等。《企业会计制度》规定,溢价发行股票时,各种发行费用从溢价中抵消;无溢价的,或溢价不足以支付的部分,作为长期待摊费用,在不超过两年的期限内平均摊销。审计人员应检查相关会计记录和原始凭证,确定被审计单位对股票发行费用的会计处理是否正确。

⑥ 检查股本是否已在资产负债表上恰当披露：股本应在资产负债表中单独列示。审计人员应该审查被审计单位资产负债表中股本项目的数字是否与审定数相符，并检查是否在会计报表附注中披露与股本有关的重要事项，如股本的种类、各类股本金额及股票发行的数额、每股股票的面值、本会计期间发行的股票等。

(2) 实收资本的实质性测试　除股份有限公司的投入资本在"股本"账户中核算外，其他组织形式的企业，其投入资本则通过"实收资本"账户核算。实收资本的增减变动通常也只有在企业设立、增资扩股及减资时发生变化。

审计人员应通过"实收资本"账户对投入资本及其变动运用详查法进行实质性测试。其测试程序一般包括以下内容：

① 审阅被审计单位合同、章程、营业执照及有关董事会会议记录：审计人员应向被审计单位索取合同、章程、批准证书、营业执照及有关董事会会议记录，并认真审阅其中的有关规定。

企业合同、章程对投资各方的出资方式、出资期限及其他要求做了详细规定，经国家审批部门批准后，就具有法律效力，投资各方不得随意更改，应严格履行合同、章程所规定的出资义务。

批准证书是国家授权部门批准企业成立的法律文件，投资各方应遵照执行。营业执照是由国家工商行政机关批准发给企业的合法经营的许可证，它规定企业成立和终止的日期。

② 取得或编制实收资本明细表：同股本审计一样，审计人员应向被审计单位索取或自行编制实收资本明细表，作为永久档案存档，以供本年度和以后年度检查收入资本时使用。实收资本明细表应当包括投入资本变动的详细记载及有关的分析评价。编制时需将每次变动情况逐一记载并与有关的原始凭证会计记录进行核对。

③ 审查出资期限、出资方式和出资额：进行实收资本的实质性测试时，审计人员应检查投资者是否已按合同、协议、章程、约定时间交付出资额，是否经会计师事务所验资。

出资期限是投资者缴足其认缴资本的时间界限。出资期限包括合同期限和法律期限，前者是投资者根据企业筹建、开业的需要，在企业合同、章程中规定的出资期限；后者是国家有关法律、规定中要求的出资期限。合同期限要符合法律期限的要求。

出资方式是指投资者认缴资本所采用的方式。出资方式包括货币资金方式出资、实物方式出资和无形资产方式出资。投入资本的出资方式除国家规定者外，应在企业成立经批准的企业合同、章程中有详细规定。投资者的出资方式必须遵守国家规定和企业合同、章程，不得擅自改变出资方式，否则将构成违反合同、章程的行为。

我国规定，企业申请开业必须具备符合国家规定并与其生产经营和服务规模相适应的资本数额，而且对各类企业注册资本的最低限额及法定资本作了明确规定。企业的注册资本不应低于法定资本。

④ 审查投入资本的真实性：审计人员应通过对有关原始凭证、会计记录的审阅核对，向投资者函证实缴资本额，对有关财产和实物的价值进行鉴定，确定投入资本是否真实存在，是否符合国家的法律规定。检查时，审计人员应注意投入的现金、银行存款等货币资金是否已确实存入企业的开户银行并收到银行的收款通知；投入的实物资产是否具有资产评估资

格的中介机构进行评估作价,有无出具银行虚假证明及随意调节资产价格的问题,是否已办理了验收手续并开列了清单,对企业所有的房地产应检查其是否有整套的所有权或使用权证明文件,对机器设备、运输工具应检查采购发票,对融资租入固定资产应检查其租赁合同;对投入的无形资产则应检查是否有中介机构进行评估作价,是否已办理了法律手续,接受了有关技术资料。

审计人员在审计实收资本的真实性时,还应特别注意以下两个区别:一是注意投入资本与借入资金的区别。通过审计,注意企业是否存在将借入资金记作实收资本,是否存在将借入资金作为注册资本,在工商部门注册登记后归还给债权人的问题;二是注意基建拨款与基建借款购建资产的区别。对基建拨款形成的那一部分资产价值应计入实收资本,否则应作长期借款入账。

⑤ 审查实收资本的增减变动:对于实收资本的增减变动,主要审查其是否具备注册资本变动的条件,是否符合有关法律文件的规定,是否与董事会纪要、补充合同、协议的规定一致,实收资本增减变动会计处理是否正确。

⑥ 审查外币出资实收资本的折算:以外币出资时,根据有关制度规定,企业对实际收到的外币出资,可以按合同约定的市场汇率折合为记账本位币记账;没有合同约定的,按下列原则处理:登记注册的货币与记账本位币一致时按收到时的市场汇率折合;登记注册的货币与记账本位币不一致时,按企业第一次收到出资额时的市场汇率折合。如果有关资产账户与实收资本账户所采用的折合汇率不一致时产生的资本折算差额,作为资本公积处理。

⑦ 确定实收资本是否已在资产负债表上恰当披露:企业的实收资本应在资产负债表上单独列示,同时还应在会计报表附注中说明实收资本期初至期末间的重要变化等。审计人员应在实施上述审计程序的基础上,确定被审计单位资产负债表上的实收资本是否反映恰当、充分,并确定有关投入资本是否在会计报表附注中予以分类揭示。

2) 资本公积的实质性测试

资本公积是由非经营性因素形成的不能计入实收资本的所有者权益。它主要包括投资者实际缴付的出资额超过其资本份额的差额(如股票溢价、资本溢价)、资产评估增值等以及接受捐赠资产、外币资本折算差额、股权投资准备、被投资单位资本公积事项准备等。资本公积实质性测试的内容一般包括以下几项:

(1) 审查资本公积的形成的合法性、合规性

① 审查资本溢价:资本溢价是指投资人实际缴付的出资额超过其按注册资本和投资比例计算的法定出资额的部分。其产生主要有以下几种情形:一是企业在增资扩股时有新的投资者参股;二是现有投资者单方面增股;三是现有投资人进行不同比例地增资。对资本溢价,应检查是否确系企业吸收新的投资者或增资时形成,资本溢价的确定是否按实际出资额扣除按投资比例应缴入的出资额计算,投资是否经企业董事会决定,并已报至审批机关批准,有无弄虚作假增资或有增资时不计入资本公积的问题。

② 审查股票溢价:企业溢价发行股票时,发行收入超出股票面值部分即为股票溢价。按照有关规定,股票溢价在扣除相关发行费用后,方可计入资本公积,审计人员对股票溢价应检查发行价格是否合法,是否经有关部门批准,有无截留、隐瞒、挪用股票溢价收入等

问题。

③ 审查股权投资准备：企业以非现金资产对外投资，投出资产公允价值大于账面价值的差额，扣除未来应交所得税余额，作为资本公积处理。对股权投资准备应审查企业对外投资的非现金资产的公允价值是否大于其账面价值，公允价值是否合理。

④ 审查捐赠资产：对被审计单位接受的捐赠资产，应审查企业是否已按规定办理了移交手续，是否经过验收，捐赠资产的计价是否取得有关报价单或按同类资产的市场价格确认，接受的固定资产是否应计提折旧，有无将捐赠资产不入账的情况。

⑤ 拨款转入：拨款转入是指企业收到国家拨入的专门用于技术改造、技术研究等的拨款项目完成后按规定转入资本供给的部分。对拨款转入，审计人员应检查相关的政府批文、拨款凭证及项目完成记录、项目决算书等。

⑥ 资本汇率折算差额：对资本汇率折算差额，应审查实收资本账户折合汇率是否按合同约定确定，并经投资各方认可，且符合国家有关法规、制度的规定；资产账户折算所采用的汇率是否是收到出资当日的市场汇率或当月 1 日的市场汇率；入账的资本公积是否与以上两者的差额相等。

⑦ 审查法定财产重估增值：通常，企业按历史成本计价原则记录和反映资产价值，但在某些特殊情况下也可以对企业资产进行重新估价，如涉及国有资产产权变动，需要进行资产重估；企业进行股份制改造，也应进行资产评估。资产评估增值，一方面增加某项资产的价值；另一方面形成企业的资本公积。

对法定财产重估增值应审查资产价值重估的原因是否合规，是否经有关部门批准，估价方法是否符合资产评估的有关法规规定，资产评估增值的计算及其会计处理是否正确，有无高估或低估价值调节资本公积数额，评估机构是否具有由国家确认的评估资格。

(2) 审查资本公积使用的合法性、合规性　主要审查企业的资本公积是否按规定转增资本，转增资本是否经董事会决议并报工商行政管理机关办理增资手续，有无将资本公积擅自挪作他用的情况。

(3) 确定资本公积是否已在资产负债表上恰当披露　审计人员应核实企业的资本公积是否在资产负债表中单项列示并在会计报表附注中说明资本公积的期末余额及期初至期末的重要变化。

3) **盈余公积的实质性测试**

盈余公积是企业按照规定从净利润中提取的积累资金，主要用于弥补企业重大亏损和转增资本，也可按规定用于分配股利。盈余公积包括法定盈余公积、任意盈余公积和公益金。

盈余公积实质性测试的一般程序如下：

(1) 获取或编制盈余公积明细表　审计人员应首先获取或编制盈余公积明细表，分别列示法定盈余公积、任意盈余公积和公益金，并与明细账和总账的余额核对是否相符。在此基础上，对盈余公积各明细项目的发生额逐项审查其原始凭证。

(2) 审查盈余公积的提取是否符合规定　不同组织形式的企业，计提盈余公积的要求不同。股份有限公司的盈余公积包括法定盈余公积、公益金和任意盈余公积三部分。而其他企业的盈余公积则包括法定盈余公积和公益金两部分。法定盈余公积应按法律规定的比例和要求提取,一般为净利润的10%。审计人员应检查其计提基数是否正确,主要是检查企业利润总额、应纳税所得额和税后利润是否正确。公益金和任意盈余公积则按企业章程或董事会的决定提取,审计人员应检查是否经过董事会的批准,计提数和批准数是否相符。提取盈余公积的依据主要是净利润按规定作必要的扣除后的余额,一般应扣除被没收财物损失、违反税法规定支付的滞纳金和罚款、弥补超过税前弥补期的以前年度亏损等项目。审计人员还应注意被审计单位是否存在以前年度亏损尚未弥补完就提取公积金或公益金的问题。

(3) 审查盈余公积的使用是否符合规定　审计人员主要审查盈余公积的使用是否符合规定用途并经过一定授权批准手续。盈余公积主要用于弥补亏损、转增资本和特别批准后支付股利,但必须符合国家规定的限制条件,如转增资本或分配股利后的剩余额不得低于注册资本的25%,支付股利时支付比率不得超过股票面值的6%;转增资本还必须经批准,依法办理增资手续,取得合法的增资文件;弥补亏损也必须按批准数额转账;公益金只能用于职工集体福利实施,不得挪作他用。

(4) 确定盈余公积是否已在资产负债表恰当披露　企业的法定盈余公积、任意盈余公积和公益金应在资产负债表中合并为盈余公积单独列示。股份有限公司盈余公积和公益金项目列在资产负债表中分项列示,同时还在会计报表附注中说明各项盈余公积的期初至期末间的重要变化。

4) 未分配利润的实质性测试

未分配利润是指未作分配的净利润,即这部分利润没有分配给投资者,也未指定用途,是企业留待以后年度进行分配的利润。它是所有者权益的一个重要组成部分。企业的未分配利润通过"利润分配——未分配利润"明细科目核算,其年末余额反映历年积存的未分配利润(或未弥补亏损)。

未分配利润的实质性测试的一般程序如下:

(1) 审查利润分配比例是否符合企业章程、合同、协议以及董事会的决定,利润分配数额及年末分配数额的计算是否准确,其会计处理是否正确。

(2) 根据审计结果调整本年损益表,直接增加或减少未分配的利润,确定调整后的分配利润数。

(3) 确定未分配利润是否已在资产负债表上恰当披露。

【任务检查】

(1) 为什么对所有者权益的审计可直接进行实质性测试,而较少使用符合性测试?
(2) 试述所有者权益审计的特点及其审计目标。

任务 9.5 长期股权投资审计

【任务分析】

长期股权投资是指通过投资取得被投资单位的股份。企业对其他单位的股权投资,通常视为长期持有以及通过股权投资达到控制被投资单位,或对被投资单位施加重大影响,或为了与被投资单位建立密切关系,以分散经营风险。

【知识准备】

9.5.1 长期股权投资的审计目标

虽然出于不同目的,企业投资形成了短期投资和长期投资,但它们的审计目标基本相同,主要有如下几个方面:

(1) 确定投资是否存在。
(2) 确定投资是否归被审计单位所拥有。
(3) 确定投资的增减变动和计价方法(成本法或权益法)是否正确。
(4) 确定投资跌价准备或减值准备的计提是否充分、合理。
(5) 确定投资收益是否取得并已入账。
(6) 确定投资的年末余额是否正确。
(7) 确定投资在会计报表上的披露是否恰当。

9.5.2 长期股权投资的实质性测试

审计人员应在对投资内部控制审查和评价的基础上,进行实质性测试。测试的一般步骤如下:

(1) 获取或编制长期股权投资明细表,复核加计正确,并与总账数和明细账合计数核对相符;结合长期股权投资减值准备科目与报表数核对相符。

(2) 根据有关合同和文件,确认股权投资的股权比例和持有时间,检查股权投资核算方法是否正确。

(3) 对于重大的投资,向被投资单位函证被审计单位的投资额、持股比例及被投资单位发放股利等情况。

(4) 对于应采用权益法核算的长期股权投资,获取被投资单位已经注册会计师审计的年度财务报表,如果未经注册会计师审计,则应考虑对被投资单位的财务报表实施适当的审计或审阅程序。

① 复核投资收益时,应以取得投资时被投资单位各项可辨认资产等的公允价值为基础,对被投资单位的净利润进行调整后加以确认;被投资单位采用的会计政策及会计期间与

被审计单位不一致的,应当按照被审计单位的会计政策及会计期间对被投资单位的财务报表进行调整,据以确认投资损益。

② 将重新计算的投资收益与被审计单位所计算的投资收益相核对,如有重大差异,则查明原因,并做适当调整。

③ 检查被审计单位按权益法核算长期股权投资,在确认应分担被投资单位发生的净亏损时,应首先冲减长期股权投资的账面价值,其次冲减其他实质上构成对被投资单位净投资的长期权益账面价值(如长期应收款等);如果按照投资合同和协议约定被审计单位仍需承担额外损失义务的,应按预计承担的义务确认预计负债,并与预计负债中的相应数字核对无误;被投资单位以后期间实现盈利的,被审计单位在其收益分享额弥补未确认的亏损分担额后,恢复确认收益分享额。审计时,应检查被审计单位会计处理是否正确。

④ 检查除净损益以外被投资单位所有者权益的其他变动,是否调整计入所有者权益。

(5) 对于采用成本法核算的长期股权投资,检查股利分配的原始凭证及分配决议等资料确定会计处理是否正确;对被审计单位实施控制而采用成本法核算的长期股权投资,比照权益法编制变动明细表,以备合并报表使用。

(6) 对于成本法和权益法相互转换的,检查其投资成本的确定是否正确。

(7) 确定长期股权投资的增减变动的记录是否完整。

① 检查本期增加的长期股权投资,追查至原始凭证及相关的文件或决议及被投资单位验资报告或财务资料等,确认长期股权投资是否符合投资合同、协议的规定,并已确实投资,会计处理是否正确。

② 检查本期减少的长期股权投资,追查至原始凭证,确认长期股权投资的收回有合理的理由及授权批准手续,并确定有没有收回投资,会计处理是否正确。

(8) 期末对长期股权投资进行逐项检查,以确定长期股权投资是否已经发生减值。

① 核对长期股权投资减值准备本期与以前年度计提方法是否一致,如有差异,查明政策调整的原因,并确定政策改变对本期损益的影响,提请被审计单位做适当披露。

② 对长期股权投资逐项进行检查,根据被投资单位经营政策、法律环境的变化,市场需求的变化、行业的变化、盈利能力等各种情形予以判断长期股权投资是否存在减值迹象。确有出现导致长期股权投资可收回金额低于账面价值的,将可收回金额低于账面价值的差额作为长期股权投资减值准备予以计提,并与被审计单位已计提数相核对。如有差异,查明原因。

③ 将本期减值准备计提金额与利润表资产减值损失中的相应数字核对无误。

④ 长期股权投资减值准备按单项资产计提,计提依据充分,得到适当批准。减值损失一经确认,在以后会计期间不得转回。

(9) 结合银行借款等的检查,了解长期股权投资是否存在质押、担保情况。如有,则应详细记录,并提请被审计单位进行充分披露。

(10) 确定长期股权投资在资产负债表上已恰当列报。与被审计单位人员讨论确定是否存在被投资单位由于所在国家和地区及其他方面的影响,其向被审计单位转移资金的能力受到限制的情况,如存在,应详细记录受限情况,并提请被审计单位进行充分披露。

【任务检查】

简述长期股权投资的审计目标。

【项目小结】

筹资与投资循环审计主要围绕短期借款、长期借款、应付债券、财务费用、所有者权益和长期股权投资项目的审计目标实施实质性测试程序。主要了解筹资与投资循环的特性,理解内部控制测试和交易的实质性测试,掌握主要账户的审计目标和重要的实质性测试审计程序。要将审计理论与筹资与投资循环的审计实务联系,根据审计重要性理论,考虑重要报表项目的实质性测试,以及存在的问题对审计报告意见类型的影响。理解筹资与投资循环的内控测试,掌握重要账户重要的实质性测试程序。

【能力训练】

一、单项选择题

1. 审查企业长期借款,发现其中一部分将在一年内到期。审计人员应提请被审计单位将一年内到期长期借款在报表中列示为(　　)。
   A. 或有负债　　　B. 长期负债　　　C. 流动负债　　　D. 流动资产

2. 为确定"长期借款"账户余额的真实性,进行函证。函证的对象应当是(　　)。
   A. 公司的律师　　　　　　　　　B. 金融监管机关
   C. 银行或其他有关债权人　　　　D. 公司的主要股东

3. 按照会计准则规定,下列说法中正确的是(　　)。
   A. 投资企业对子公司的长期股权投资,应当采用成本法核算,编制合并财务报表时按照权益法进行调整
   B. 投资企业对子公司的长期股权投资应采用权益法核算
   C. 投资企业对子公司的长期股权投资既可以采用权益法核算,也可以采用成本法核算
   D. 投资企业对子公司的长期股权投资应按公允价值核算

4. 对未入账的长期借款进行审查,无效的审计程序是(　　)。
   A. 向被审计单位索取债务说明书,了解举债业务
   B. 对利息费用实施分析性复核
   C. 编制长期借款明细表并与总账核对
   D. 查阅企业管理部门的会议记录、文件资料,了解与举债相关的信息

5. 下列程序中不属于借款活动相关的内部控制测试程序的是(　　)。
   A. 索取借款的授权批准文件,检查批准的权限是否恰当、手续是否齐全
   B. 观察借款业务的职责分工,并将职责分工的有关情况记录于审计工作底稿中
   C. 抽取借款明细账的部分会计记录,按原始凭证到明细账再到总账的顺序核对有关会计处理过程,以判断其是否合规

D. 计算短期借款、长期借款在各个月份的平均余额,选取适用的利率匡算利息支出总额,并与财务费用等项目的相关记录核对

6. 在确定被审计单位收到外币出资,根据有关制度规定,折合为记账本位币时应采用(   )。
   A. 合同约定的汇率　　　　　　　B. 收到出资时的市场汇率
   C. 当月一日的市场汇率　　　　　D. 当月月末的市场汇率

二、多项选择题

1. 审计人员计划测试×公司 2013 年 12 月 31 日长期股权投资"存在"认定时,下列审计程序可能实现该审计目标的是(   )。
   A. 从长期股权投资明细账追查至相关原始凭证
   B. 查阅×公司董事会与长期股权投资业务有关的会议记录
   C. 检查股权投资核算方法是否正确
   D. 向被投资单位寄发询证函

2. 对于长期借款在财务报表中的披露,注册会计师应当审查的内容有(   )。
   A. 一年内到期的长期借款是否列入"一年内到期的非流动负债"
   B. 借款的种类是否列示
   C. 借款的目的是否说明
   D. 借款的担保是否说明

3. 下列属于筹资活动所涉及的主要凭证和会计记录的有(   )。
   A. 股东名册　　　　　　　　　　B. 下属子公司的章程
   C. 代销或包销协议　　　　　　　D. 投资协议

三、案例分析题

2014 年 2 月 8 日,通达会计师事务所接受委托对昌盛公司 2013 年度财务报表进行审计,注册会计师张怡在对昌盛公司 2013 年度财务报表进行审计过程中,发现以下事项,应当如何处理?

(1) 实收资本与验资报告及营业执照不一致。

(2) 长期股权投资账面价值为 200 万元,被投资企业已破产。

(3) 被投资企业为海外公司,长期股权投资占股权份额为 40%,累计确认投资收益 600 万元。其中本年度确认 200 万元,但无法获取被投资企业的财务报表。

(4) 2013 年 1 月 1 日对华清公司进行股权投资,所占份额为 60%,但昌盛公司按照权益法对华清公司进行核算。

项目 10　　货币资金审计

【学习目标】

- 知识目标
  (1) 掌握货币资金的内部控制内容及符合性测试程序。
  (2) 掌握库存现金审计的符合性测试和实质性测试程序。
  (3) 掌握银行存款的符合性测试和实质性测试程序。
- 能力目标
  (1) 能熟练地编制库存现金盘点表与银行存款余额调节表。
  (2) 能熟练地编制审计工作底稿。

【引导案例】

某大型建筑公司不重视现金付款的内部控制,通常将支票签发机构签收的支票放在一个加锁的小盒子里,而空白支票则放在储存咖啡杯的未上锁的储藏柜中。虽然注册会计师提醒公司应将盒子锁好,但是公司管理人员认为这样做太不方便,从而并未将存放支票的盒子上锁。该公司银行存款金额巨大而没有及时地与银行对账。三个星期后,公司指派一名职员根据三个星期前的银行对账单和支票存根进行对账。该职员发现,银行对账单上的支出总额要比公司支票存根总额多出 80 万元。更进一步的调查表明:超过 100 万的未批准和未记录的支票从该公司各种银行存款账户中被支付,这些支票都是由公司支票签发机构签发的。结果,公司根本无法查出谁挪用了这笔钱,也无法确定谁应该对这些挪用负责。

根据上述资料,分析以下问题:
(1) 如何作好资金付款的内部控制?
(2) 对现金付款内部控制该如何审计?

任务 10.1　认知货币资金审计

【任务分析】

货币资金是企业资产的重要组成部分,企业的全部经营活动都可以通过货币资金表现出来。根据货币资金存放的地点及用途的不同,可以分为现金、银行存款和其他货币资金。

其主要的特点就是流动性大、业务发生频繁,常常也是不法分子盗窃、贪污、挪用的重要对象。因此审计人员应加强货币资金的审计。

【知识准备】

10.1.1 货币资金同各业务循环中的业务活动存在着密切的关系

一些最终影响货币资金的错误只有在对销售与收款、购货与付款、生产过程、筹资与投资业务循环的审计测试中才会被发现。货币资金同各业务循环的关系如图10.1所示。

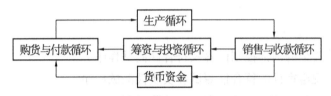

图 10.1　货币资金同各业务循环的关系

10.1.2 货币资金循环中的主要凭证和会计记录

货币资金循环涉及的凭证和会计记录主要有以下几种:
(1) 库存现金盘点表。
(2) 银行对账单。
(3) 银行存款余额调节表。
(4) 有关科目的记账凭证(如库存现金收付凭证、银行存款收付凭证)。
(5) 有关会计账簿(如库存现金日记账、银行存款日记账)。

【任务检查】

简述货币资金与各业务循环之间的关系。

任务10.2　货币资金的控制测试

【任务分析】

货币资金是企业流动性最强的资产,其增减变动与企业的供应、生产、销售等经济活动息息相关,且是企业资金运动的起点和终点,因此企业必须加强对货币资金的管理,建立良好的货币资金内部控制制度,以确保全部应收进的货币资金均能收进并及时正确地予以记录;确保全部货币资金支出是按照经批准的用途进行的并及时正确地予以记录;确保库存现金、银行存款报告正确并得以恰当的保管;正确预测企业正常经营所需要的货币资金收支额,确保企业有充足却不过剩的货币资金余额。

【知识准备】

10.2.1 货币资金内部控制的内容

良好的货币资金内部控制一般应包括以下内容：

(1) 货币资金收支与记账的岗位分离。会计部门是主管货币资金的职能部门,应配备专职的出纳人员和有关核算人员,任何一笔货币资金收支不能由一个人包办,必须进行合理的分工,实行钱账分管,万一发生差错,能相互牵制、及时发现、及时解决。

(2) 货币资金收入、支出要有合理、合法的凭据。全部收支及时准确入账,除零用的现金外,一律使用支票。

(3) 控制现金坐支,当日收入现金及时送存银行。

(4) 定期核对制度。对于货币资金既要保持账实相符,又要保持账账、账单相符。企业必须按月盘点现金,编制银行存款余额调节表。

(5) 加强对货币资金收支业务的内部审计,建立票据保管制度,主要是支票的保管和签发。

10.2.2 货币资金的内部控制测试

1) 了解货币资金内部控制

审计人员可以根据实际情况采用不同的方法实现对货币资金内部控制的了解。一般而言,审计人员首先通过询查、观察和阅读有关资料,了解企业货币的资金内部控制状况。其次还必须将调查了解的情况编制一份货币资金内部控制说明书或流程图,以便分析、评价被审计单位的内部控制制度是否健全、有效。

2) 抽取并检查收、付款凭证

为了测试货币资金收、付款凭证的内部控制,审计人员应选取一定数量的货币资金收、付款凭证,作如下的检查：

(1) 核对收款、付款凭证与存入、付出银行账户的日期和金额是否相符。

(2) 核对货币资金、银行存款日记账的收入金额是否正确。

(3) 核对收款、付款凭证与银行对账单是否相符。

(4) 核对收款、付款凭证与应收、应付账款等相关明细账的有关记录是否相符。

(5) 核对实收、实付金额与销货、购货等相关凭证是否一致。

3) 抽取一定期间的库存现金、银行存款日记账与总账核对

为了证实企业会计记录的正确、可靠,审计人员应当检查企业的库存现金日记账和银行存款日记账,看其是否存在计算或加总错误。如果发现较多问题,则说明企业货币资金会计记录不可靠。根据日记账提供的线索,核对总账中的库存现金、银行存款、应收账款、应付账款等有关账户的记录。

4) 检查外币现金、银行存款的折算是否正确

对于有外币货币资金的被审计单位,审计人员应检查外币现金日记账、银行存款日记账

及"财务费用"、"在建工程"等账户的记录,确定企业有关外币资金账户余额是否按期末市场汇率折合为人民币,选用方法是否前后期保持一致,有关汇兑损益的计算和记录是否正确。

5) 评价货币资金的内部控制

审计人员在完成了上述程序之后,即可对货币资金的内部控制进行评价。评价时,审计人员首先确定货币资金内部控制可信赖程度以及存在的薄弱环节和缺点,然后据以确定货币资金实质性测试程序、重点和范围,从而保证审计质量,减少审计风险。

【任务检查】

简述货币资金的内部控制测试。

任务10.3 库存现金审计

【任务分析】

企业的库存现金,是指企业根据现金管理制度规定留用的现款,其中包括人民币现金和外币现金。现金是企业流动性最强的资产,收付业务繁多,尽管其在企业资产总额中的比重不大,但企业发生的舞弊事件大都与现金有关。我国对企业支付、收取和留存现金都有明确规定,必须严格根据《现金管理暂行条例》的规定办理现金业务。会计上应设置"库存现金"总账和"库存现金日记账"对库存现金进行核算。

【知识准备】

10.3.1 库存现金的审计目标

库存现金的审计目标一般应包括:确定被审计单位资产负债表中的现金在会计报表日是否确实存在,是否为被审计单位所拥有;确定被审计单位在特定期间内发生的现金收支业务是否均已记录完毕,有无遗漏;确定现金余额是否正确;确定现金在会计报表上的披露是否恰当。

10.3.2 库存现金的符合性测试

1) 库存现金内部控制

由于现金是企业流动性最强的资产,加强现金管理对于保护企业资产安全完整、维护社会经济秩序具有重要的意义。审计人员应通过询问、观察等方式对企业现金内部控制进行了解,并通过编制现金内部控制流程图或编制现金内部控制说明等方式予以描述。一般而言,一个良好的现金内部控制应该关注以下几点:

① 出纳与会计的岗位分离。

② 现金收入、支出要有合理、合法的凭证,支出要有核准手续,严格控制现金坐支。

③ 全部收入及时准确入账。
④ 严格执行现金库存限额的管理,超过限额的现金应及时存入银行。
⑤ 现金收支应日清月结,定期盘点现金,保证账实相符。
⑥ 加强对现金收支业务的内部审计。

2) 现金内部控制的符合性测试

(1) 检查部分收款凭证 如果现金收款内部控制不强,很可能会发生贪污舞弊或挪用等情况。为测试现金收款内部控制,审计人员应按现金的收款凭证分类,选取适当的样本量,做如下的检查:

① 核对现金日记账的收入金额是否正确。
② 核对收款凭证与应收账款明细账的有关记录是否相符。
③ 核对实收金额与销货发票是否一致等。

(2) 检查部分付款凭证 为测试现金付款内部控制,审计人员应按照现金付款凭证分类,选取适当的样本量,做如下检查:

① 检查付款的授权批准手续是否符合规定。
② 核对现金日记账的付出金额是否正确。
③ 核对付款凭证与应付款明细账的记录是否一致。
④ 核对实付金额与购货发票是否相符等。

(3) 抽取一定期间的库存现金日记账与总账核对 审计人员应抽取一定期间的库存现金日记账,检查其有无计算错误,加总是否正确无误,账账是否相符。

(4) 检查外币现金的折算方法是否符合有关规定,是否与上年度一致 对于有外币现金的被审计单位,审计人员应检查外币现金日记账及"财务费用"、"在建工程"等账户的记录,确定企业有关外币现金的增减变动是否按业务发生时市场汇率或业务发生当期期初的市场汇率折合为记账本位币,选用方法是否前后期保持一致;检查企业的外币现金的余额是否按期末市场汇率折合为记账本位币金额,有关汇总损益的计算和记录是否正确等。

(5) 评价现金的内部控制 审计人员在完成了上述程序之后,即可对现金的内部控制进行评价。评价时,审计人员应首先确定现金内部控制可信赖的程度以及存在的薄弱环节和缺点,然后据以确定在现金实质性测试中对哪些环节可以适当减少审计程序,哪些环节应增加审计程序,作重点检查,以减少审计风险。

10.3.3 库存现金的实质性测试

1) 核对库存现金日记账与总账的余额是否相符

测试现金余额的起点,核对库存现金日记账与总账的余额是否相符。如果不相符,应及时查明原因,并作出记录或进行适当调整。

2) 盘点库存现金

盘点库存现金是证实资产负债表所列现金是否存在的一项重要程序。盘点库存现金,通常包括已收到但未存入银行的现金、备用金、库内其他有价物品等。盘点库存现金时必须有出纳员和被审计单位会计主管人员参加,并由审计人员或会计人员(审计人员必须在场)

进行盘点。

实点库存现金余额＋已付款未入账金额－已收款未入账金额＝账面结存数

盘点库存现金的步骤和方法如下：

（1）制订库存现金盘点程序，实施突击性的检查，以防出现移东补西的情况。为了不影响被审计单位经营活动的正常进行，时间最好选择在上午上班前或下午下班时进行，盘点的范围包括企业各部门存放的现金。在进行现金盘点前，应由出纳员将现金集中起来存入保险柜。必要时可加以封存，然后由出纳员把已办妥现金收付手续的收付款凭证登入现金日记账。如企业现金存放部门有两处或两处以上者，应同时进行盘点。

（2）审阅库存现金日记账要同时与现金收付凭证相核对。一方面检查日记账的记录与凭证的内容和金额是否相符；另一方面了解凭证日期与日记账日期是否相符或接近。

（3）由出纳员根据库存现金日记账进行加计、累计数额，结出现金结余额。

（4）盘点保险柜的现金实存额，同时编制"库存现金盘点表"，分币种、面值列示盘点金额。

（5）资产负债表日后进行盘点时，应调整至资产负债表日的金额。

（6）盘点金额与库存现金日记账余额进行核对，如有差异，应查明原因，并做出记录或适当调整。

（7）若有冲抵库存现金的借条、未提现支票、未作报销的原始凭证，应在"库存现金盘点表"中注明或作出必要的调整。

3）抽查大额现金收支

审计人员应抽查大额现金收支的记账凭证和原始凭证内容是否完整，有无授权批准，并核对相关账户的进账情况，如有与被审计单位生产经营业务无关的收支事项，应查明原因，并作出相应的记录。

4）检查现金收支的正确截止

被审计单位资产负债表上的现金数额，应以结账日实有数额为准。因此，审计人员必须验证现金收支的截止日期。通常，审计人员可以对结账日前后一段时期内现金收支凭证进行审计，以确定是否存在跨期事项。

5）检查外币现金、银行存款的折算是否正确

对于有外币现金的被审计单位，审计人员应检查被审计单位对外币现金的收支是否按所规定的汇率折合为记账本位币金额；外币现金期末余额是否按期末市场汇率折合为记账本位币金额；外币折合差额是否按规定记入相关账户。

6）检查现金是否在资产负债表上恰当披露

根据有关会计制度的规定，现金在资产负债表上"货币资金"项下反映。审计人员应在实施上述审计程序后，确定现金账户的期末余额是否恰当，据以确定货币资金是否在资产负债表上恰当披露。

【案例】

2014年3月5日，审计局派出审计人员对天华公司的库存现金进行突击盘点，盘点情

况如下:

(1) 现钞:100元币10张,50元币13张,10元币16张,5元币19张,2元币22张,1元币25张,5角币30张,2角币20张,1角币4张,硬币5角8分。现钞总计1 993.98元。

(2) 已收款尚未入账的收款凭证3张,计130元。

(3) 已付款尚未入账的付款凭证5张,计520元。其中有马明借条一张,2013年8月25日,金额200元,未经批准和说明用途。

(4) 盘点日库存现金账面金额为1 890.20元。2014年3月1日至2014年3月5日收入现金4 560.16元,支出现金4 120元。2014年2月28日库存现金账面余额为1 060.04元。

要求:

(1) 根据资料编制库存现金盘点表,计算出盈亏,并推算2014年2月28日库存现金实存额。

(2) 指明企业存在的问题,提出处理意见。

解析:

(1) 盘点结果:盘点账面应存数为1 500.20元(1 890.20+130-520),盘点时实存数为1 993.98元,盘盈数为493.78元(1 993.98-1 500.20)。2014年2月28日库存现金实存额为1 553.82元(1 993.98+4 120-4 560.16)。

(2) 存在的问题:① 白条抵库;② 收付款未及时入账;③ 现金盘盈。对白条抵库应及时收回,对出纳员批评教育;对收付款应及时入账;对盘盈现金查明原因,经批准后及时作出调账处理。

(3) 库存现金盘点表如表10.1所示。

表10.1 库存现金盘点表

库存限额:800　　　　　　2014年3月5日　　　　　　　　　　(单位:元)

项　目	凭证编号	金　额	备　注
一、库存现金账面余额		1 890.20	
二、加:已收款未入账的收入 　1. 销售发票		130	
三、减:已付款未入账的支出 　1. 支付押金收据 　2. 马明未批准的借条		320 200	
库存现金应存数		1 500.20	
库存现金实存数		1 993.98	
盘盈数		493.78	

【任务检查】

(1) 库存现金的符合性测试内容包括哪些?

(2) 库存现金的实质性测试程序包括哪些?

任务 10.4　银行存款审计

【任务分析】

银行存款就是企业存放在银行或其他金融机构的货币资金。凡是独立核算的企业都必须在当地银行开设账户,按中国人民银行规定的结算办法办理结算。国家规定企业除按核定的限额保留库存现金外,超过限额的现金必须存入银行,除了在规定的范围内可以用现金直接支付的款项外,在经营过程中所发生的一切货币收支业务,都必须通过银行存款账户进行结算。

【知识准备】

10.4.1　银行存款的审计目标

银行存款的审计目标主要包括:

(1) 确定被审计单位资产负债表中的银行存款在会计报表日是否确定存在,是否为被审计单位所拥有。

(2) 确定被审计单位在特定期间内发生的银行存款收支业务是否均已记录完毕,有无遗漏。

(3) 确定银行存款的余额是否正确。

(4) 确定银行存款在会计报表上的披露是否恰当。

10.4.2　银行存款的符合性测试

1) 银行存款的内部控制

一般而言,一个良好的银行存款的内部控制同现金的内部控制一样,也应达到以下几点:

(1) 银行存款收支与记账的岗位分离。

(2) 银行存款收入、支出要有合理、合法的凭据。

(3) 全部收支及时准确入账,并且支出要有核准手续。

(4) 按月编制银行存款余额调节表,以做到账实相符。

(5) 加强对银行存款收支业务的内部审计。

按照我国现金管理的有关规定,超过规定限额以上的现金支出一律使用支票。因此,企业应建立相应的支票申领制度,明确申领范围、申领批准及支票签发、支票报销等。

2) 银行存款的符合性测试

(1) 抽取并检查收款凭证　审计人员应选取适当的样本量,作如下的检查:

① 核对收款凭证与存入银行账户的日期和金额是否相符。

② 核对银行存款日记账的收入金额是否正确。

③ 核对收款凭证与银行对账单是否相符。

④ 核对收款凭证与应收账款明细账的有关记录是否相符。
⑤ 核对实收金额与销货发票是否一致等等。

(2) 抽取并检查付款凭证 为测试银行存款付款内部控制，审计人员应选取适当的样本量，作如下检查：

① 检查付款的授权批准手续是否符合规定。
② 核对银行存款日记账的付出金额是否正确。
③ 核对付款凭证与银行对账单是否相符。
④ 核对付款凭证与应付账款明细账的记录是否一致。
⑤ 核对实付金额与购货发票是否相符等等。

(3) 取一定期间的银行存款日记账与总账核对 审计人员应抽取一定期间的银行存款日记账，检查其有无计算错误，并与银行存款总分类账核对。

(4) 抽取一定期间银行存款余额调节表，查验其是否按月正确编制并经复核 为证实银行存款记录的正确性，审计人员必须抽取一定期间的银行存款余额调节表，将其同银行对账单、银行存款日记账及总账进行核对，确定被审计单位是否按月正确编制并核对银行存款余额调节表。

(5) 检查外币银行存款的折算方法是否符合有关规定，是否与上年度一致 对于有外币银行存款的被审计单位，审计人员应检查外币银行存款日记账及"财务费用"、"在建工程"等账户的记录，确定企业有关外币银行存款的增减变动是否按业务发生时的市场汇率或业务发生当期期初的市场汇率折合为记账本位币，选用方法是否前后期保持一致；检查企业的银行存款账户的余额是否按期末市场汇率折合为记账本位币金额，有关汇兑损益的计算和记录是否正确。

(6) 评价银行存款的内部控制 审计人员在完成了上述程序之后，即可对银行存款的内部控制进行评价。评价时，审计人员应首先确定现金内部控制可信赖的程度以及存在的薄弱环节和缺点，然后据以确定在现金实质性测试中对哪些环节可以适当减少审计程序，哪些环节应增加审计程序，作重点检查，以减少审计风险。

10.4.3 银行存款的实质性测试

银行存款的实质性测试程序一般包括以下几个方面：

1) 银行存款日记账与总额的余额是否相符

审计人员在审查银行存款余额时，首先应做的是核对银行存款日记账与总账的余额是否相符。如果不相符，应查明原因，并作出记录或进行适当调整。

2) 实施分析性复核

审计人员首先计算定期存款占银行存款的比例，了解被审计单位是否存在高息资金拆借。如存在高息资金拆借，应进一步分析拆出资金的安全性，检查高额利差的入账情况；其次计算存放于非银行金融机构的存款占银行存款的比例，分析这些资金的安全性。

3) 检查银行存款余额调节表

检查银行存款余额调节表是证实资产负债表所列货币资金中银行存款是否存在的重要程

序。如果经调节后的银行存款余额存在差异,审计人员应查明原因,应作出记录或适当的调整。

取得银行存款余额调节表后,审计人员应检查调节表中未达账项的真实性,以及资产负债表日后的进账情况,如果存在应于资产负债表日之前进账的应作相应的调整。其一般包括以下几个方面:

(1) 核实银行对账单、银行存款余额调节表上的列示是否正确;

(2) 将银行对账单记录与银行存款日记账逐笔核对,核实银行存款调节表各调节项目的列示是否真实完整;

(3) 在银行存款日记账账面余额和银行对账单余额的基础上,复核未达账项及其加减调节情况,并验证调节后两者的余额计算是否正确、是否相符;

(4) 列示未兑现支票清单,注明开票日期和收款人姓名或单位,并调查金额较大的未兑现支票;

(5) 追查截止日银行对账单上的在途存款,并在银行存款余额调节表上注明存款日期;

(6) 审查至截止日银行已收、被审计单位未收的款项的性质及其款项的来源;

(7) 审查至截止日银行已付、被审计单位未付的款项的性质及其款项的来源。

4) 函证银行存款余额

函证是指审计人员在执行审计业务过程中,需要以被审计单位名义向有关单位发函询证,以验证被审计单位的银行存款是否真实、合法、完整。根据国际惯例,财政部、中国人民银行于1999年1月6日联合印发了《关于做好企业的银行存款、借款及往来款项函证工作的通知》(以下简称《通知》),《通知》对函证工作提出了明确的要求,并提供了银行询证函参考格式。审计人员在执行审计业务时,可按照此格式以被审计单位的名义向有关单位发函询证。《通知》规定:各商业银行、政策性银行、非银行金融机构要在收到询证函之日起10个工作日内,根据函证的具体要求,及时回函并可按照国家的有关规定收取函证费用;各有关企业或单位根据函证的具体要求回函。

函证银行存款余额是证实资产负债表所列银行存款是否存在的重要程序。通过向往来银行的函证,审计人员不仅可了解企业资产的存在,同时,还可了解欠银行的债务。函证还可用于发现企业未登记的银行借款。

函证时,审计人员应向被审计单位在本年存过款(含外埠存款、银行汇票存款、银行本票存款、信用卡存款、信用证保证金存款)的所有银行发函,其中包括企业存款账户已结清的银行,因为有可能存款账户已结清,但仍有银行借款或其他负债存在。同时,虽然审计人员已直接从某一银行取得了银行对账单和所有已付支票,但仍应向这一银行进行函证。

5) 检查一年以上定期存款或限定用途存款

一年以上的定期存款或限定用途的银行存款,不属于企业的流动资产,应列于其他资产类下。对此,审计人员应查明情况,作出相应的记录。

6) 抽查大额现金和银行存款的收支

审计人员应抽查大额现金收支、银行存款(含外埠存款、银行汇票存款、信用证存款)收支的原始凭证内容是否完整,有无授权批准,并核对相关账户的进账情况。如有与被审计单位生产经营业务无关的收支事项,应查明原因并作相应的记录。

7) 检查银行存款收支的正确截止

被审计单位资产负债表上的现金数额,应以结账日实有数额为准。因此,审计人员必须验证现金收支的截止日期。通常,审计人员可以对结账日前后一段时期内现金收支凭证进行审计,以确定是否存在跨期事项。

企业资产负债表上银行存款数字应当包括当年最后一天收到的所有存放于银行的款项,而不得包括其后收到的款项;同样,企业年终前开出的支票,不得在年后入账。为了确保银行存款收付的正确截止,审计人员应当在清点支票及支票存根时,确定各银行账户最后一张支票的号码,同时查实该号码之前的所有支票均已开出。在结账日未开出的支票及其后开出的支票,均不得作为记账日的存款收付入账。

8) 检查外币银行存款的折算是否正确

对于有外币银行存款的被审计单位,审计人员应检查被审计单位对外币银行存款的收支是否按所规定的汇率折合为记账本位币金额;外币银行存款期末余额是否按期末市场汇率折合为记账本位币金额;外币折合差是否按规定记入相关账户。

9) 检查银行存款是否在资产负债表上恰当披露

根据有关会计制度的规定,企业的银行存款在资产负债表上"货币资金"项目下反映。所以,审计人员应在实施上述审计程序后,确定银行存款账户的期末余额是否恰当,从而确定资产负债表上"货币资金"项目中的数字是否在资产负债表上恰当披露。

【案例】

审计人员在2014年6月15日检查了某企业5月份银行存款日记账的收支业务并与银行对账单核对。5月31日银行对账单余额为223 546元,银行日记账为220 000元,核对后发现有下列不符情况:

(1) 5月8日,银行对账单上收到外地汇款8 500元(系外地某公司),但日记账无此记录。
(2) 5月15日,银行对账单上有存款利息460元,日记账上为454元(系记账凭证写错)。
(3) 5月25日,银行对账单反映付出8 500元(系转账支票),但日记账无此记录。
(4) 5月26日,银行存款日记账付出40元,对账单上无此记录(系记账员误记)。
(5) 5月28日,银行存款日记账上有存入转账支票4 000元,但对账单无此记录。
(6) 5月30日,银行存款日记账上有付出转账支票2 000元,但对账单无此记录。
(7) 银行对账单有5月30日收到托收款5 500元,但日记账无此记录。

要求:
(1) 根据上述资料编制银行存款余额调节表。
(2) 指出该企业银行存款管理上存在的问题。

解析:
(1) 根据资料编制银行存款余额调节表如表10.2所示。

表 10.2　银行存款余额调节表

2014 年 5 月 31 日

编制人：　　　日期：　　　索引号：
复制人：　　　日期：　　　页次：

户别：　　　　　　　　　　　　　　　　　　　　　　　　　　　　币别

项目

银行对账单余额 223 546 （2014 年 5 月 31 日）	企业银行存款日记账金额：220 000 元(2014 年 5 月 31 日)
加：企业已收、银行尚未入账金额	加：银行已收、企业尚未入账金额
其中：1. 4 000 元	其中：1. 5 500 元
减：企业已付、银行尚未入账金额	2. 改正错误：46 元
其中：1. 2 000 元	
调整后银行对账单金额：225 546 元	调整后企业银行日记账金额：225 546 元

经办会计人员：(签字)　　　　　　　　　　　　　　　　　　　　　会计主管：(签字)

(2) 存在的问题：第一笔和第二笔经济业务有出借银行账户的问题，需要进一步调查；银行存款日记账有错记漏记情况。

【任务检查】

(1) 银行存款的符合性测试内容包括哪些？
(2) 银行存款的实质性测试程序包括哪些？

【项目小结】

货币资金包括企业所拥有的全部库存现金、银行存款和其他货币资金。对内部审计而言，主要目标是保证货币资金的安全。货币资金既是资本运动循环周转的起点，又是资本运动循环周转的终点。从企业的整个生产周期来看，从企业开业到清算的整个存在过程中，货币资金与各个业务循环存在着广泛紧密的联系。因此，货币资金业务循环审计是各业务循环审计的基础。该项目主要介绍了货币资金审计的程序和方法及内部控制和控制测试，重点介绍了库存现金、银行存款审计的审计目标和实质性测试程序。

【能力训练】

一、单项选择题

1. 盘点库存现金，不能实现的审计目标是（　　）。
   A. 确定库存现金在资产负债表日是否确实存在，是否为被审计单位所有
   B. 确定在特定期间内发生的现金收支业务是否均已记录完毕
   C. 确定库存现金的余额是否正确
   D. 确定库存现金在报表上的披露是否恰当
2. 审计人员测试现金余额的起点是（　　）。
   A. 检查所有现金支出凭证和已开出支票
   B. 核对现金日记账的余额是否与总账相符

C. 检查所有的收款凭证、包括现金收款凭证及银行存款收款通知

D. 将现金、银行存款账户的有关凭证与库存现金、银行存款日记账核对相符

3. 如审计人员已从被审计单位的某开户行获取了银行对账单和所有已付支票清单,该审计人员(   )。

   A. 无需再向该银行函证

   B. 仍需向该银行函证

   C. 可根据实际需要,确定是否向该银行函证

   D. 可根据审计业务约定书的要求,确定是否向该银行函证

4. 货币资金审计不涉及的凭证和会计记录主要有(   )。

   A. 库存现金盘点表   B. 银行对账单

   C. 银行存款余额调节表   D. 现金对账单

5. 审计人员实施的下列程序中,属于控制测试的是(   )。

   A. 取得银行存款余额调节表并检查未达账项的真实性

   B. 检查银行存款收支的正确截止

   C. 检查是否定期取得银行对账单并编制银行存款余额调节表

   D. 函证银行存款余额

6. 下列工作中,出纳还可以从事的工作是(   )。

   A. 会计档案的保管   B. 记录收入、支出、费用的明细账

   C. 记录银行存款、库存现金日记账   D. 编制银行存款余额调节表

二、多项选择题

1. 一个良好的现金内部控制制度应做到(   )。

   A. 钱账分管   B. 收入及时入账,并于当日送存银行

   C. 按月盘点库存现金   D. 加强对现金收支的内部审计

2. 关于库存现金的盘点,下列说法正确的有(   )。

   A. 盘点库存现金是证实收到的现金收入是否已全部登记入账的一项重要程序

   B. 盘点对象通常包括已收到但未存入银行存款的库存现金

   C. 通常实施突击性检查

   D. 如果企业库存现金存放部门有两处或两处以上者,应同时进行盘点

3. 下列情况下,审计人员仍需函证被审计单位银行存款的有(   )。

   A. 企业银行存款账户余额为零

   B. 信用证存款

   C. 审计人员直接从某一银行取得对账单和所有已付支票

   D. 外埠存款

4. 审计人员向开户银行函证,可实现的目标有(   )。

   A. 银行存款真实存在   B. 是否有欠银行的负债

   C. 是否有漏列的银行存款   D. 是否存在抵押担保事项

5. 审计人员为验证被审计单位资产负债表日的银行存款余额是否存在时,可以实施的

有效程序有( )。

A. 获取并审查银行存款余额调节表

B. 抽查大额银行存款的收支业务

C. 函证银行存款的余额

D. 进行银行存款收支的正确截止测试

6. 下列符合现金盘点要求的有( )。

A. 盘点人员必须有出纳员、被审计单位会计主管和审计人员

B. 盘点之前应将已办理现金收付手续的收付凭证等入库存现金日记账

C. 不同存放地点的库存现金同时进行盘点

D. 盘点时间应安排在现金收付业务进行时采取突击盘点

7. 下列各项中，属于库存现金的审计目标有( )。

A. 确定被审计单位资产负债表中的库存现金在资产负债表日确实存在

B. 确定被审计单位资产负债表中的库存现金是否归属被审计单位所有

C. 确定库存现金余额是否正确

D. 函证被审计单位开户银行余额是否正确

三、案例分析题

1. 2014年1月21日，审计人员对某企业进行会计报表审计，查得资产负债表中"货币资金"项目库存的现金金额为859.81元。1月21日下午下班前，对出纳人员经管的现金进行了清点，该企业1月21日现金账面额为759.81元，清点结果如下：

(1) 现金实存数545.05元。

(2) 保险柜中有下列单据：

① 某职工借条一张，系差旅费，金额200元，已经批准，日期是2013年12月29日，但未入账。

② 某采购员借条一张，金额130元，日期是2013年12月20日，未经批准，未入账。

③ 保险柜中有已收款但未记账的凭证3张，金额135.24元。

④ 外地汇款单一张，汇出日期是2013年12月3日，金额500元，尚未办理。

(3) 银行核定该企业现金限额为600元。

(4) 经核对2014年1月1日至21日的收、付款凭证和现金日记账，核实1日至21日收入现金额2 350元，支出现金数2 400元，正确无误。

要求：(1) 根据以上资料，编制库存现金情况表，核实库存现金实有数。

(2) 调整核实2013年12月31日资产负债表所列的数字是否公允。

(3) 对现金收支、留存管理的合法性提出审计意见。

2. 审计人员在2014年1月15日检查了某企业2013年12月份银行存款日记账的收支业务并与银行对账单核对。12月31日银行对账单余额为223 546元，银行存款日记账为220 000元，核对后发现有下列不符情况：

(1) 12月2日，对账单付出500元(查系转账支票)，但日记账无此记录。

(2) 12月18日,对账单上有存款利息460元,日记账上为414元,查系记账凭证写错。

(3) 12月31日,日记账上有存入转账支票4 000元,但对账单上无此记录。

(4) 12月31日,日记账上有付出转账支票2 000元,但对账单上无此记录。

(5) 对账单有12月31日收到货款6 000元,但日记账尚无此记录。

要求:(1) 根据上述资料编制银行存款余额调节表。

(2) 请问2013年12月31日资产负债表上银行存款账户期末余额应是多少?

项目 11　编制审计工作底稿和出具审计报告

【学习目标】

● 知识目标
　　(1) 了解审计工作底稿的定义、分类及作用。
　　(2) 了解审计报告的概念和作用。
　　(3) 掌握编制审计工作底稿的基本要求。
　　(4) 掌握审计工作底稿的三级审计内容。
　　(5) 掌握审计报告编制步骤及要求。
● 能力目标
　　(1) 能够编制审计工作底稿。
　　(2) 能够编制审计报告。

【引导案例】

　　1992年9月11日,"重庆渝港钛白粉股份有限公司"宣告成立,并于1992年10月11日,以重庆渝港钛白粉有限公司作为发起人,以社会募集方式设立了股票上市的股份有限公司(以下简称渝钛白)。

　　1998年4月29日,渝钛白公布1997年年度报告,其中在财务报告中部分刊登了重庆会计师事务所于1998年3月8日出具的否定意见审计报告。这是我国首份否定意见审计报告,对中国的证券市场和审计行业都有着巨大的意义。依据审计工作底稿,出具的审计报告中有两段是这样写的:

　　1997年度应计入财务费用的借款即应付债券利息8 046万元,贵公司将其资本化计入了钛白粉工程成本;欠付中国银行重庆市分行的美元借款利息89.8万元(折合人民币743万元),贵公司未计提入账,两项共影响利润8 807万元。

　　我们认为,由于本报告第二段所述事项的重大影响,贵公司1997年12月31日资产负债表、1997年度利润及利润分配表、财务状况变动表未能公允地反映贵公司1997年12月31日的财务状况和1997年年度经营成果及资金变动情况。

　　根据上述资料,分析:
　　(1) 审计工作底稿的作用是什么?
　　(2) 重庆会计师事务所为什么会出具否定意见审计报告?

任务 11.1 编制审计工作底稿

【任务分析】

审计工作底稿是注册会计师形成审计结论、发表审计意见的直接依据。审计工作底稿是注册会计师审计业务中普遍使用的专业工具,编制或取得审计工作底稿是注册会计师最主要的审计工作。掌握审计工作底稿的基本结构,遵循编制审计工作底稿的基本要求,才能完成审计工作底稿的编制。

【知识准备】

11.1.1 审计工作底稿的概述

1) 审计工作底稿的概念

审计工作底稿是审计证据的载体,是指注册会计师在执行审计业务过程中形成的全部审计工作记录和获取的资料。其内容包括注册会计师在制订和实施审计计划时直接编制的、用以反映其审计思路和审计过程的工作记录,注册会计师从被审计单位或其他有关部门取得的、用作审计证据的各种原始资料,以及注册会计师接受并审阅他人代为编制的审计记录。审计工作底稿的全部内容是注册会计师形成审计结论、发表审计意见的直接依据。

为了规范我国注册会计师审计工作底稿的编制、复核、使用及保管等项工作,中国注册会计师协会根据《独立审计基本准则》,拟订了《独立审计具体准则第6号——审计工作底稿》,经财政部批准予以实施。注册会计师应严格按照具体准则的要求,做好有关审计工作底稿的各项工作。

2) 审计工作底稿的分类

根据审计工作底稿的性质和作用,可将其分为综合类工作底稿、业务类工作底稿和备查类工作底稿三类。

(1) 综合类工作底稿 是指注册会计师在审计计划和审计报告阶段,为规划、控制和总结整个审计工作并发表审计意见形成的审计工作底稿。该类工作底稿主要包括审计业务约定书、审计计划、审计报告书未定稿、审计总结及审计调整分汇总表等综合性的审计工作记录。

(2) 业务类工作底稿 是指注册会计师在审计实施阶段执行具体审计程序所编制和取得的工作底稿。该类工作底稿主要包括注册会计师在执行预备调查、控制测试和实质性测试等审计程序时所形成的工作记录。

(3) 备查类工作底稿 是指注册会计师在审计过程中形成的,对审计工作仅具有备查作用的审计工作记录。该类工作底稿主要包括与审计约定事项有关的重要法律性文件、重要会议记录与纪要、重要经济合同与协议、企业营业执照、公司章程等原始资料的副本或复印件。

3) 审计工作底稿的作用

审计工作底稿是注册会计师审计业务中普遍使用的专业工具。编制或取得审计工作底稿是注册会计师最主要的审计工作。审计工作底稿的主要作用表现在以下几个方面：

(1) 审计工作底稿是联结整个审计工作的纽带。审计项目小组一般由多人组成，项目小组内要进行合理的分工，不同的审计程序、不同会计账项的审计往往由不同人员执行。而最终形成审计结论和发表审计意见时，则主要针对被审计单位的会计报表进行。因此，必须把不同人员的审计工作有机地联结起来，以便对整体会计报表发表意见，而这种联结必须借助于审计工作底稿。

(2) 审计工作底稿是注册会计师形成审计结论、发表审计意见的直接依据。审计结论和审计意见是根据注册会计师获取的各种审计证据以及注册会计师一系列的专业判断形成的。而注册会计师所收集到的审计证据和所做出的专业判断，都完整地记载于审计工作底稿中。因此，审计工作底稿理当成为审计结论与审计意见的直接依据。

(3) 审计工作底稿是明确注册会计师的审计责任，评价或考核注册会计师专业能力与工作业绩的依据。注册会计师依照独立审计准则实施了必要的审计程序，方可完成其审计责任。注册会计师专业能力的大小、工作业绩的好坏，主要体现在对审计程序的选择、执行和有关的专业判断上，而注册会计师是否实施了必要的审计程序，审计程序的选择是否合理，专业判断是否准确，都必须通过审计工作底稿来体现和衡量。

(4) 审计工作底稿为审计质量控制与质量检查提供了可能。会计师事务所进行审计质量控制，主要是指导和监督注册会计师选择实施审计程序，编制审计工作底稿，并对审计工作底稿进行严格复核。注册会计师协会或其他有关单位依法进行审计质量检查，也主要是对审计工作底稿的检查。因此，没有审计工作底稿，审计质量的控制与检查就无法落到实处。

(5) 审计工作底稿对未来的审计业务具有参考备查价值。审计业务有一定的连续性，同一被审计单位前后年度的审计业务具有众多联系或共同点。因此，当年度的审计工作底稿对以后年度审计业务具有很大的参考或备查作用。

11.1.2 审计工作底稿的编制

1) 审计工作底稿的基本要素

审计工作底稿的形成方式主要有两种：一种是直接编制；另一种是从他处获取。就所编制的审计工作底稿而言，尤其是对业务类工作底稿而言，《独立审计具体准则第6号——审计工作底稿》规定，一般包括下列基本要素：

① 被审计单位名称；
② 审计项目名称；
③ 审计项目时点或期间；
④ 审计过程记录；
⑤ 审计标识及其说明；

⑥ 审计结论;
⑦ 索引号及页次;
⑧ 编制者姓名及编制日期;
⑨ 复核者姓名及复核日期;
⑩ 其他说明事项。

表 11.1 举例说明了审计工作底稿的基本要素。

表 11.1　抽查盘点存货的工作底稿

原材料抽查盘点表

客户:w 公司　　　　　　　　　　　　　　　页次:53　W/P　索引:E—2

　　　　　　　　　　　　　　　　　　　　　编制人:×××　日期:2014.12.31

B/S 日:2013.12.31　　　　　　　　　　　　 复核人:×××　日期:2014.1.3

盘点标签号码	存货表号码	存货		盘点结果		差异
		号码	内容	客户	审计人员	
123	3	1~25	a	100√	150	50 kg
224	20	1~90	b	50√	50	
367	25	2~30	c	2 000√	2 000	
485	31	3~20	d	1 200√	1 500	300 kg
497	60	4~5	e	60√	60	
503	71	6~23	f	1100√	1100	
610	80	6~26	g	230√	230	
720	88	7~15	h	70√	70	

以上差异已由客户纠正,纠正差异后使被审计单位存货账户增加 500 元,抽查盘点的存货总价值为 50 000 元,占全部存货价值的 20%。经追查到存货汇总表没有发现其他例外。我们认为错误并不重要。

√——已追查至被审计单位存货汇总表(E—5),并已纠正所有差异。

2) 审计工作底稿的基本结构

注册会计师编制审计工作底稿的基本目的是为了揭示有关审计事项的未审情况、注册会计师的审计过程和经过审计后有关审计事项的审定情况。为实现上述目的,注册会计师编制审计工作底稿时,应把握以下基本结构:

(1) 被审计单位的未审情况　包括被审计单位的内部控制情况、有关会计账项的未审计发生额及期末余额。

(2) 审计过程的记录　包括注册会计师实施的审计测试性质、审计测试项目、抽取的样本及检查的重要凭证、审计标识及说明、审计调整及重要分类事项等。

(3) 注册会计师的审计结论　包括注册会计师对被审计单位内部控制情况的研究与评价结果、有关会计账项的审定发生额及审定期末余额。

3) 编制审计工作底稿的基本要求

审计工作底稿的形成方式有编制与获取两种,对审计工作底稿的基本要求也应从这两方面来认识。

(1) 编制审计工作底稿的基本要求　注册会计师在编制审计工作底稿时,应当做到内容完整、格式规范、标识一致、记录清晰、结论明确,以便其他注册会计师或有关人员在复核、检查或使用审计工作底稿时,能够理解和接受审计工作底稿的内容。

(2) 获取审计工作底稿的基本要求　注册会计师可直接从被审计单位或其他有关单位取得审计工作底稿,也可以要求被审计单位有关人员代为编制相关会计账项的明细分类或汇总底稿,甚至可以要求被审计单位就有关事项提供声明,诸如从被审计单位取得的有关法律性文件、合同与章程,从与被审计单位有往来关系的对方单位获取的往来款项询证函,要求被审计单位编制的存货盘点清单等。对于上述审计资料,注册会计师必须做到:第一,注明资料来源;第二,实施必要的审计程序,如对有关法律性文件的复印件审阅并同原件核对一致;第三,形成相应的审计记录,注册会计师在审阅或核对审计资料后,应形成相应的文字记录并签名,方能形成审计工作底稿。

(3) 审计工作底稿繁简程度的考虑因素　我国《独立审计具体准则第 6 号——审计工作底稿》第 6 条指出,审计工作底稿的繁简程度与以下基本因素相关:第一,审计约定事项的性质、目的和要求;第二,被审计单位的经营规模及审计约定事项的复杂程度;第三,被审计单位的内部控制是否健全、有效;第四,被审计单位的会计记录是否真实、合法、完整;第五,是否有必要对业务助理人员的工作进行特别指导、监督和复核;第六,审计意见类型。

注册会计师在形成审计工作底稿时,工作底稿应有索引编号及顺序编号。同时,相关的审计工作底稿之间,应保持清晰的勾稽关系;相互引用时,应注意交叉索引编号。

4) 常见的审计工作底稿类型

审计业务类型不同,被审计单位的经营性质不同,就会出现不同类型的审计工作底稿。就一般年度会计报表审计业务而言,常用的审计工作底稿类型主要包括以下几种:

(1) 与被审计单位设立有关的法律性资料,如企业设立批准证书、营业执照、合同、协议与章程等文件或变更文件的复印件。

(2) 与被审计单位组织机构及管理层人员结构有关的资料。

(3) 重要的法律文件、合同、协议和会议记录的摘要或副本。

(4) 被审计单位相关内部控制的研究与评价记录。

(5) 审计业务约定书。

(6) 被审计单位的未审计会计报表及审计差异调整表。

(7) 审计计划。

(8) 实施具体审计程序的记录和资料。

(9) 与被审计单位、其他注册会计师、专家和其他有关人员的会谈记录、往来函件。

(10) 被审计单位管理当局声明书。

(11) 审计报告、管理建议书底稿及副本。

(12) 审计约定事项完成后的工作总结。

(13) 其他与完成审计约定事项有关的资料,包括有关报刊对被审计单位的宣传介绍、被审计单位所编制的企业简介或企业形象设计等资料。

11.1.3 审计工作底稿的复核

1) 复核审计工作底稿的作用

一张审计工作底稿往往由一名专业人员独立完成,编制者对有关资料的引用、对有关事项的判断、对会计数据的加计复算等都可能出现误差,因此,在审计工作底稿编制完成后,通过一定的程序,经过多层次的复核显得十分必要。复核审计工作底稿的作用主要体现在以下三方面:

(1) 减少或消除人为的审计误差,以降低审计风险,提高审计质量。

(2) 及时发现和解决问题,保证审计计划顺利执行,并能够不断地协调审计进度、节约审计时间、提高审计效率。

(3) 便于上级管理人员对注册会计师进行审计质量监控和工作业绩考评。

2) 审计工作底稿的复核要点

根据《中国注册会计师质量控制基本准则》的要求,会计师事务所应当建立多层次的审计工作底稿复核制度,而不同层次的复核人可能有不同的复核重点,但就复核工作的基本要点来看,不外乎以下几点:

(1) 所引用的有关资料是否翔实、可靠。

(2) 所获取的审计证据是否充分、适当。

(3) 审计判断是否有理有据。

(4) 审计结论是否恰当。

3) 复核审计工作底稿的基本要求

复核是会计师事务所进行审计项目质量控制的一项重要程序,必须有严格和明确的规则。一般来说,复核时应做好下面几项工作:

(1) 做好复核记录,对审计工作底稿中存在的问题和疑点要明确指出,并以文字记录于审计工作底稿中。

(2) 复核人签名和签署日期,这样,有利于划清审计责任,也有利于上级复核人对下级复核人的监督。

(3) 书面表示复核意见。

(4) 督促编制人及时修改、完善审计工作底稿。

4) 审计工作底稿三级复核制度

审计工作底稿复核制度,是指会计师事务所对有关复核人级别、复核程序与要点、复核人员职责等做出的明文规定。

为了保证审计工作底稿复核工作的质量,我国会计师事务所实行三级复核制度,具体指以项目经理、部门经理(或签字注册会计师)和主任会计师为复核人,对审计工作底稿进行逐级复核的一种复核制度。

项目经理(或项目负责人)复核是三级复核制度中的第一级复核,称为详细复核。它要求项目经理对下属审计助理人员形成的审计工作底稿逐张复核,发现问题,及时指出,并督促审计人员及时修改完善。部门经理(或签字注册会计师)复核是三级复核制度中的第二级复核,称为一般复核。它是在项目经理完成了详细复核之后,再对审计工作底稿中重要会计账项的审计、重要审计程序的执行以及审计调整事项等进行复核。主任会计师(或合伙人)复核是三级复核中的最后一级复核,又称重点复核。它是对审计过程中的重大会计审计问题、重大审计调整事项及重要的审计工作底稿所进行的复核。主任会计师复核既是对前面两级复核的再监督,也是对整个审计工作的计划、进度和质量的重点把握。

需要指出的是,若部门经理作为某一审计项目的项目负责人,该项目又没有项目经理参加,则该部门经理的复核应视为项目经理复核,主任会计师应另行指定人员代为执行部门经理复核工作,以保证三级复核彻底执行。

11.1.4 审计档案的管理

审计工作底稿经过分类整理、汇集归档后,就形成了审计档案。审计档案是会计师事务所审计工作的重要历史资料,是会计师事务所的宝贵财富,应当妥善管理。

1) 审计档案的分类

审计档案按其使用期限的长短和作用大小可以分为永久性档案和当期档案。

(1) 永久性档案 是指由那些记录内容相对稳定,具有长期使用价值,并对以后审计工作具有重要影响和直接作用的审计工作底稿所组成的审计档案。永久性档案主要由综合类工作底稿和备查类工作底稿组成。在这些工作底稿中,有些记录内容十分重要,诸如审计报告书副本等;有些记录内容则是可供以后年度直接使用,诸如重要的法律性文件、合同及协议等。因此,应把它们归为永久性档案进行管理。

(2) 当期档案 又称一般档案,是指由那些记录内容在各年度之间经常发生变化,只供当期审计使用和下期审计参考的审计工作底稿所组成的审计档案。一般档案主要由业务类工作底稿组成,诸如控制测试工作底稿、具体会计账项实质性测试的工作底稿等。这些工作底稿所记录的内容在各年度之间是不同的,因此主要供当期审计使用。

2) 审计档案的所有权与保管

审计工作底稿是注册会计师对其执行的审计工作所做的完整记录。从一般意义上讲,审计档案的所有权应属于执行该项业务的注册会计师。但是,我国注册会计师不能独立于会计师事务所之外承揽审计业务,审计业务必须以会计师事务所的名义承接。因此,我国现行审计准则规定,审计档案的所有权属于承接该项业务的会计师事务所。

会计师事务所应当制订审计档案保管制度,对审计档案妥善管理,以保证审计档案的安全、完整。审计档案的保管期限可视不同档案类别而有所不同。对于永久性档案,应当长期保存。若会计师事务所中止了对被审计单位的后续审计服务,那么,其永久性档案的保管年限与最近1年当期档案的保管年限相同。对当期档案,会计师事务所应当自审计报告签发之日起,至少保存10年。即使会计师事务所中止了对被审计单位的后续审计服务,其当期档案的保存年限也不得任意缩减。

对于最低保存年限届满的审计档案,会计师事务所可以决定将其销毁。但在销毁之前,应当按规定履行必要的手续,对将要销毁的审计档案做最后一次检查,然后报主任会计师批准。销毁时,有关人员应进行现场监督或检查,以保证被销毁的审计档案彻底销毁干净。

3）审计档案的保密与调阅

会计师事务所应建立严格的审计工作底稿保密制度，并落实专人管理。除下列情况外，会计师事务所不得对外泄露审计档案中涉及的商业秘密及有关内容：

（1）法院、检察院及其他部门因工作需要，在按规定办理了手续后，可依法查阅审计档案中的有关审计工作底稿。

（2）注册会计师协会对执业情况进行检查时，可查阅审计档案。

（3）不同会计师事务所的注册会计师，因审计工作的需要，并经委托人同意，在下列情况下办理了有关手续后，可以要求查阅审计档案：一是被审计单位更换了会计师事务所，后任注册会计师可以调阅前任注册会计师的审计档案；二是基于合并会计报表审计业务的需要，母公司所聘的注册会计师可以调阅子公司所聘注册会计师的审计档案；三是联合审计；四是会计师事务所认为合理的其他情况。

拥有审计工作底稿的会计师事务所应当对要求查阅者提供适当的协助，并根据有关审计工作底稿的性质和内容，决定是否允许要求查阅者阅览其底稿以及复印或摘录其中的有关内容。审计工作底稿中的内容被查阅者引用后，因为查阅者的误用而造成的后果，与拥有审计工作底稿的会计师事务所无关。

【任务检查】

（1）什么是审计工作底稿？
（2）阐述审计工作底稿编制的基本要求。
（3）阐述审计工作底稿三级复核制度。

任务 11.2　出具审计报告

【任务分析】

审计报告是审计工作的最终成果，具有鉴证、保护和证明三方面的作用。编制审计报告应该遵守《独立审计具体准则第 7 号——审计报告》的基本原则规定，注册会计师出具的审计报告有四种基本类型：无保留意见的审计报告、保留意见的审计报告、否定意见的审计报告和无法表示意见的审计报告。

【知识准备】

11.2.1　审计报告的概述

审计报告是注册会计师根据独立审计准则的要求，在实施审计工作的基础上出具的，用于对被审计单位会计报表发表审计意见的书面文件。审计报告是审计工作的最终成果，具有法定证明效力。

1) 审计报告的作用

注册会计师签发的审计报告，主要具有鉴证、保护和证明三方面的作用。

(1) 鉴证作用　注册会计师签发的审计报告，不同于政府审计和内部审计的审计报告，是以超然独立的第三者身份，对被审计单位会计报表合法性、公允性发表的意见。这种意见，具有鉴证作用，得到了政府及其各部门和社会各界的普遍认可。政府有关部门，如财政部门、税务部门等了解、掌握企业的财务状况和经营成果的主要依据是企业提供的会计报表。会计报表是否合法、公允，主要依据注册会计师的审计报告做出判断。股份制企业的股东，主要依据注册会计师的审计报告，来判断所投资企业的会计报表是否公允地反映了财务状况和经营成果，以进行投资决策等。

(2) 保护作用　注册会计师通过审计，可以对被审计单位出具不同类型审计意见的审计报告，以提高或降低会计报表信息使用者对会计报表的信赖程度，能够在一定程度上对被审计单位的财产、债权人和股东的权益及企业利害关系人的利益起到保护作用。如投资者为了减少投资风险，在进行投资之前，必须要查阅被投资企业的会计报表和注册会计师的审计报告，了解被投资企业的经营情况和财务状况。投资者根据注册会计师的审计报告做出投资决策，可以减小其投资风险。

(3) 证明作用　审计报告是对注册会计师审计任务完成情况及其结果所做的总结，它可以表明审计工作的质量并明确注册会计师的审计责任。因此，审计报告可以对审计工作质量和注册会计师的审计责任起证明作用。通过审计报告，可以证明注册会计师在审计过程中是否实施了必要的审计程序，是否以审计工作底稿为依据发表审计意见，发表的审计意见是否与被审计单位的实际情况相一致，审计工作的质量是否符合要求等。通过审计报告，可以证明注册会计师审计责任的履行情况。

2) 审计报告的种类

(1) 按照审计报告的性质分类　审计报告按其性质可分为标准审计报告和非标准审计报告。

标准审计报告是指包括标准措辞的引言段、范围段和意见段的无保留意见的审计报告，不附加任何说明段、强调事项段或修正性用语。标准审计报告以外的其他审计报告统称为非标准审计报告。

(2) 按照审计报告的使用的目的分类　审计报告按使用目的可分为公布目的的审计报告和非公布目的的审计报告。

公布目的的审计报告，一般是用于对企业股东、投资者、债权人等非特定利益关系者公布的附送会计报表的审计报告。

非公布目的的审计报告，一般是用于经营管理、合并或业务转让、融通资金等特定目的而实施审计的审计报告。这类审计报告是分发给特定使用者的，如经营者、合并或业务转让的关系人、提供信用的金融机构等。

(3) 按照审计报告的详略程度分类　审计报告按其详略程度可分为简式审计报告和详式审计报告。

简式审计报告，又称短式审计报告。它是指注册会计师对应公布的会计报表进行审计后所编制的简明扼要的审计报告。简式审计报告反映的内容是非特定多数的利害关系人共同认为的必要审计事项,它具有记载事项为法令或审计准则所规定的特征,具有标准格式。因而,简式审计报告一般适用于公布目的,具有标准审计报告的特点。

详式审计报告,又称长式审计报告。它是指对审计对象所有重要的经济业务和情况都要做详细说明和分析的审计报告。详式审计报告主要用于指出企业经营管理存在的问题和帮助企业改善经营管理,故其内容较简式审计报告丰富得多、详细得多。详式审计报告一般适用于非公布目的,具有非标准审计报告的特点。

3) 审计报告与会计报表的关系

会计报表是企业或其他组织管理当局向外部信息使用者(包括所有者、债权人、雇员、政府部门、证券交易所及社会公众等)提供有关各企业或组织财务状况、经营成果及现金流量等方面财务信息的手段。一般来讲,会计报表主要包括资产负债表、利润表、现金流量表等,而报表的有关附注属于会计报表的有机组成部分。管理当局有责任或义务按现行的《企业会计准则》及时编制正确、完整的会计报表。

审计报告是审计工作的结果。注册会计师以第三者身份,对企业或有关组织管理当局提供的会计报表的合法性和公允性做出独立鉴证,以增强会计报表的可信性。所以,审计报告只是注册会计师表述审计结论的手段,它本身不包括被审计企业或组织的财务信息或具体数据资料,不能代替会计报表。

实际上,会计报表属于审计对象,其编制质量的最终责任是由管理当局而非注册会计师来承担。注册会计师的责任只限于检查会计报表的合法性和公允性。根据检查结果,注册会计师可以发表不同意见类型和内容的审计报告来表达意见,但他无权修改或编制会计报表。在审计过程中,注册会计师可以建议被审计单位根据企业会计准则的要求,调整或修改会计报表的内容或格式,或者被审计单位委托注册会计师根据检查结果代为编制审定的会计报表及其附注。可见,审计报告与会计报表是属于性质不同的两种报告文件。

另一方面,审计报告又与会计报表密切相关。它们通常要同时并列呈送委托人或正式对外公布。审计报告的重要作用,是对会计报表的合法性和公允性加以鉴证,作为委托人和其他信息使用者信赖会计报表,并据以进行合理经济决策的直接依据。没有注册会计师鉴证,会计报表的可信性及使用价值就会打折扣。但是,如果审计报告编写不当,又会削弱会计报表的效用。

11.2.2 编制审计报告的一般原则

为了规范注册会计师编制和出具审计报告,财政部颁布和实施了《独立审计具体准则第7号——审计报告》(以下简称《审计报告》)。自1996年1月1日起开始实施的《审计报告》共5章27条。2002年,财政部对《审计报告》进行了修订。其中,"一般原则"部分对审计报告的编制作出了原则性规定:

(1) 注册会计师应当在实施了必要的审计程序后,对会计报表实施总体性复核,并按照准则的要求,以经过核实的审计证据为依据,形成审计意见,出具审计报告。

(2) 注册会计师应对其出具的审计报告的真实性、合法性负责。审计报告的真实性是指审计报告如实反映注册会计师的审计范围、审计依据、已实施的审计程序和应发表的意见;审计报告的合法性是指审计报告的编制和出具必须符合《注册会计师法》和独立审计准则的规定。

(3) 注册会计师对审计过程中发现的需要调整的审计差异,应提请被审计单位加以调整。如果被审计单位不接受调整建议,注册会计师应当根据需要调整事项的重要程度,确定是否在审计报告中予以反映以及如何反映。

(4) 对于截止到审计报告日时被审计单位仍未调整或披露的期后事项,注册会计师应当提请被审计单位予以调整或披露。如果被审计单位不接受建议,注册会计师应当根据其类型和重要程度,确定是否在审计报告中予以反映以及如何反映。

(5) 对于截止到审计报告日时被审计单位仍未披露的或有损失,注册会计师应当提请被审计单位予以披露。如果被审计单位不接受建议,注册会计师应当根据其重要程度确定是否在审计报告中反映。

(6) 注册会计师出具的审计报告应当由注册会计师和其所在会计师事务所签章后,径送委托人,无需经其他单位审定。注册会计师在出具审计报告时,应同时附送已审计的会计报表。

(7) 注册会计师应当要求委托人按照审计业务约定书的要求使用审计报告,委托人或其他第三者因使用审计报告不当所造成的后果,与注册会计师及其所在的会计师事务所无关。

11.2.3 审计报告的基本内容

1) 标题

审计报告的标题应统一规范为"审计报告"。

2) 收件人

审计报告的收件人是指注册会计师按照业务约定书的要求致送审计报告的对象,一般是指审计业务的委托人。审计报告应当载明收件人的全称。

3) 范围段

审计报告的范围段应当说明下列内容:

(1) 已审计会计报表的名称、日期或涵盖的期间。

(2) 会计责任与审计责任。会计报表的编制是被审计单位管理当局的责任,注册会计师的责任是在实施审计工作的基础上对会计报表发表意见。

(3) 审计依据,即说明审计依据为《中国独立审计准则》。

(4) 已实施的主要审计程序,如抽查会计记录等。

4) 意见段

审计报告的意见段应当说明下列内容:

(1) 会计报表的编制是否符合国家颁布的企业会计准则和相关会计制度(包括被审计单位适用的《企业会计制度》、《金融企业会计制度》等),即合法性。

(2) 会计报表在所有重大方面是否公允反映了被审计单位的财务状况、经营成果和现金流量,即公允性。

(3) 会计处理方法的选用是否符合一贯性原则。

5) 签章以及会计师事务所的地址

审计报告应当由注册会计师签名并盖章,同时载明会计师事务所的名称和地址,加盖会计师事务所公章。

6) 报告日期

审计报告日期是指注册会计师完成审计工作的日期。审计报告日期不应早于被审计单位管理当局签署会计报表的日期。这里的完成审计工作是指注册会计师完成了所有程序,获取的审计证据足以支持对会计报表发表意见。

11.2.4 审计报告的基本类型

注册会计师根据审计结果和被审计单位对有关问题的处理情况,形成不同的审计意见,出具四种基本类型的审计报告,即无保留意见的审计报告、保留意见的审计报告、否定意见的审计报告和无法表示意见的审计报告。

1) 无保留意见的审计报告

无保留意见是指注册会计师对被审计单位的会计报表,依照《中国独立审计准则》的要求进行检查后确认:被审计单位采用的会计处理方法遵循了会计准则及有关规定;会计报表反映的内容符合被审计单位的实际情况;会计报表内容完整,表达清楚,无重要遗漏;报表项目的分类和编制方法符合规定要求,因而对被审计单位的会计报表无保留地表示满意。无保留意见也是委托人最希望获得的审计意见,可以使审计报告的使用者对被审计单位的财务状况、经营成果和现金流量具有较高的信赖。

经审计后,会计报表符合下列情形时,注册会计师应当出具无保留意见的审计报告:

(1) 会计报表符合国家颁布的企业会计准则和相关会计制度的规定,在所有重大方面公允地反映了被审计单位的财务状况、经营结果和现金流量。

(2) 注册会计师已经按照独立审计准则计划和实施了审计工作,在审计过程中未受到限制。

(3) 不存在应当调整或披露而被审计单位未予调整或披露的重要事项。

注册会计师出具无保留意见的审计报告时,一般以"我们认为"的术语作为意见段的开头,并表示承担对该审计意见的责任。不能使用"我们保证"等字样,因为注册会计师发表的是自己的判断或意见,不能对会计报表的合法性和公允性做出绝对保证,以避免会计报表使用人产生误解,同时也可明确注册会计师仅仅承担审计责任,而并不减除被审计单位对会计报表所承担的会计责任。同时,在审计报告中不应使用"完成正确"、"绝对公允"等保证性词汇和"大致反映"、"基本反映"等模糊不清、态度暧昧的术语。在对会计报表的反映内容是否公允提出审计意见时,应使用"在所有重大方面公允反映了"的术语。

无保留意见审计报告的格式举例说明如下:

【案例1】 无保留意见的审计报告

审 计 报 告

ABC股份有限公司董事会：

我们审计了后附的ABC股份有限公司（以下简称ABC公司）20×1年12月31日的资产负债表以及20×1年度的利润表和现金流量表。这些会计报表的编制是ABC公司管理当局的责任，我们的责任是在实施审计工作的基础上对这些会计报表发表意见。

我们按照中国注册会计师独立审计准则计划和实施审计工作，以合理确信会计报表是否不存在重要错报。审计工作包括在抽查的基础上检查支持会计报表金额和披露的证据，评价管理当局在编制会计报表时采用的会计政策和做出的重大会计估计，以及评价会计报表的整体反映。我们相信，我们的审计工作为发表意见提供了合理的基础。

我们认为，上述会计报表符合国家颁布的企业会计准则和《××会计制度》的规定，在所有重大方面公允反映了ABC公司20×1年12月31日的财务状况以及20×1年度的经营成果和现金流量。

××会计师事务所（盖章）   中国注册会计师（签名并盖章）
中国××市   中国注册会计师（签名并盖章）
                          20×2年×月×日

2）保留意见的审计报告

保留意见是指注册会计师对会计报表的反映有所保留的审计意见。一般是由于某些事项的存在，使无保留意见的条件不完全具备，影响了被审计单位会计报表的表达，因而注册会计师对无保留意见加以修正，对影响事项提出保留意见，并表示对该意见负责。

经审计后，如果认为会计报表就其整体而言是公允的，但还存在下列情形之一时，注册会计师应当出具保留意见的审计报告。

（1）会计政策的选用、会计估计的作出或会计报表的披露不符合国家颁布的企业会计准则和相关会计制度的规定，虽影响重大，但不至于出具否定意见的审计报告；

（2）因审计范围受到限制，无法获取充分、适当的审计证据，虽影响重大，但不至于出具无法表示意见的审计报告。

上述条件要求注册会计师在遇到可能对被审计单位会计报表产生重大影响的个别事项时，应在审计意见中加以保留。如果性质严重，则应出具否定意见或无法表示意见的审计报告。这是注册会计师提出审计意见时必须注意的。

上述保留事项可归纳为以下2类：

（1）未调整事项：即被审计单位的处理方法与注册会计师的看法不一致，又不愿按照注册会计师的意见进行调整，而且这种不一致所产生的差异能够准确地计量。一般说来，注册会计师在审计过程中提出的应予调整的项目或应在会计报表附注中披露的事项，被审计单位已经采纳的，审计报告中就不再表示保留，只在相应的审计工作底稿中列示。但被审计单位对于注册会计师认为比较重要的审计调整事项或附注披露建议不予采纳的,注册会计师应将这些对审计意见有较大影响的内容在审计报告中明确提出,并说明理由,指出这些调整或披露事项对被审计单位提供的会计报表可能产生的重大影响。

(2) 审计范围受到局部限制:即注册会计师在审计过程中应实施的审计程序,由于审计范围受到局部限制而无法实施,也难以实施必要的替代审计程序,而且无法实施的审计程序对被审计单位的会计报表可能产生重大影响。

当出具保留意见的审计报告时,注册会计师应当在意见段中使用"除……的影响外"等专业术语。如因审计范围受到限制,注册会计师还应当在范围段中提及这一情况。

此外,当出具保留意见的审计报告时,注册会计师应当在意见段之前增加说明段,清楚地说明发表保留意见的所有原因,并尽可能说明保留事项对被审计单位财务状况、经营成果和现金流量的影响程度。

保留意见审计报告的格式如案例2和案例3所示。

【案例2】 因会计政策选用不恰当而发表保留意见的审计报告

审 计 报 告

××股份有限公司董事会:

我们接受委托,对贵公司20×1年12月31日的资产负债表以及20×1年度的利润表和现金流量表进行了审计。这些会计报表的编制由贵公司管理当局负责,我们的责任是在实施审计工作的基础上对这些会计报表发表意见。

我们按照《中国独立审计准则》计划和实施审计工作,以合理确信会计报表是否不存在重大错报。审计工作包括在抽查的基础上检查支持会计报表金额和披露的证据,评价管理当局在编制会计报表时采用的会计政策和作出的重大会计估计以及评价会计报表的整体反映。我们相信,我们的审计工作为发表意见提供了合理的基础。

如会计报表附注×所述,贵公司20×1年10月购入的×类固定资产没有计提折旧。如果按照贵公司固定资产折旧政策,应当计提折旧费用×万元。相应地,贵公司20×1年12月31日的累计折旧应当增加×万元,固定资产账面净值减少×万元,20×1年度净利润减少×万元。

我们认为,除了×类固定资产没有计提折旧对会计报表产生的影响外,上述会计报表符合国家颁布的企业会计准则和《××会计制度》的规定,在所有重大方面公允反映了贵公司20×1年12月31日的财务状况以及20×1年度的经营成果和现金流量。

××会计师事务所(盖章)	中国注册会计师(签名并盖章)
中国××市	中国注册会计师(签名并盖章)
	20×2年×月×日

【案例3】 因审计范围受到限制而发表保留意见的审计报告

审 计 报 告

××股份有限公司董事会：

  我们接受委托，对贵公司20×1年12月31日的资产负债表以及20×1年度的利润表和现金流量表进行了审计。这些会计报表的编制应由贵公司管理当局负责，我们的责任是在实施审计工作的基础上对这些会计报表发表意见。

  除下段所述事项外，我们按照《中国独立审计准则》计划和实施审计工作，以合理确信会计报表是否不存在重大错报。审计工作包括在抽查的基础上检查支持会计报表金额和披露的证据，评价管理当局在编制会计报表时采用的会计政策和作出的重大会计估计以及评价会计报表的整体反映。我们相信，我们的审计工作为发表意见提供了合理的基础。

  贵公司20×1年12月31日的应收账款余额×万元，占资产总额的×%。由于贵公司未能提供债务人地址，我们无法实施函证，且无法实施其他审计程序，以获取充分、适当的审计证据。

  我们认为，除了未能实施函证可能产生的影响外，上述会计报表符合国家颁布的企业会计准则和《××会计制度》的规定，在所有重大方面公允反映了贵公司20×1年12月31日的财务状况以及20×1年度的经营成果和现金流量。

××会计师事务所（盖章）   中国注册会计师（签名并盖章）
中国××市   中国注册会计师（签名并盖章）
                       20×2年×月×日

3）否定意见的审计报告

  无论是注册会计师还是被审计单位都不希望发表此类意见的审计报告。所谓发表否定意见是指与无保留意见相反，提出否定会计报表公允地反映被审计单位财务状况、经营成果和现金流量的审计意见。

  当未调整事项、未确定事项等对会计报表的影响程度在一定范围内时，注册会计师可以发表保留意见。但是如果其影响程度超出一定范围，以致会计报表无法被接受，被审计单位的会计报表已失去其价值，注册会计师就不能发表保留意见，而只能发表否定意见。

  经过审计后，如果认为会计报表不符合国家颁布的企业会计准则和相关会计制度的规定，未能从整体上公允反映被审计单位的财务状况、经营成果和现金流量，注册会计师应当出具否定意见的审计报告。

  当出具否定意见的审计报告时，注册会计师应当在意见段中使用"由于上述问题造成的重大影响"、"由于受到前段所述事项的重大影响"等专业术语。并且，当出具否定意见的审计报告时，注册会计师应当在意见段之前增加说明段，清楚地说明发表否定意见的所有原因，并尽可能说明否定事项对被审计单位财务状况、经营成果和现金流量的影响程度。

  否定意见审计报告的格式举例说明如下：

【案例4】 否定意见的审计报告

审 计 报 告

××股份有限公司董事会：

我们接受委托，对贵公司20×1年12月31日的资产负债表以及20×1年度的利润表和现金流量表进行了审计。这些会计报表的编制应由贵公司管理当局负责，我们的责任是在实施审计工作的基础上对这些会计报表发表意见。

我们按照《中国独立审计准则》计划和实施审计工作，以合理确信会计报表是否不存在重大错报。审计工作包括在抽查的基础上检查支持会计报表金额和披露的证据，评价管理当局在编制会计报表时采用的会计政策和作出的重大会计估计以及评价会计报表的整体反映。我们相信，我们的审计工作为发表意见提供了合理的基础。

如会计报表附注×所述，贵公司的长期股权投资未按企业会计准则的规定采用权益法核算。如果按权益法核算，贵公司的长期投资账面价值将减少×万元，净利润将减少×万元，从而导致贵公司由盈利×万元变为亏损×万元。

我们认为，由于受到前段所述事项的重大影响，上述会计报表不符合国家颁布的企业会计准则和《××会计制度》的规定，未能公允反映贵公司20×1年12月31日的财务状况以及20×1年度的经营成果和现金流量。

××会计师事务所(盖章)	中国注册会计师(签名并盖章)
中国××市	中国注册会计师(签名并盖章)
	20×2年×月×日

4）无法表示意见的审计报告

无法表示意见是指注册会计师说明其对被审计单位的会计报表不能发表意见，也即无法对被审计单位的会计报表发表确切的审计意见所表示的一种不作评价的意见。

注册会计师出具无法表示意见的审计报告，不同于无法接受委托，它是注册会计师实施了必要的审计程序后发表审计意见的一种方式；注册会计师出具无法表示意见的审计报告，也不是不愿发表意见。如果注册会计师已能确定应当出具保留意见或否定意见的审计报告，不得以无法表示意见的审计报告来代替。保留意见或否定意见是注册会计师在取得充分、适当的审计证据后形成的，由于被审计单位存在某些未调整事项或未确定事项等，按其影响的严重程度而表示保留或否定的意见，并不是无法判断使用的措辞或问题的归属。无法表示意见是由于某些限制而未对某些重要事项取得证据，没有完成取证工作，使得注册会计师无法判断问题的归属。

注册会计师在审计过程中，如果审计范围因受到限制可能产生的影响非常重大和广泛，且不能获取充分、适当的审计证据，以至无法对会计报表发表意见，注册会计师应当出具无法表示意见的审计报告。

当出具无法表示意见的审计报告时，注册会计师应当删除引言段中对自身责任的描述以及范围段，并在意见段中使用"由于审计范围受到限制可能产生的影响非常重大和广泛"、

"我们无法对上述会计报表发表意见"等专业术语。

无法表示意见审计报告的格式举例说明如下：

【案例5】 无法表示意见的审计报告

审 计 报 告

××股份有限公司董事会：

  我们接受委托，遵循《中国独立审计准则》，对贵公司20×1年12月31日的资产负债表以及20×1年度的利润表和现金流量表进行审计。这些会计报表的编制由贵公司管理当局负责。

  经审计查证，贵公司未对20×1年12月31日的存货进行盘点，金额为×万元，我们无法实施存货监盘，也无法实施替代审计程序，以对期末存货的数量和状况获取充分、适当的审计证据。

  由于上述审计范围受到限制可能产生的影响非常重大和广泛，我们无法对上述会计报表发表意见。

  ××会计师事务所（盖章）   中国注册会计师（签名并盖章）
    中国××市   中国注册会计师（签名并盖章）
                       20×2年×月×日

11.2.5 审计报告的编制

编制审计报告是一项严格而细致的工作。为确保审计报告的质量，注册会计师应掌握编制审计报告的步骤和要求，认真做好审计报告的编制工作。

1) 编制审计报告的步骤

审计报告一般由审计项目负责人编制。编制审计报告时，审计项目负责人应当仔细查阅注册会计师在按照独立审计准则要求进行审计并形成一整套审计工作底稿的基础上，根据被审计单位对国家有关规定和经济关系人有关要求的执行情况，提出的客观、公正、实事求是的审计意见。一般来说，编制审计报告需经过以下几个步骤：

(1) 整理和分析审计工作底稿　在外勤审计过程中，审计工作底稿是分散的、不系统的。注册会计师及其助理人员都应整理好自己的工作底稿，检查是否有遗漏的环节，着重列举审计中发现的问题。审计项目负责人应根据委托审计的内容、范围和要求，对审计工作底稿进行整理和分析，并对注册会计师及其助理人员在审计过程中是否遵循了独立审计准则要求进行检查，对审计工作底稿做出综合结论，形成书面记录。

(2) 被审计单位会计报表的调整　注册会计师在整理和分析审计工作底稿的基础上，应向被审计单位通报审计情况、初步结论。对于被审计单位会计处理不当、期后事项和或有损失，则应提请被审计单位调整会计报表和在会计报表附注中加以披露，有的还应在审计报告中予以说明。如审计报告用于对外公布目的，除被审计单位会计报表不需调整者外，注册会计师应在致送审计报告时后附被审计单位调整后的会计报表。

(3) 确定审计意见的类型　注册会计师以经过整理和分析的审计工作底稿为依据，并根据被审计单位是否接受其提出的调整和披露意见以及是否已作了调整和披露等情况,确定审计报告的类型和措辞。如被审计单位会计报表已根据调整和披露意见作了调整,其合法性和公允性予以确认后,除专门要求说明者外,审计报告不必将被审计单位已调整和披露的事项再作说明。如果被审计单位不接受调整和披露建议,注册会计师应当根据需要调整和披露事项的性质和重要程度,确定审计报告的类型。对于被审计单位资产负债表日与审计报告日之间发生的期后事项,注册会计师应当根据其性质和重要程度,确定审计报告的类型。对于被审计单位截至报告日止仍然存在的未确定事项,注册会计师应当根据其性质、重要程度和可预知的结果对会计报表反映的影响程度,确定审计报告的类型。

(4) 编制和出具审计报告　审计项目负责人在整理、分析审计工作底稿和要求被审计单位调整会计报表、对会计报表附注作出适当披露,并根据被审计单位对审计建议的采纳情况确定审计报告的类型和措辞后,应拟订审计报告提纲,概括和汇总审计工作底稿所提供的资料。审计报告一般由审计项目负责人编制,如由其他人编制时,须由审计项目负责人复核、校对。审计报告完稿后,应经会计师事务所的主任会计师进行复核,并提出修改意见。如审计证据不足以发表审计意见时,则应要求审计项目负责人追加审计程序,以确保审计证据的充分性与适当性。审计报告经复核、修改定稿,应当在注册会计师签章并加盖会计师事务所公章后径送委托人。

2) 编制和使用审计报告的要求

为便于各会计报表的使用者根据审计意见来了解和判断被审计单位的财务状况、经营成果和现金流量,发挥审计报告的作用,编制及使用审计报告时,应符合下列基本要求:

(1) 内容要全面完整　审计报告是会计师事务所提供给会计报表使用者的"产品",各会计报表使用者要根据审计意见,对被审计单位的财务状况、经营成果和现金流量做出正确判断。所以,注册会计师在编制审计报告时,内容一定要全面完整。审计报告的书写格式,应当明确表明收件人、签发人、签发单位等有关内容。审计报告应当按照《独立审计具体准则第7号——审计报告》的要求编制,确保对审计对象、理由和结论等的明确表述。签署审计报告的日期应为注册会计师完成审计工作的日期,而不是被审计单位资产负债表日。

(2) 责任界限要分明　注册会计师应当按照独立审计准则的要求,通过实施适当的审计程序和审计方法,收集必要的审计证据,从而判断被审计单位会计报表的编制是否符合《企业会计准则》的要求,是否公允地反映了被审计单位的财务状况、经营成果以及现金流量,并把自己判定的结论即审计意见在审计报告中恰当地表达出来。

(3) 审计证据要充分适当　审计报告是向使用者传递信息,提供其决策的依据。因此,审计报告所列的事实必须证据充分、适当,这也是发挥审计报告作用的关键所在。为此,审计报告一定要从实际出发,凭事实说话,不可虚构证据,提供伪证。一方面,审计报告所列事实必须可靠,引用资料必须经过复核;另一方面,审计报告所列事实必须具有充分性,应足以支持审计意见的形成,决不能凭主观愿望对被审计单位的财务状况、经营成果和现金流量提出审计意见。"事实胜于雄辩",只有证据充分、适当,才能使审计报告令人信服,达到客观、公正的要求。

(4) 审计报告的使用要恰当　审计报告是注册会计师对被审计单位特定时期内与会计报表反映有关的所有重大方面发表的审计意见,并不是对被审计单位的全部经营管理活动发表审计意见。因此,在相关审计业务约定书中就必须明确这一点。注册会计师应当要求委托人按照审计业务约定书的要求使用审计报告。委托人或其他第三者因使用审计报告不当所造成的后果,与注册会计师及其所在的会计师事务所无关。

3) 关联事项对审计报告的影响

(1) 期后事项的影响及处理　期后事项是指资产负债表日至审计报告日发生的,以及审计报告日至会计报表发布日发生的、影响审计期间财务状况、经营成果和资金变动情况的有关事项。其中,会计报表公布日是指被审计单位对外披露已审计会计报表的日期。

期后事项按其对被审计单位会计报表公允性的影响可分为两类：一是能为资产负债表日已经存在情况提供补充证据,因而需要提请被审计单位调整会计报表的事项,简称调整事项;二是虽不影响会计报表金额或无法确定其对会计报表的影响金额,但可能影响对会计报表的正确理解,因而需要提请被审计单位予以披露的事项,简称披露事项。

① 调整事项：主要出现在被审计单位资产负债表日之前,且在会计报表公布日时可以确定其对会计报表影响的具体金额。这类期后调整事项主要有：

a. 资产负债表日被审计单位会计人员认为可以收回的大额应收账款,因资产负债表日后债务人突然破产而无法收回。所以注册会计师应考虑提请被审计单位增加备抵坏账数额,调整会计报表有关项目的数额。

b. 被审计单位由于种种原因被起诉,法院于资产负债表日后作出判决,被审计单位应赔偿对方的损失。注册会计师应考虑提请被审计单位增加资产负债表的有关负债项目,并加以说明。

c. 被审计单位资产负债表日后月初有大批产成品经验收不合格。这种情况表示被审计单位资产负债表日在产品存货中就有相当数量的不合格产品,故应予扣除。

d. 被审计单位于资产负债表日前签发的支票因透支而被开户银行退回。这笔现金对被审计单位很重要,注册会计师应当要求其调整资产负债表日的现金余额,并从会计报表中剔除已签发的空头支票的金额。

e. 被审计单位资产负债表日前将未使用的设备以低于当期账面价值的价格进行对外投资处理,而资产负债表日后双方签订的投资协议中该项投资作价高于其当期账面价值。如果其数值很大,注册会计师应要求被审计单位调整其资产负债表的有关项目,并加以说明。

② 披露事项：主要情况出现在被审计单位资产负债表日之后,或者虽然主要情况出现在被审计单位资产负债日之前,但在会计报表公布日仍无法确定其对会计报表影响的具体金额。前者因不是审计年度发生的,所以不需要调整被审计单位的年度会计报表,后者因无法确定其对会计报表的具体影响,因而无法调整被审计单位的年度会计报表。尽管如此,如在会计报表中不指明这类事项,则可能会引起报表使用者对被审计单位会计报表的误解,

因而要求被审计单位在会计报表中以附注的形式予以披露。这类在会计报表上披露而非调整的期后事项主要有：

a. 被审计单位合并，应付债券的提前收回。

b. 所持用于短期投资和交易的证券的市价严重下跌。

c. 由于政府禁止继续销售某种产品所造成的存货市价下跌。

d. 偶然发生在近期支付大笔的现金。

e. 其他审计年度发生的重要期后事项。

为此，针对上述期后发现审计报告日存在的事实，一方面结合本年度末账户余额审计；另一方面要专门为审计年度必须弄清楚的事项另设审计程序。主要包括：

① 根据期后事项的类型，对已发现的对会计报表产生重大影响的情况做以下处理：

a. 对能为资产负债表日已存在情况提供补充证据的事项，提请被审计单位调整会计报表。

b. 对虽不影响会计报表金额，但可能影响对会计报表正确理解的事项，提请被审计单位披露。如果被审计单位不接受调整或披露建议，注册会计师应当发表保留意见或否定意见。

如果注册会计师在审计报告日至会计报表公布日之间获知可能影响会计报表的期后事项，则应当及时与被审计单位管理当局讨论。必要时，还应追加适当的审计程序，以确定期后事项的类型及其对会计报表和审计报告的影响程度。若在会计报表公布日后获知审计报告日已经存在但尚未发现的期后事项，注册会计师应当与被审计单位讨论如何处理，并考虑是否需要修改已审计的会计报表。如被审计单位拒绝采取适当措施，注册会计师应当考虑是否修改审计报告。

② 双重日期的考虑。依据审计准则的规定，注册会计师对期后事项审计时，其应负责任的日期以审计外勤工作结束日为限。注册会计师没有责任实施审计程序或进行专门询问，以发现审计报告日至会计报告公布日发生的期后事项，但应对其知悉的期后事项予以关注，并实施相应的审计程序。

注册会计师如果对审计报告日至会计报表公布日获知的期后事项实施了追加审计程序，并已作适当处理，可选择签署双重报告日期和更改审计报告日期两种方法来确定审计报告日期。其中，前者为保留原定审计报告日，并就该期后事项注明新的报告日；后者是将原定审计报告日推迟至完成追加审计程序时的报告日。

（2）或有事项的影响及处理

① 或有损失与或有负债：或有事项通常包括或有损失和或有负债。或有损失是指由某一特定的经济业务所造成的，将来可能会发生某种意外的情况，因而要被审计单位负责承担的潜在损失。其形成条件主要有：由目前情况引起的日后可能发生的支出；未来支出金额的不确定；结果将由某些未来事件决定。或有负债是指由某一特定的经济业务造成的、将来可能会发生某种意外情况，并要求被审计单位负责清偿的潜在债务。

② 或有负债审计：从上述概念看出，尽管两者不完全等同，但或有损失主要来源于或有负债。因此，下面主要阐述或有负债审计的程序。

  a. 询问被审计单位确定、评价与控制或有负债的政策和程序。此程序能帮助审计人员发现被审计单位忽略的或有责任。

  b. 取得被审计单位与银行之间的往来信函，以便查找应收账款抵借、通融票据背书和对其他债务的担保。

  c. 复核上年和本年的税务机构的结算报告，以便发现可能存在的税务纠纷。

  d. 分析被审计单位的法律费用，以发现存在的未诉讼或未决税款等或有负债。

  e. 向被审计单位的法律顾问和律师函证，可以获取或有事项存在的确认证据。

  f. 审阅董事会和股东大会记录，可能发现或有事项存在的线索。

  g. 复核现存的审计工作底稿，查找任何可以说明潜在或有负债的各项资料。

  h. 查找被审计单位对未来事项和协议的财务承诺。

  (3) 期后事项和或有事项审计案例剖析

  澳大利亚××公司是主要经营牛、猪等农畜产品的公司，其总资产约为 2 600 万美元。1999 年 4 月 20 日，注册会计师对该公司 1998 年度的财务报表完成外勤审计工作，并预定于 4 月 30 日签发无保留意见的审计报告。然而就在审计报告校稿过程中，4 月 25 日报纸上刊登头版新闻"澳洲某地发现口蹄疫"。据称，这是数十年以来发现的最大疫情，并有扩散之势。

  注册会计师分析，该公司的牛、猪等皆在口蹄疫侵袭之列，而该项存货总账面价值约占总资产的 45%、流动资产的 75%，属重大事项。总资产的 45% 可能瞬间变成损失，其金额高达 1 170 万美元，这项损失是期后事项还是或有损失？如果是期后事项，程度如何？如何在审计报告上表达？若损失严重时，该项损失究竟是否列入非常损益项目？该公司是否有持续经营能力？是否会受质疑？

  注册会计师同客户讨论，双方同意增加必要的审计程序并延长审计报告签发至 5 月 5 日，注册会计师查阅工作底稿，发现该日市场并无重大波动。客户提供已执行防疫措施的证据，会计师事务所聘请的专家出具了农场在此防疫措施下可能使牛、猪等免遭感染的意见，注册会计师与客户商讨经营的可能性。

  经过实施上述程序，注册会计师签发了带说明段的无保留意见审计报告，但对有关项目作了下列处理：

  ① 期后事项的损失约为 300 万美元，以未实现损失估列并以非常损失项目报告，以有别于经常性的经营成果。

  ② 附注中说明仍有或有事项存在，因无积极证据证明已经感染，且公司已经执行一系列有效的防疫措施，根据专家意见此项防疫措施应可防止疫情扩大。

  ③ 注册会计师的审计报告中间附有说明段，将本事件中的或有事项与期后事项作明确的划分，其中期后事项已估列存货跌价损失若干，列于非常损益项下；或有事项因已做相当的防疫措施，根据专家意见发生感染机会较低。最后双方在满意的情况下，完成本案的审计工作。

11.2.6 特殊目的的审计报告

1) 特殊目的的审计业务

特殊目的的审计是指注册会计师对被审计单位年度会计报表以外的其他特定事项进行审计,并发表审计意见。注册会计师进行特殊目的的审计,通常要运用一般目的的审计程序和方法。

在我国,注册会计师除进行一般目的的年度会计报表审计之外,还可受托办理下列特殊目的的审计业务:

(1) 对按照特殊编制基础编制的会计报表进行审计 被审计单位可能因特殊目的而按照企业会计准则以外的编制基础编制会计报表。这些编制基础包括收付实现制基础、计税基础、其他特殊编制基础。

(2) 对会计报表的组成部分进行审计 注册会计师可以接受委托,对会计报表的一个或多个组成部分,包括会计报表特定项目、特定账户或特定账户的特定内容进行审计。无论该项审计是单独进行还是连同会计报表整体一并进行,注册会计师均应只对已审计的组成部分在所有重大方面是否按照适用的编制基础编制发表审计意见。例如,对会计报表内的特定项目如存货、长期投资、利润分配等发表审计意见。

(3) 对法规、合同所涉及的财务会计规定遵循情况的审计 注册会计师可以接受委托,就被审计单位对法规、合同中所涉及的财务会计规定的遵循情况进行审计,如验资、厂长(经理)离任审计等。

(4) 对简要会计报表的审计 被审计单位可能因特殊需要委托注册会计师对根据已审计会计报表编制的简要会计报表进行审计,并发表审计意见。

2) 特殊目的的审计报告种类

特殊目的的审计业务,同样需要注册会计师发表审计意见,出具审计报告。所谓特殊目的的审计报告,是指注册会计师审计下列会计报表或其他会计信息所出具的审计报告:

① 按照特殊编制基础编制的会计报表;
② 会计报表的组成部分,包括会计报表特定项目、特定账户或特定账户的特定内容;
③ 法规、合同所涉及的财务会计规定的遵循情况;
④ 简要会计报表。

注册会计师执行特殊目的的审计业务,应当了解审计报告的用途及可能的使用者,并在审计报告意见段后说明审计报告的目的以及在分发和使用上的限制。注册会计师编制和出具特殊目的的审计报告,除遵循《独立审计实务公告第 6 号——特殊目的业务审计报告》的专门规定外,还应当遵循《独立审计具体准则第 7 号——审计报告》中使用的一些规定。当委托人要求按特定形式出具审计报告时,注册会计师应当合理确信这种报告的内容及措辞没有违背独立审计准则的要求,否则应当拒绝接受委托或终止审计约定。

(1) 特殊编制基础会计报表的审计报告 注册会计师在编制特殊编制基础的审计报告时,应当在引言段中指明所审计会计报表的编制基础,并在意见段中说明所审计会计报表在所有重大方面是否按照该基础进行了公允表达。会计报表如依据特殊编制基础编制,注册会计师应考虑会计报表标题或其附注是否已指明该编制基础,如未适当指明,注册会计师应出具非标准审计报告。

(2) 会计报表组成部分的审计报告　注册会计师在出具会计报表组成部分的审计报告时,应当在引言段中指明会计报表组成部分所依据的编制基础,或提及对编制基础加以限定的协议,并在意见段中说明所审计会计报表组成部分在所有重大方面是否按照该基础进行了公允表达。如果已对会计报表整体发表否定意见或无法表示意见,只要会计报表组成部分不是构成会计报表整体的主要部分,注册会计师就应对该组成部分出具审计报告。

注册会计师应当提醒被审计单位不应在会计报表组成部分的审计报告后附送整体会计报表,以避免会计报表使用者产生误解。

(3) 法规、合同所涉及的财务会计规定遵循情况的审计报告　注册会计师接受委托,对法规、合同所涉及的财务会计规定遵循情况进行审计时,应当考虑其专业胜任能力。只有当注册会计师有能力对法规、合同所涉及的财务会计规定的整体遵循情况进行审计时,方可接受委托。如有个别事项超越其专业胜任能力,注册会计师应当考虑利用专家的帮助。

按照我国审计准则的规定,注册会计师在出具法规、合同所涉及的财务会计规定遵循情况的审计报告时,应当在引言段中指明已经对法规、合同所涉及财务会计规定的遵循情况进行了审计,并在意见段中指明是否发现法规、合同所涉及财务会计规定未得到遵循的情况(消极保证方式)。国际审计准则要求在意见段中说明,依审计人员的意见看,被审计单位是否遵循法规、合同的特定条款的规定(积极保证方式)。

(4) 简要会计报表的审计报告　注册会计师只有在对会计报表发表审计意见后,才能对根据已审计会计报表编制的简要会计报表出具审计报告。如未对已审计会计报表发表审计意见,则不应对该简要会计报表出具审计报告。

注册会计师在出具简要会计报表的审计报告时,应在引言段中特别指明下列事项:

① 审计的简要会计报表所依据的会计报表。

② 简要会计报表所依据的会计报表审计意见类型及审计报告日期。如对简要会计报表所依据的会计报表发表了非无保留意见,还应指明发表该意见的理由及其影响。

注册会计师应当在审计报告意见段中指明简要会计报表在所有重大方面是否与其所依据的已审计会计报表相一致。

如对简要会计报表所依据的会计报表发表了非无保留意见,注册会计师还应提及该意见类型。

注册会计师应当在意见段之后增加说明段,指明为了更好地理解被审计单位的财务状况、经营成果和现金流量,简要会计报表应与已审计会计报表及其审计报表告一并阅读。

【任务检查】

(1) 什么是审计报告?

(2) 简述审计报告的基本类型。

(3) 简述审计报告编制与使用的基本要求。

【项目小结】

审计工作底稿是为了揭示有关审计事项的未审情况,注册会计师的审计过程和经过审计后有关审计事项的审定情况而编制,它是注册会计师形成审计结论、发表审计意见的直接依据,分为综合类工作底稿、业务类工作底稿和备查类工作底稿三种类型。审计工作底稿的形成方式主要有两种:一种是直接编制;另一种是取得。对审计工作底稿进行复核可减少或消除审计误差,降低审计风险,提高审计质量,便于上级管理人员进行审计监控。审计工作底稿经过分类整理、汇集归档后,形成审计档案。审计档案应加以妥善保管。

审计报告是审计工作的最终成果,具有鉴证、保护和证明作用。审计报告不同于会计报表,其编制应遵守《独立审计具体准则第7号——审计报告》的基本原则规定。审计报告有四种基本类型:无保留意见的审计报告、保留意见的审计报告、否定意见的审计报告、无法表示意见的审计报告。编制审计报告是一项严格而细致的工作,应遵循审计报告的编制步骤与要求。对于特殊目的的审计,通常要运用一般的审计程序和方法。

【能力训练】

一、单项选择题

1. 形成审计结论,发表审计意见的直接依据是(　　)。

   A. 审计证据　　　B. 审计计划　　　C. 审计过程　　　D. 审计工作底稿

2. 审计工作底稿的所有权属于(　　)。

   A. 被审计单位　　　　　　　　　B. 会计师事务所

   C. 注册会计师个人　　　　　　　D. 被审计单位的股东

3. 下列关于审计工作底稿的存在形式与控制的说法中,正确的是(　　)。

   A. 审计工作底稿存在的形式只能是纸质,不能以电子或其他介质形式存在

   B. 对于以电子稿或其他介质形式存在的工作底稿,可以销毁其纸质工作底稿

   C. 审计工作底稿包括业务约定书、管理建议书、项目组内部或项目组与被审计单位举行的会议记录、与其他人士(如其他注册会计师、律师、专家等)的沟通文件及错报汇总表等

   D. 审计工作底稿应当包括已被取代的审计工作底稿的草稿或财务报表的草稿,对不全面或初步思考的记录

4. 以下对审计档案的理解中不恰当的是(　　)。

   A. 永久性档案需要永久保存,当期档案至少保存10年

   B. 永久性档案是指那些记录内容相对稳定、具有长期使用价值并对以后审计工作具有重要影响和直接作用的审计档案

   C. 当期档案是指那些记录内容经常变换,主要供当期和下期审计使用的审计档案

   D. 会计师事务所应当将每项具体审计业务的审计工作底稿归整为审计档案

5. 注册会计师出具否定意见的审计报告时,需要在( )增加说明段解释出具该意见类型的理由。
   A. 意见段之后　　　　　　　　B. 财务报表附注中
   C. 在注册会计师的责任段之前　　D. 在意见段之前

6. 下列( )情况下,注册会计师应该出具无法表示意见的审计报告。
   A. 审计范围受到严重限制,无法取得充分适当的审计证据
   B. 重要会计政策的选用不符合国家颁布的企业会计准则和相关会计制度的规定
   C. 重要报表项目的披露不符合国家颁布的企业会计准则和相关会计制度的规定
   D. 作出的会计估计不符合企业会计准则和相关会计制度的规定

7. 注册会计师在执业过程中发现他无法胜任此项工作,那么,他应当( )。
   A. 出具无法表示意见的审计报告
   B. 出具保留意见的审计报告
   C. 请求会计师事务所改派其他注册会计师
   D. 依赖被审计单位提供的资料

二、多项选择题

1. 注册会计师编制的审计工作底稿应当使未曾接触该项审计工作的有经验的专业人士清楚地了解的内容包括( )。
   A. 按照审计准则的规定实施的审计程序的性质、时间和范围
   B. 实施审计程序的结果和获取的审计证据
   C. 审计证据是否充分和适当
   D. 就重大事项得出的结论

2. 注册会计师应当及时编制审计工作底稿,其主要目的体现在( )。
   A. 提供充分、适当的记录作为审计报告的基础
   B. 提高审计工作的质量
   C. 提供证据证明其按照中国注册会计师审计准则的规定执行了审计工作
   D. 便于对审计结论进行有效复核和评价

3. 下列有关审计工作底稿格式、要求和范围的表述中,恰当的有( )。
   A. 由于注册会计师实施的审计程序的性质不同,其工作底稿的格式、要素和范围也可能不同
   B. 在审计过程中,由于审计使用的工具不同,会导致审计工作底稿在格式、要素和范围上有所不同
   C. 对于询问程序,注册会计师可能以询问的时间作为识别特征
   D. 对于观察程序,注册会计师可能以观察的对象作为识别特征

4. 审计报告的范围段应当说明( )内容。
   A. 已审会计报表的名称、日期或涵盖的期间
   B. 会计责任与审计责任
   C. 审计依据

D. 已实施的主要审计程序

5. 审计报告的基本类型包括（　　）。
   A. 无保留意见的审计报告　　　　B. 保留意见的审计报告
   C. 否定意见的审计报告　　　　　D. 无法表示意见的审计报告

6. 标准无保留意见的审计报告应该包括的基本内容有（　　）。
   A. 财务报表批准报出日　　　　　B. 注册会计师的责任段
   C. 注册会计师的签名和盖章　　　D. 强调事项段

三、案例分析题

案例一：审计报告

S公司全体股东：

我们审计了后附的S公司财务报表，包括20×1年×月×日的资产负债表，20×1年度的利润表、现金流量表和股东权益变动表以及财务报表附注。

一、管理层对财务报表的责任

按照企业会计准则的规定编制财务报表是S公司管理层的责任。这种责任包括：(1)按照企业会计准则的规定编制财务报表，并使其实现公允反映；(2)设计、实施和维护与财务报表编制相关的内部控制，以使财务报表不存在由于舞弊或错误而导致的重大错报。

二、注册会计师的责任

我们的责任是在实施审计工作的基础上对财务报表发表审计意见。我们按照中国注册会计师审计准则的规定执行了审计工作。中国注册会计师审计准则要求我们遵守职业道德规范，计划和实施审计工作以对财务报表是否不存在重大错报获取合理保证。

审计工作涉及实施审计程序，以获取有关财务报表金额和披露的审计证据。选择的审计程序取决于注册会计师的判断，包括对由于舞弊或错误导致的财务报表重大错报风险的评估。在进行风险评估时，我们考虑与财务报表编制相关的内部控制，以设计恰当的审计程序，但目的并非对内部控制的有效性发表意见。审计工作还包括评价管理层选用会计政策的恰当性和作出会计估计的合理性，以及评价财务报表的总体列报。

我们相信，我们获取的审计证据是充分、适当的，为发表审计意见提供了基础。

三、审计意见

我们认为，S公司财务报表已经按照企业会计准则的规定编制，在所有重大方面公允反映了S公司20×1年×月×日的财务状况以及20×1年度的经营成果和现金流量。

××会计师事务所	中国注册会计师：×××
（盖章）	（签名并盖章）
	中国注册会计师：×××
	（签名并盖章）
中国××市	20×2年×月×日

案例二：审计报告

S公司全体股东：

我们审计了后附的S公司财务报表，包括20×1年×月×日的资产负债表，20×1年度的利润表、现金流量表和股东权益变动表以及财务报表附注。

一、管理层对财务报表的责任

按照企业会计准则的规定编制财务报表是S公司管理层的责任。这种责任包括：(1)按照企业会计准则的规定编制财务报表，并使其实现公允反映；(2)设计、实施和维护与财务报表编制相关的内部控制，以使财务报表不存在由于舞弊或错误而导致的重大错报。

二、注册会计师的责任

我们的责任是在实施审计工作的基础上对财务报表发表审计意见。我们按照中国注册会计师审计准则的规定执行了审计工作。中国注册会计师审计准则要求我们遵守职业道德规范，计划和实施审计工作以对财务报表是否不存在重大错报获取合理保证。

审计工作涉及实施审计程序，以获取有关财务报表金额和披露的审计证据。选择的审计程序取决于注册会计师的判断，包括对由于舞弊或错误导致的财务报表重大错报风险的评估。在进行风险评估时，我们考虑与财务报表编制相关的内部控制，以设计恰当的审计程序，但目的并非对内部控制的有效性发表意见。审计工作还包括评价管理层选用会计政策的恰当性和作出会计估计的合理性，以及评价财务报表的总体列报。

我们相信，我们获取的审计证据是充分、适当的，为发表审计意见提供了基础。

三、导致否定意见的事项

如财务报表附注×所述，S公司的长期股权投资未能按企业会计准则的规定采用权益法核算。如果按权益法核算，S公司的长期投资账面价值将减少×万元，净利润将减少×万元，从而导致S公司的盈利×万元变为亏损×万元。

四、否定意见

我们认为，由于"三、导致否定意见的事项"段所述事项的重大影响，S公司财务报表没有按照企业会计准则的规定编制，未能在所有重大方面公允反映S公司20×1年×月×日的财务状况以及20×1年度的经营成果和现金流量。

××会计师事务所	中国注册会计师：×××
（盖章）	（签名并盖章）
	中国注册会计师：×××
	（签名并盖章）
中国××市	20×2年×月×日

根据案例一、二思考：

(1) 上述案例中会计师事务所出具的是哪种类型的审计报告？

(2) 讨论并区别不同类型的审计报告所适用的情况。

项目 12　其他鉴证业务代理

【学习目标】

● 知识目标
  (1) 掌握验资、资产评估的概念和方法。
  (2) 掌握验资报告的写作要求。
  (3) 掌握税务代理的程序和委托协议书写作要求。
  (4) 掌握税务代理的原则和内容。

● 能力目标
  (1) 能够选择恰当的方法进行验资并出具验资报告。
  (2) 能灵活运用相关技能和方法执行资产评估、税务代理等鉴证业务。

【引导案例】

2009年3月16日,一家小公司在北京海淀区工商行政管理局登记注册成立了,注册资金为30万元人民币。其法定代表人就是后来臭名远扬的沈太福。随着公司规模的扩大,很快就成为赫赫有名的北京市长城机电产业公司(以下简称长城公司)。其研制的"内反馈中型调速电机"(节能电机)于2012年5月28日通过国家级鉴定,该节能电机有显著的经济效益和社会效益。

为了推广科研成果(节能电机),该公司从2012年6月2日开始以签订所谓的技术开发合同方式,先后在长春、北京、杭州、济南等16个城市搞非法集资活动,并且一直延续到2013年2月,2013年注册资本增加为260万元。与此同时,公司利用电台、电视机、报纸等传媒向社会广泛宣传。为了获取2%月利息,前来签订合同的投资者络绎不绝,曾创下了20天内集资2000万元的"奇迹"。在短短9个月的时间内,集资达十多亿。

就在沈太福和长城公司紧锣密鼓地实施自己的骗术之时,有关部门逐渐察觉了他的所作所为。中国人民银行北京分行针对长城公司扰乱国家金融秩序,很可能损害投资者利益的行为采取了行动。2013年3月6日,中国人民银行总行根据人民银行北京分行的建议,发出了通报,并责令该公司立即停止向社会的集资活动,并清退所集资的资金。

为长城公司出具验资报告的是中诚会计师事务所。在政府冻结了长城公司的存款时,中诚会计师事务所为其出具了虚假的审计验资报告,使得一些投资者对长城公司的信用已有怀疑并到公司去退资的时候,因看到验资报告而未退,从而欺骗了投资者,给国家金融管理带来了不良的影响。为此,2013年5月15日,审计署责令中诚会计师事务所停业整顿,撤销相关人员的会计师资格。

结合以上案例,分析以下问题:

(1) 什么是验资? 验资对市场经济和金融市场的发展有什么影响?

(2) 验资报告及其作用是什么?

任务12.1 代理验资业务并出具报告

【任务分析】

验资是我国审计人员的法定业务之一。它具有风险高、收入低、责任大且追溯时间长、验资业务范围单一但牵涉面广等特点。

【知识准备】

12.1.1 验资概述

1) 验资的定义

验资是指注册会计师依法接受委托,按照独立审计准则的要求,对被审验单位注册资本的实收或变更情况的真实性、合法性进行审验,并出具验资报告。

从验资对象及范围看,验资可以分为广义和狭义两种。狭义的验资,其对象是企业注册资本的实收情况,审验范围则是企业的注册资本。广义的验资,其对象是企业的净资产即所有者权益,审验范围包括两个方面,一是企业的注册资本;二是企业在经营过程中形成的资本公积、盈余公积和未分配利润等积累资本。从而,广义的验资定义可以概括为:验资是注册会计师依法接受委托,依据独立审计准则,对被审验单位所有者权益及其相关的资产、负债的真实性和合法性进行的验证,包括企业设立时的设立验资和企业成立后的变更验资和年检验资。

2) 验资的性质与作用

验资是注册会计师独立审计业务的重要领域,其性质和作用主要有两个方面:

(1) 验资不仅可以验证企业资本金额的真实性及合法性,而且,还可以验证企业的产权关系。

(2) 验资有利于维护社会经济秩序的健康发展。对新企业来说,验资是对企业经营的本钱是否真实、合法的首次把关;对正在经营的企业进行验证,则有利于保护所有者的权益,防止非法经营及皮包公司的泛滥。

3) 验资与会计报表审计的异同

验资与会计报表审计有很多相同、相似的地方:两者都应当恪守独立、客观、公正的原则;都要经过委托、实施、报告三个阶段;工作的基本要求和报告的基本形式也十分相似,而且,验资是注册会计师审计业务的重要组成部分,在验资时也强调作必要的报表审计。

验资从属于审计业务但又有别于会计报表审计。验资时应根据具体情况来开展审计工作。对于刚成立的公司来说,在短时间内难以建立一套完整的会计核算制度,因此,注册会计师应按照国家财务会计制度的规定,重点审计与投入资本相关的会计处理,包括实收资本、资本公积和相关的货币资金、固定资产、存货、无形资产、往来款项等项目的会计报表数据,与有关的总账、明细账、记账凭证和原始凭证核对,确认其真实性、准确性和完整性,并注意与投资各方的往来款项是否正常,是否存在变相抽资。对于变更验资和年检验资,则应按会计报表审计的基本要求和审计程序执行,允许根据具体情况作适当简化。

12.1.2 验资的种类

在审计实务中,根据验资的对象、范围及目标,可将验资分为设立验资、变更验资和年检验资三种。

1) 设立验资

设立验资是指注册会计师接受委托,对新设立企业的实收资本(股本)及相关资产、负债的真实性、合法性进行的审验。

设立验资的主要目的是为了审验被审验单位注册资本是否合法、合规,投资者的出资金额、出资方式和出资时间是否符合合同、协议、章程的规定。其验资范围是注册资本、实收资本(股本)和与形成实收资本(股本)相关的资产、负债。

2) 变更验资

企业变更包括注册资本变更和企业变更登记。变更验资是指企业更换法人代表,或因分立、合并等原因而增减注册资本,或因企业实收资本(股本)比原注册资本增减超过一定百分比时,依法向工商行政管理机关申请变更登记而进行的资本审验。

变更验资的主要目的是审验企业变更是否符合法定程序,资本增减是否真实,相关的会计处理是否正确。其审验范围可能包括注册资本、实收资本(股本)和相关的资产、负债,也可能包括注册资本、所有者权益(股东权益)和相关的资产、负债,这取决于变更的内容、方式和性质。

3) 年检验资

年检验资是指企业依照《中华人民共和国公司登记条例》的规定进行年检时,委托注册会计师对企业的实有资本进行审验,并出具验资报告。

年检验资的主要目的是审验投入企业的资本是否保全,是否被抽回,所有者权益(股东权益)是否发生重大增减变化等,其审验范围包括注册资本和所有者权益(股东权益)。

12.1.3 验资的原则

注册会计师执行验资业务时,应遵守下列主要原则:

1) 独立、客观、公正原则

这些原则既是注册会计师必须遵守的职业道德,又是注册会计师在执行验资及其相关会计报表审计业务时必须共同遵守的基本原则。

独立性,要求注册会计师既要独立于委托人、被审验单位,又要独立于其他外部机构和组织,在执行业务时,不受任何外界干扰。客观性,要求注册会计师在验资时,必须实事求是,讲求客观,不能有任何主观想象或掺杂个人的好恶,以免影响其分析判断的客观性。公正性是指注册会计师在验资时,应当不偏不倚、不左不右地对待任何一方,不应以牺牲一方的利益为代价,而使另一方得益。

2) 真实性、合法性原则

注册会计师在验资时,应对验资报告的真实性、合法性负责。

真实性是指验资报告要如实反映注册会计师的验资范围、验资依据和已实施的主要验资程序和应发表的验资意见。合法性是指验资报告的编制和出具必须符合《注册会计师法》和《独立审计实务公告第1号——验资》的规定。

12.1.4 验资的方法

《独立审计实务公告第1号——验资》以设立验资为例,对不同资产的验资方法分别进行了规定。

1) 对资本投入的验证

审验货币资金投入时,应在被审验单位开户银行出具的收款凭证及银行对账单等的基础上审验投入资本。对于股份有限公司向社会公开募集的股本,还应审验承销机构的承销协议和募股清单。除此以外,对于外商投资企业和股份有限公司还有特定审验要求。

2) 对实物资产投入的验证

以房屋、建筑物、机器设备和材料等实物资产投入的,注册会计师应清点实物,验证其财产权归属。实物的作价应按照国家有关规定,在资产评估确认或价值鉴定或各投资者协商一致并经批准的价格基础上审验。对于外商投资企业、有限责任公司和股份有限公司,还有特定的审验内容。

3) 对无形资产的验证

以工业产权、非专利技术和土地使用权等无形资产投入的,注册会计师应分别查验其财产权归属。无形资产的作价应按照国家有关规定,分别在资产评估确认或各投资者协商一致并经批准的价格基础上审验。对于外商投资企业、有限责任公司和股份有限公司,还有特定的审验内容。

12.1.5 验资的步骤

验资的步骤是指从接受验资委托开始到完成验资工作并出具验资报告为止的整个执业过程的先后顺序,包括接受验资委托、实施验资和出具验资报告三个阶段。

1) 接受验资委托阶段

接受验资委托阶段是指从验资任务开始到确定验资内容和拟定验资计划为止的工作全过程,这一阶段又称为验资计划阶段、实施验资的准备阶段。其主要工作有以下几方面：

(1) 了解被审验单位基本情况，并确定是否接受委托　需要了解的情况主要包括：

① 被审验单位的名称、性质、所处行业、规模大小、组织机构的人员情况等；

② 委托验资的目的、范围、时间要求和验资报告的用途等；

③ 是否建立验资所应有的会计账目；

④ 以前是否有委托会计师事务所承办的业务，对注册会计师的工作是否了解。

如果被审验单位对此一无所知，那么，注册会计师应及时将自己的工作性质、特点、工作方法、程序、双方责任等进行介绍。然后，再进一步确定：委托事项是否属于正常的委托，有无其他限制或附属条件等。

通过了解基本情况，注册会计师就可以根据自身的能力，考虑能否保持独立性，并初步考虑验资风险，做到谨慎接受委托。

(2) 与委托人签订验资业务委托书　注册会计师通过对被审验单位的初步了解，认为有能力承接时，应与委托人签订验资业务委托书，以确认受托、委托关系。

验资业务委托书需要明确三个问题：一是表示确认委托、受托成立；二是明确验资的目的、范围；三是明确双方的责任、义务，包括被审验单位所提供的文件、资料和其他验资所必需的条件，会计师事务所主要的工作程序、工作时间、收费金额和付费方式等。委托人和被审验单位对其提供的验资文件、单证等验资资料的真实性以及资产的完整、安全负责；会计师事务所按照独立审计准则的要求出具验资报告，并对验资报告的真实性、合法性负责。

(3) 成立验资工作小组，及时编制验资工作计划　验资业务委托书签订以后，会计师事务所应以承办注册会计师为主，组织有胜任能力的人员组成验资工作小组，及时制订验资工作计划。验资工作计划包括验资的目的、范围、重点、方法、程序、人员分工、聘请其他专家协助工作和验资时间安排等内容。

2) 验资实施阶段

验资实施阶段是指注册会计师从与被审验单位联系外勤工作开始，到取证工作结束为止的全过程，又称为执行阶段，是验资全过程中最主要的阶段。

对于每一项具体验资业务来说，由于其验资种类、投资者出资方式和被审验单位各不相同，因此，在验资的实施阶段，所开展的工作内容会有所不同。

(1) 验资实施阶段的工作重点是取证和审验　注册会计师应当实施必要的验资程序，取得充分、适当的验资证据，并将验资业务的执行过程形成验资工作底稿。验资阶段的主要工作是对其内部控制进行评审。一般采用"被审验单位基本情况表"完成，以进一步取得与验资有关的资料，如批准文件、企业合同、章程、董事会文件及其他有关的协议、规定和出资的记录等，以掌握被审验单位的组织机构状况、董事会成员的基本情况等。

(2) 执行验证业务　对被审验单位的所有者权益及其相关的资产、负债分别进行检查，以确认所有者权益或注册资本的真实性和合法性。检查所有者权益时，应首先检查企业的资产和负债的各项目，检查方法可以比照资产、负债的审计方法进行，通常采用审阅法、核对法、实地盘点、向投资者函证等审计方法，其检查程序与会计报表审计相同，但检查的范围和广度比会计报表审计适当简化一些。

对所有者权益进行检查的主要内容如下：

① 初步核实企业所有者权益的实际数；

② 对资产项目还应参照资产评估办法或评估结果来确认其实际价值；

③ 检查记录投资来源的出资手续和会计记录，确定投入资本的真实性、合法性，检查重点是投资者的出资数额（或比例）、出资方式、资产计价或资产评估报告、出资期限的真实性；

④ 还应检查留存收益的凭证、账目和其他文件。其检查方法可以比照所有者权益的审计方法。

（3）整理、完善验资工作底稿，形成验资意见　验资工作底稿不仅是编制、佐证和解释验资报告的主要依据，而且在验资工作中能够起到组织协调作用，有助于会计师事务所各级负责人指导、监督、复核和把关；它也是考核和评定执业人员工作业绩和业务能力的重要依据；并且，在发生纠纷时，能够帮助注册会计师分清责任，解脱麻烦，免遭不必要的责难。因此，执业人员必须按要求认真填写验资工作底稿，并在此基础上形成初步验资意见。

3）验资报告阶段

验资报告阶段是指审计工作人员从根据验资工作底稿，讨论形成验资意见开始，到拟定验资报告，并将其交给委托人为止的全过程，是验资工作的总结阶段。

（1）由验资工作小组对验资工作底稿进行分析与研究，鉴定取得的各项证据，形成初步的验资意见。如存在不同意见时，可考虑实施追加的验资程序。在反复讨论的基础上，最终形成验资意见或结论。

（2）根据以上讨论草拟验资报告，并交委托单位征求意见。如有不妥，应对报告草案进行修订。

（3）出具验资报告。将修改后的验资报告和必要的工作底稿，送交审计组织业务负责人审核，经审核签署意见后，向委托人提交正式的验资报告。

验资报告送交委托单位后，应对验资工作底稿和其他资料进行整理，及时归档。

12.1.6　验资报告

验资报告是注册会计师在结束验资业务后，就被审验单位净资产或投入资本情况向委托单位提交的书面报告，是验资工作所形成的结论性文件，是具有证明效力的重要文件。

1）验资报告的编制基础

注册会计师应当在完成以下工作后，编制、出具验资报告：

（1）完成预定的验资程序。

（2）取得充分、适当的验资证据。

（3）分析和评价验资结论。

（4）形成验资意见。

2）验资报告的结构和内容

验资报告的具体内容一般应由权威部门通过制订验资报告规则加以规范。根据我国注

册会计师协会制订的《独立审计实务公告第1号——验资》的要求,验资报告的内容和结构可以概括为七个要素:

(1) 标题　标题统一规范为"验资报告"。

(2) 收件人　收件人为验资业务的委托人。

(3) 范围段　范围段应当说明验资范围、验资责任、验资依据、已实施的主要验资程序等内容。

(4) 意见段　意见段应当明确说明截止验资报告日被审验单位的实收资本(股本)及相关的资产、负债的数额,该数额是承办注册会计师的验资确认数。

(5) 签章　验资报告由注册会计师签章、会计师事务所盖章,并注明会计师事务所的地址。

(6) 报告日期　指注册会计师完成外勤审验工作的日期。

(7) 附件　验资报告附件包括"投入资本(股本)明细表"、"验资事项说明"以及注册会计师认为必要的其他附件。

3) 验资报告的说明段

当注册会计师与被审验单位在实收资本(股本)及相关的资产、负债的确认方面存在差异,且无法协商一致时,或注册会计师认为有必要时,应增加一个说明段。说明段的写法与审计报告的说明段类似,其位置在"意见段"之后。

4) 验资报告的出具

按照约定要求,验资报告径送委托人,当然也就无须经其他单位审定。验资报告的范例如下:

验　资　报　告

××股份有限公司全体股东:

　　我们接受委托,审计了ABC股份有限公司(以下简称ABC公司)截至20×1年12月31日的资本实收情况。在审计过程中,我们按照《独立审计实务公告第1号——验资》的要求,实施了必要的审计程序。ABC公司的责任是提供真实、合法、合规的验资资料,保证资产的安全、完整;我们的责任是出具真实、合法的验资报告。

ABC公司的原注册资本为人民币150 000 000元。经审验,我们认为,截至20×1年12月31日,ABC公司已经收到其股东投入的资本230 000 000元(大写:贰亿叁仟万元),扣除券商承销佣金、上网发行手续费9 000 000元,募集资金净额为人民币221 000 000元(大写:贰亿贰仟壹佰万),其中新增注册资本为人民币70 000 000元,资本公积为人民币151 000 000元。

附件:1. 注册资本变更情况明细表。

(1) 新增注册资本实收情况明细表(表1);

(2) 注册资本变更前后对照表(表2)。

2. 验资事项说明。

××会计师事务所	中国注册会计师(签名并盖章)
中国××市	中国注册会计师(签名并盖章)
	20×2年×月×日

【任务检查】

(1) 按验资业务范围分,验资审计要素有几部分内容?
(2) 简述验资报告的写作要求。

任务12.2 代理资产评估业务

【任务分析】

资产评估,是指依照国家有关规定,由专门的机构和人员,根据特定的目的和需要,遵循法定或公允的标准和程序,运理科学的方法,对被评估资产的价值进行评定和估算。

资产评估有利于推动资产的合理流动,有利于完善和发展社会主义商品市场;资产评估有利于深化经济体制改革,尤其对发展中外合资企业和股份制经济更为重要;资产评估有利于企业作出科学的管理决策;资产评估有利于优化国有资产的管理,为建立新的国有资产监控体系,保证国有资产的保值、增值奠定基础。

【知识准备】

12.2.1 资产评估的范围

资产评估的范围既指应当进行资产评估的资产占有单位,从这个意义上它包括国有资产占有单位和其他资产占有单位;从评估的对象看,它又指应当进行资产评估的情形,以国有资产占有单位为例,凡是有下列情形的都应进行资产评估:

① 资产拍卖、转让、出租、出售;
② 企业兼并、联营、股份经营;
③ 与外国公司、企业和其他组织或个人共同开办中外合资经营企业或中外合作经营企业;
④ 企业清算;
⑤ 资产抵押及其他担保;
⑥ 企业租赁;
⑦ 依照国家有关规定需要进行资产评估的其他情形。

1) 资产评估的职能

资产评估活动同其他管理活动一样,有其独特的职能:

① 评价职能,即评价企业资产价格;
② 鉴证职能,即对资产现时具有的生产能力、获利能力、风险及变现能力等进行公证;
③ 管理职能,即对资产产权的变动、资产交易、资产经营、组织结构、经营方式等进行有计划的管理和调控。

2) 资产评估的作用

资产评估有利于推动资产的合理流动,有利于完善和发展社会主义商品市场;有利于深化经济体制改革,尤其对发展中外合资企业和股份制经济更为重要;有利于企业作出科学的管理决策;有利于优化国有资产的管理,为建立新的国有资产监控体系,保证国有资产的保值、增值奠定基础。

12.2.2 资产评估的程序

资产评估的程序是指具有资产评估资格的机构从接受委托开始到完成全部评估工作并提交评估报告为止的全过程的工作步骤和环节。在我国,国有资产评估工作有法定程序;非国有资产评估没有法定程序。

国有资产评估的法定程序由申报立项、资产清查、评定估算、验证确认四个阶段组成。就民间注册会计师受托办理资产评估的程序来看,一般也有这四个阶段。每个阶段又包括一些具体步骤。

1) 接受委托

委托阶段的主要工作是配备评估人员。

2) 资产清查

了解委托人基本情况、签订资产评估委托书。

资产清查是指按照评估的范围对待评估的资产实有数量和质量进行实地清查核对,并作出清查报告的过程。

3) 评定估算

这一阶段的主要工作如下:

(1) 制订评估方案 评估小组根据掌握的待评估资产的各类资料,结合评估目的、范围和要求,制订资产评估的实施方案。评估方案的内容一般包括:待评估资产的详细范围;资产评估的工作进度计划和步骤;评估组工作人员的职责分工及各自承担的责任;各类资产采用的评估方式和方法,资产评估费用支出的预算,其他明确的事项。

(2) 开展评定估算 评定估算是资产评估工作中最为关键的阶段,就是根据评估的特定目的和所掌握的资料,选择适当的评估标准和方法,对待评估资产的价值进行具体的计算和判断,最后得出资产评估的结论。评定估算一般包括以下工作步骤:

① 划分资产类别;

② 准确进行评定;

③ 估算资产价格。

4) 提出评估报告

民间审计组织在评估工作完成后,应以评估报告的形式向委托单位报告资产评估的结果。这一阶段的主要工作有:整理评估工作底稿,撰写资产评估报告,验证资产评估报告。

12.2.3 资产评估的方法

资产评估的方法有收益现值法、重置成本法、现行市价法、清算价格法等。在进行评估业务时，应根据特定评估的目的和条件，灵活地选择评估方法。

1) 收益现值法

收益现值法是指通过测算被评估资产剩余期间的未来预期收益并按一定折现率折算成评估基准的现值，确定被评估资产价格的一种资产评估方法。收益现值法的基本观点是评估对象使用时间较长，不仅现在能得到一定的收益，而且具有在未来相当长的时期内获得收益的能力。因此，评估对象的价值相当于未来收益的贴现值。其基本公式为：

$$P_e = \sum_{t=1}^{n} \frac{A_t}{(1+i)^t}$$

式中：P_e——收益现值；

A_t——第 t 个收益期的预期收益；

n——收益年限（剩余经济寿命年限）；

i——折现率；

t——收益期。

收益现值法的基本前提是：在资产交易业务中，新的资产所有者为取得资产所支付的货币量不会超过该项资产（或与其具有同样风险因素的相似资产）的预期收益的现值。

运用收益现值法进行资产评估时，评估对象应当具备下列条件：

① 被评估资产必须具有独立的连续提供未来预期收益的能力；

② 资产的未来收益必须能够用货币计量；

③ 资产的未来收益包含风险收益，其风险也必须是能够用货币衡量的。

因此，收益现值法一般适用于对企业整体资产的评估。对于能预测其未来提供的、能以货币计量收益的单项资产，也能用收益现值法进行评估。

2) 重置成本法

重置成本法是指在评估资产时按被评估资产的现时完全重置成本（简称重置全价）减去应扣除的损耗或贬值来确定被评估资产价格的一种方法。其计算公式为：

被评估资产的重置成本＝资产的重置全价－损耗或贬值

重置成本分复原重置成本和更新重置成本两类。复原重置成本是指用与资产相同的材料、建造标准、设计结构和技术条件等，以现时价格再购建相同的全新资产所需的成本。更新重置成本是指利用新型材料、新技术标准，以现时价格再购建相同功能全新资产所需的成本。选择重置成本时，如果同时可得到两种成本，则应选用更新重置成本，在无更新重置成本时则采用复原重置成本。

损耗或贬值是指资产在使用和储存中，由于物理或化学原因及技术和产业的发展，致使资产价值降低的现象。损耗或贬值可分为有形损耗（或称实体性贬值）、无形损耗（或称功能性贬值）、经济性损耗（或称经济性贬值）。重置成本法的计算公式可进一步表示为：

评估值＝重置成本－实体性陈旧贬值－功能性陈旧贬值－经济性陈旧贬值

重置成本法的基本前提是：认为资产交易的购买方在购买某项资产时，会把该项资产与具有同样生产能力的全新资产进行直接比较，从而判断资产的价格。购买者所愿付出的价钱绝不会超过具有相同效能的全新资产的最低成本。按照这种思维逻辑，应用重置成本法时，应具备以下四个前提条件：

① 购买者对拟购买的资产不改变其原有用途；

② 评估对象的实体特征、内部结构、功能效用必须与假设重置的全新资产具有可比性；

③ 评估对象必须是可以再生或复制的，否则，不能采用重置成本法评估其价格；

④ 评估对象必须是随着时间的推移，会发生陈旧、贬值等价值损耗的资产，否则不能运用重置成本法进行评估，例如，古董、文物等特殊资产。

根据重置成本法的前提条件，重置成本法主要适用于以下情况：

① 可以重新建造或购买，具有有形损耗、无形损耗特性的单项资产，如房屋、建筑物、机器设备、专利权等资产；

② 可重建或购买的整体资产，但与整体资产相关的土地不能采用重置成本法评估。

因此，重置成本法最适用于难以确定收益，市场上又很难找到交易参照物的评估对象。决定重置成本的基本因素主要有重置全价的确定、损耗或贬值的估算等因素。

3）现行市价法

现行市价法是指按市场现行价格作为价格标准，据以确定资产价格的一种资产评估方法。现行市价是指距离资产评估基准日期最近的参照物的成交价格或标价。参照物必须是与评估对象相同或类似的资产。

用现行市价法进行资产评估要找到相同或类似的参照物，即采用替代原则，因而，被评估资产的价格一般不会超过具有相同功能的参照资产的价格。运用现行市价法的前提条件是：有一个充分发育的、活跃公平的市场，尤其是二手货市场、旧货市场；能找到近期的、与被评估资产相同或类似的参照物（已经成交或已标价尚未成交的均可）；能在市场上搜集到参照物的技术、交易、地理位置及功能等方面的资料，以及交易时间、条件、动机和价格等方面的资料。

凡是现行交易市场有交易的资产，均可运用现行市价法进行评估。现行市价法主要适用于单项资产交易价格的评估。

决定现行市价的基本因素主要有生产水平、供求关系、质量因素。在考虑上述因素后，可以采用直接法、类比法、物价指数调整法来确定被评估资产的现行市价。

4）清算价格法

清算价格法是以资产的清算价格为标准来估算评估对象价格的一种方法。所谓清算价格，是指企业由于破产和其他原因，要求在一定期限内，将特定资产快速变现的价格。清算资产变现的方式可以是一项完整的资产出售，也可拆零出售。

在被清算资产未来具有一定使用价值的情况下（能继续用以经营的资产），清算价格可以应用现行市价法、重置成本法和收益现值法进行估价；如被清算资产不能继续经营使用，无使用价值的，应按残值或可变现价值估价。清算价格的具体内容由适用清算条件的现行市价扣除清理费用支出构成，如一项资产不能足额补偿清算费用支出时，该项资产就丧失了实际价值。

应用清算价格法的前提条件是：具有法律效力的破产处理文件、抵押合同或其他有效文件；资产以整体或拆零可以在市场上快速出售变现；变现收入必须足以补偿应出售资产发生的清算支出总额。

清算价格主要适用于：企业破产、抵押、停业清理等情况下的资产价格评估。

影响清算价格的主要因素有：破产时是否丧失资产处置权；债权人处置资产的方式；拍卖期限；参照物价格；清理费用；其他因素，如公平市价等。

清算价格时，必须考虑上述因素的影响。具体以运用整体评估法、观行市价折扣法、模拟拍卖法来估算清算价格。

12.2.4 资产评估报告

资产评估报告是资产评估机构在调查、搜集、验证和评价相关资料和数据的基础上形成的关于资产评估情况和结果的公证性文件，也是对资产评估工作的全面总结。资产评估机构应对所提交的评估报告承担法律责任。

1) 资产评估报告的质量要求

资产评估报告应保证质量，能满足不同使用者的需要。因此，在编制时应遵循实事求是、客观公正、及时准确的原则，如实反映资产评估的全过程。

（1）分类整理评估报告　整理时可以按评估的分工情况或评估小组的工作情况进行安排。评估小组对整理后的评估工作底稿进行讨论后，与委托人交换意见。若有异议，评估小组应进行解释，必要时对资产进行复评。

（2）撰写资产评估报告　在征求委托人意见后，应指定专人撰写评估报告草案。报告起草人根据分类整理的评估资料、委托人及资产管理机构的要求，按照一定的格式编写资产评估报告。评估报告经评估小组反复讨论和修改后定稿，加盖会计事务所公章，并由负责评估的人员签字后，提交委托人。如委托人对评估结果有不同意见，评估小组应向委托人解释提出评估结论的充分理由，必要时可对资产进行复评。如果评估小组认为评估结论是正确的，则不能随意修改。至于可能产生的诉讼，则已不属于资产评估工作。

（3）验证资产评估报告　民间审计组织接受国有资产的评估业务，提出的评估报告交给委托人之后，委托单位如同意评估报告的内容和意见，则应将评估结果报请原批准立项的管理部门申请验证确认。

验证确认是国有资产管理部门对资产占有单位提出的资产评估报告在合法性、真实性、科学性等方面进行检验和认定的过程。经验证确认的评估报告便具有法律效力，可以作为底价进行资产交易。对于不符合要求的资产评估报告，国有资产管理部门可以分别情况，令其修改、重评或作出不予确认的决定。

2) 资产评估报告的格式和内容

资产评估报告一般有两种形式，一种是证明式报告；另一种是叙述式报告。证明式报告相对简单，一般仅陈述和证明被评估资产价值的估计金额和有关意见，可以不对评估依据、数据、过程和结果作详细的介绍，但其附件应该包括所有的评估资料。叙述式评估报告要用文字叙述评估过程,在叙述中要列举有关数据支持自己的评估结果,要有大量的数据资料和计算推导过程。

无论是证明式还是叙述式评估报告,其格式都是由正文和附件两部分组成。基本格式如下:

××资产评估报告

被评估单位名称:
参加评估人员名单:
评估报告目录(包括附件)
1. 资产评估基本情况介绍。
2. 被评估资产的企业基本情况。
3. 企业资产评估情况(这是资产评估报告的核心内容,这部分应着重说明在资产评估过程中,每类资产所使用的评估方法、计算步骤和评估结论等内容)。
4. 财务分析与评价。
5. 环境条件的分析。
6. 对企业各种资产的状况进行总评估。

会计师事务所(盖章)
注册会计师(签字)
201×年×月×日

【任务检查】

简述资产评估的概念和方法。

任务 12.3 税务代理

【任务分析】

税务代理制度是国际通行的做法,它是税务代理人在法律规定的代理范围内,受纳税人、扣缴义务人的委托,代为处理税务事宜的各项行为的总称。从事税务代理的专门人员称为税务师,承办税务代理业务的工作机构称为税务代理机构。税务代理机构为税务师事务所及经国家批准的会计师事务所、律师事务所和税务咨询机构等。会计师事务所要开展税务代理业务,必须在本机构内设置专门的税务代理部,配备 5 名以上经税务机关审定的注册税务师,并报经国家税务总局或省级国家税务局批准,方能从事税务代理业务。

【知识准备】

12.3.1 税务代理的原则

为体现税务代理的服务宗旨及经营目标,根据国际惯例,实行税务代理需要遵循以下原则:

1) 独立、客观、公正原则

这是税务代理应遵循的基本原则。税务代理是一种社会性的中介业务。一方面,税务代理人除了接受有关税务机构的监督指导外不受任何其他机构的干预,从而独立地行使被代理人所授权的各种代理权;另一方面,税务代理人要客观地以国家的税收法律、行政法规的规定为准绳,站在中立、公正的立场上,实事求是地代理纳税人、扣缴义务人履行纳税义务。作为纳税代理人,既不得无原则地屈服于税务机关,也不得无标准地迎合委托人;既要维护纳税人、扣缴义务人的合法权益,对委托人负责,又要维护国家的权益,对国家负责。

2) 自愿原则

税务代理的委托人和代理人之间的关系是在自愿基础上的平等的合同关系,是否委托代理和是否接受代理,由双方自愿达成协议,任何单位和个人不得干预。

3) 有偿原则

税务代理机构是具有独立资格和地位的法人,与委托人是一种经济关系。有偿收取代理费,体现了其智能服务与知识转让的价值,这既是维持其业务正常运转的基本条件,也是市场经济原则的客观原则。

12.3.2 税务代理的内容

根据《注册税务师资格制度暂行规定》,税务代理业务主要包括以下内容:

(1) 办理税务登记、变更税务登记和注销税务登记。
(2) 办理除增值税专用发票外的发票领购手续。
(3) 办理纳税申报或扣缴税款报告。
(4) 办理缴纳税款和申请退税。
(5) 制作涉税文书。
(6) 审查纳税情况。
(7) 建账建制、办理账务。
(8) 开展税务咨询、受聘税务顾问。
(9) 税务行政复议。
(10) 国家税务总局规定的其他业务。

12.3.3 税务代理的程序

1) 签订委托协议书

代理人与被代理人应签订委托代理协议书。协议书应写明代理人和被代理人名称、代理事项、代理权限及其他应明确的内容,并由各方签名盖章。

2）办理税务代理业务

纳税人、扣缴义务人可以根据需要,委托税务代理人在代理业务范围内进行全面代理、单项代理或临时代理、常年代理。税务代理人应按委托协议书的内容规定进行税务代理。

3）税务代理关系的终止

税务代理期满,委托协议书届时失效,税务代理关系自然终止。此外,在特殊终止情况下,终止方应及时通知另一方,并向当地税务机关报告,同时公布终止决定。

特殊终止主要包括两种情况:

（1）被代理人单方终止代理关系　有如下情况之一的,被代理人在代理期限内可单方终止代理关系：

① 注册税务师已死亡。

② 注册税务师被注销资格。

③ 税务代理人未按委托代理协议书的规定办理代理业务。

④ 税务代理机构已破产、解体或解散。

（2）代理人单方终止代理关系　有如下情况之一的,税务代理人在委托期限内,也可单方终止代理关系：

① 被代理人死亡或解体。

② 被代理人授意税务代理人实施违反国家法律、行政法规的行为,经劝告仍不停止其违法活动。

③ 被代理人提供虚假生产、经营情况的财务会计报表,造成代理错误或被代理人自己实施违反国家法律、行政法规的行为。

【任务检查】

（1）税务代理分为几个步骤？其内容分别是什么？

（2）税务代理的业务范围主要包括哪些？

任务12.4　代理记账

【任务分析】

代理记账业务是随着我国市场经济体制的建立而出现的一种新的会计服务活动,在西方国家早已盛行。我国《会计法》规定:不具备设置会计机构或会计人员条件的单位,应当委托经批准设立从事会计代理记账业务的中介机构代理记账。

代理记账机构一般有两类：一类是专门代理记账机构,如一些地区试点的代理记账站、代理记账公司等；另一类是兼办代理记账的中介机构,如会计师事务所、财务会计咨询公司等。从事代理记账业务的机构,除会计师事务所外,必须按隶属关系向县级以上人民政府财政部门申请代理记账资格。经审查符合条件,并领取由财政部统一印制的代理记账许可证书后,方能从事代理记账业务。颁发代理记账许可证的财政机关负责对其发证的代理记账机构进行年检。

【知识准备】

12.4.1 代理记账的原则

1）合法性

这里的合法包含两个方面:一是机构与代理关系合法;二是遵守法律法规处理会计业务,依法履行职责。

2）真实性

代理记账人员必须依据客户提供的客观真实的原始凭证,才能处理会计业务。不能替客户编制假凭证做账,更不能凭空做账。

3）替客户保密的原则

代理记账机构必须对客户的商业秘密予以保密,非经客户许可或非法律要求,不得外泄。

4）有偿性

代理记账机构通过智力服务获取收益是维护其业务正常运转的基本条件,因此,代理记账活动要本着相互协助、互惠互利的原则,考虑工作量的大小和业务处理的难易程度,合理确定收费标准。

5）自愿性

代理记账的委托方和受托方都应遵循自愿原则,双向选择。任何一方不得强迫另一方代理或委托。

12.4.2 代理记账的内容

代理记账机构可以接受委托,代理委托人办理以下业务:

（1）会计核算。代理记账机构接受委托后,需定期办理的会计核算业务包括:根据委托人提供的原始凭证和其他资料,按照国家统一会计制度的规定,编制和审核原始凭证、填制记账凭证、登记会计账簿、编制会计报表。

（2）编制和报送会计报表。代理记账机构需定期向政府有关部门和其他会计报表使用者提供会计报表。

（3）定期向税务机关提供税务资料。

（4）承办委托人委托的其他会计业务。

12.4.3 代理记账的程序

办理代理记账业务必须遵循以下程序:

1）签订业务约定书,明确双方责任和义务

业务约定书除应具有法律规定的基本条款外,还应当明确以下内容:

(1) 代理记账业务的性质,包括说明对代编的会计报表未进行审计或审核,相应地对其不提供任何保证。

(2) 不能依靠代理记账,来披露错误、舞弊及违反法规行为。

(3) 客户应提供的信息、资料的性质及内容。

(4) 代理机构的责任是根据客户提供的信息、资料,按照《企业会计制度》和国家财会法规的要求,进行代理记账和编制会计报表,并在报表中对所有已知的偏离现行会计准则和规定的情况进行披露。客户管理当局的责任是对提供的信息、资料的合法、真实、准确和完整负责,并对代账机构编制的会计报表及其他财务信息负责。

(5) 代编的财务信息的既定用途和分发要求。

(6) 会计凭证的传递程序和签收手续。

(7) 编制和提供会计报表的要求。

(8) 会计档案的保管要求。

(9) 委托人、受托人终止委托合同应办理的会计交接事宜。

2) 办理代理记账业务

代理记账机构应按业务约定书的要求进行会计核算、编制和报送会计报表等代理记账业务。

3) 代理记账关系的终止

代理记账关系的终止有两种情况:

(1) 代理记账合同期限已满,双方无意续签合同,则代理关系自然终止。

(2) 单方因故终止。

其中委托人在委托代理期限内可单方终止代理行为的情况有:代理人死亡;代理人未按委托合同的规定办理代理业务;代理记账机构被取消代理记账资格;代理记账机构已破产、解体或解散。代理人在委托代理期限内可单方终止代理行为的情况有:委托人死亡或破产、解体或解散;委托人授意代理人实施违反国家法律、行政法规的行为,经劝告仍不停止其违法活动的;委托人提供虚假的会计凭证造成代理错误或代理人实施违反国家法律、行政法规行为的。不论是委托人还是代理人,在按规定单方终止代理记账委托合同时,终止方都应及时通知另一方,以防止产生不必要的纠纷。

【任务检查】

代理记账关系的终止包括哪两种情况?

【项目小结】

验资是注册会计师依法接受委托,对被审验单位注册资本的实收情况或注册资本及实收资本的变更情况进行审验,并出具验资报告。验资分为设立验资、变更验资和年检验资。验资的原则包括独立、客观、公正、真实、合法。验资的方法对不同的内容采取不同的方法。验资的步骤包括接受验资委托、实施验资和出具验资报告三个阶段。资产评估有一定的范围和程序。资产评估的方法有收益现值法、重置成本法、现行市价法、清算价格法等。税务代理的原则包括独立、客观、公正、自愿、有偿。税务代理的程序是：首先签订委托协议书；其次办理税务代理业务；最后税务代理关系的终止。代理记账办理以下业务：会计核算，编制和报送会计报表，定期向税务机关提供税务资料，承办委托人委托的其他会计业务。代理记账的程序是：首先签订业务约定书，明确双方责任和义务；其次是办理代账业务；最后是代账关系的终止。

【能力训练】

一、单项选择题

1. 代理记账机构不可以代办的业务是（　　）。
   A．申报纳税　　　　　　　B．编制财务会计报告
   C．登记会计账簿　　　　　D．出具审计报告
2. 会计师事务所要开展税务代理业务，必须在本机构内设置专门的税务代理部，配备（　　）名以上经税务机关审定的注册税务师。
   A．3　　　　B．4　　　　C．5　　　　D．6

二、多项选择题

1. 以下情形中，通常需要注册会计师进行变更验资的有（　　）。
   A．企业因合并增加实收资本
   B．企业将资本公积、盈余公积、未分配利润等转为实收资本
   C．企业注册资本金额虽保持不变，但出资人和出资比例等发生变化
   D．企业因吸收合并、派生分立、注销股份等减少实收资本
2. 据验资的对象、范围及目标，可将验资分为（　　）。
   A．设立验资　　B．变更验资　　C．年检验资　　D．终结验资
3. 资产评估的方法有（　　）。
   A．收益现值法　　B．重置成本法　　C．现行市价法　　D．清算价格法

三、简答题

1. 简述验资的基本步骤。
2. 简述代理记账的程序。

参 考 文 献

1. 刘高焯. 审计学(修订本). 第2版. 上海：立信会计出版社,2000
2. 萧英达,张继勋,刘志远. 国际比较审计. 上海:立信会计出版社,2000
3. 财务部会计司. 企业会计制度讲解. 北京:中国财政经济出版社,2001
4. 王会金. 新编企业财务审计. 北京:中国审计出版社,2002
5. 中国注册会计师协会. 中国注册会计师独立审计准则. 北京:经济科学出版社,2002
6. 奚淑琴. 审计实务案例. 北京:中国财政经济出版社,2002
7. 李若山,刘大贤. 审计学——案例与教学. 北京:经济科学出版社,2003
8. 张继勋. 审计学多媒体教程. 北京:中国人民大学出版社,2003
9. 张建新. 会计报表审计方法与实例. 北京:中国物价出版社,2003
10. 张军平. 审计基础与实务. 北京:高等教育出版社,2013
11. 胡春萍,杜海霞. 审计原理与实务. 上海:立信会计出版社,2013
12. 高建来. 审计学. 北京:科学出版社,2004
13. 李凤鸣. 经济责任审计. 北京:北京大学出版社,2004
14. 汤宁. 会计入门实账实战培训. 北京:经济科学出版社,2004
15. [美]道格拉斯·R. 卡迈克尔,约翰·J. 威林翰,卡罗·A. 沙勒;刘明辉,胡英坤,译. 审计概念与方法——现行理论与实务指南. 大连:东北财经大学出版社,1999
16. 玛丽莲·格林斯坦,托德·M. 法因曼. 电子商务:安全、风险管理与控制. 北京:机械工业出版社,2000
17. Roberson J. K. Auditing. McGraw—Hill Companies,Inc. 1996
18. Arens A. A. ,Loebbecke J. K. ,Elder R. J. ,and Beasley M. S. *Auditing An Integrated Approach*. Pretice Hall, Inc. 2000
19. Whittington O. R. Principle of Auditing. McGraw—Hill Companies,Inc. 2001

高等职业教育经济管理类专业系列教材

审计原理与实务
——项目导向　任务驱动
（第2版）

主　编　印永龙　代　蕾
副主编　乔久华　吴　萍　王艳秋
参　编　（按姓氏笔画排序）
　　　　王　旭　王茂盛　祁美云
　　　　陈　曦　袁始烨

主　审　吴玉林

东南大学出版社
·南京·

内 容 提 要

本书打破传统的章节模式，统筹兼顾学生的认知规律、审计工作过程和课程培养目标，共安排12个项目。每个项目设计典型任务、案例导入，体现了项目导向、任务驱动、案例教学的课程改革理念。

本书在编写过程中坚持以培养学生现代审计技术应用能力为主线，从面向一线审计人才的实用性目标出发，充分借鉴并吸取了近年来国内外审计理论和实践的最新研究成果，在内容上较好地体现了"新、实、精"的特点，并力求具有较强的科学性、适用性和实用性。

本书既可作为高职高专院校审计专业学生学用一致的教材，也可供会计和其他经济管理类相关专业人员阅读参考。

图书在版编目（CIP）数据

审计原理与实务 / 印永龙，代蕾主编. —— 2版. ——
南京：东南大学出版社，2014.8（2022.7重印）
　ISBN 978-7-5641-5108-9

　Ⅰ. ①审… Ⅱ. ①印… ②代… Ⅲ. ①审计学—高等职业教育—教材 Ⅳ. ①F239.0

中国版本图书馆CIP数据核字（2014）第184302号

东南大学出版社出版发行
（南京四牌楼2号　邮编210096）
出版人：江建中
江苏省新华书店经销　苏州市古得堡数码印刷有限公司印刷
开本：787mm×1092mm　1/16　印张：13.25　字数：338千字
2014年8月第2版　2022年7月第3次印刷
印数：7 001—7 500册　定价：29.00元
（凡因印装质量问题，可直接与营销部联系。电话：025-83791830）